研究阐释党的二十大精神国家社科基金重大项目：
在高质量发展中促进共同富裕的制度设计研究
（23ZDA021）

湘潭大学商学院
湘潭大学消费经济研究院
“中国消费经济运行报告”丛书

+

丛书主编：韩雷
丛书副主编：刘娜

+

中国居民旅游消费需求研究报告(2022)

马丽君 陈喆芝 罗栋 ◎ 著

丛书编委会

本书编委会

为 湘潭大学商学院建院30周年暨本科招生46周年 献礼!

总 序

消费是拉动我国经济增长、实现高质量发展的重要引擎。党的二十大报告指出，要加快构建新发展格局，着力推动高质量发展，增强消费对经济发展的基础性作用。为深入实施扩大内需战略，充分发挥消费对经济发展的基础性作用，不断增强高质量发展的持久动力，2023年7月，国务院办公厅转发国家发展和改革委员会《关于恢复和扩大消费的措施》，就恢复和扩大消费展开了系统部署。当前，我国已进入消费需求持续增长、消费结构加快升级、消费拉动经济作用显著增强的重要阶段，涌现出了消费发展的许多新现象、新趋势、新问题，值得学界进行深入探讨。

湘潭大学是中国消费经济学研究发源地，也是当前国内消费经济研究领域的重要阵地。1979年开始，杰出的学科带头人尹世杰教授带领一批年富力强的中青年学者在湘潭大学开展对社会主义消费经济学的研究，创下全国“六个第一”：第一个把消费经济作为独立学科进行研究，出版第一本系统研究消费经济的专著《社会主义消费经济学》(1983年)，获第一届孙冶方经济科学奖（1985年），第一个招收消费经济学方向硕士研究生，创办第一个消费经济研究所（1984年经湖南省人民政府批准成立，2011年升格为消费经济研究院），创办第一家消费经济学术刊物《消费经济》（1985年创办）。40余年来，湘潭大学在消费经济研究领域取得了一系列丰硕成果。曾连续主持国家社会科学“六五”“七五”“八五”“九五”规划的4项消费经济研究项目。近10年来，学科成员围绕消费经济主题主持国家级课题20余项，其中，国家社科基金重大项目4项、重点项目2项，出版专著20余部，发表论文200余篇。近5年来，湘潭大学独立主办或与（中国）消费经济学会、中国工业经济杂志社、香樟经济学论坛、长沙新消费研究院等单位联合主办全国性消费经济会议10余场次，提交促进消费发展资政报告10余篇，在服务学术共同体建设、国家与区域消费发展方面形成了较大影响力。

湘潭大学商学院、湘潭大学消费经济研究院以“推动中国消费经济学理论与实践研究、彰显服务中国式现代化责任担当”为己任，以科学研究和社会服务为依托，着力培养壮大消费经济研究力量，推动中国消费经济学科发展，服务地方经济发展，促进社会消费繁荣。倡导基于团队协作，在社会主义消费理论研究及我国扩内需消费实践上推出具有突出贡献的高质量成果，力争在国际国内一流学术期刊发表高水平学术论文、出版高质量学术专著。为进一步传承和发扬尹世杰教授等前辈学者深耕消费经济研究的优良传统，凸显消费经济研究特色，彰显消费经济学科影响力，更好服务国家和地方经济社会发展，湘潭大学商学院、湘潭大学消费经济研究院充分挖掘和发挥学科团队在消费经济研究领域的经年积淀与高知人力资本优势，靶向市场深度需求，组织撰写可充分满足政府、企业与消费者多维需要的、特色鲜明的“中国消费经济运行报告”，自2023年起以丛书形式每年定期向社会发布。

2023年“中国消费经济运行报告”是为庆祝湘潭大学商学院建院30周年暨本科招生46周年的献礼之作，以旅游消费、农产品消费以及当前炙手可热的新消费为选题，推出了4个研究分报告。此系列报告分别为马丽君教授领衔撰写的《中国居民旅游消费需求研究报告（2022）》、文艺副教授领衔撰写的《新消费：理论界定与案例解构》、刘亚军教授领衔撰写的《湖南省农产品区域公用品牌网络口碑分析报告（2022）》和陈喆芝老师领衔撰写的《基于网络热度的全国红色旅游经典景区消费需求研究（2021）》。系列报告从不同主题切入，充分运用理论推演、数据挖掘、田野调查、案例分析等多种研究方法精确描摹和深度剖析中国消费经济运行现状、特征与趋势，以期为相关部门制定和实施扩内需、促消费政策提供依据，助力中国经济高质量发展。

首批“中国消费经济运行报告”是对中国当前消费经济热门领域的观察与思考，丛书从筹备到撰写、定稿到成书倾注了撰写团队成员的拳拳诚心与辛劳努力。但因时间较为紧张，难免存在错漏与不足，敬请专家学者及读者朋友们批评指正。未来，湘潭大学将在恢复和扩大消费、消费调控、红色旅游消费、数字电商消费、农村消费、消费金融等研究领域持续发力，推出更多基于理论指导、立足现实需要的消费经济研究成果，为推动构建新发展格局、不断满足人民日益增长的美好生活消费需要积极贡献湘大智慧。

刘长庚

2023年10月6日

前　言

坚定实施扩大内需战略、培育完整内需体系，是加快构建新发展格局的必然选择，是促进我国长远发展和长治久安的战略决策。展望未来一段时期，国内市场主导国民经济循环特征会更加明显，消费已成为我国经济增长的主拉动力（《扩大内需战略规划纲要（2022—2035年）》）。上述纲要明确了“扩大文化和旅游消费”是积极发展服务消费的重要举措，进而“全面促进消费，加快消费提质升级”。2023年9月27日，国务院办公厅印发《关于释放旅游消费潜力推动旅游业高质量发展的若干措施》（国办发〔2023〕36号），指导丰富优质旅游供给，释放旅游消费潜力，推动旅游业高质量发展，进一步满足人民群众美好生活需要。

消费需求特征剖析与影响因素梳理是旅游消费提质升级的基础，是对我国关于扩大内需、促进消费决策部署的顺应和落实。湘潭大学商学院、湘潭大学消费经济研究院组织编写中国消费经济运行报告，本书撰写团队在马丽君老师带领下，提交“中国居民旅游消费需求研究报告”选题获批。形成初步方案后，我们邀请知名旅游研究专家刘建平教授、阎友兵教授、方世敏教授、林龙飞教授和龙祖坤教授，论证该选题的必要性和可行性，指导细化方案设计，进一步明确研究对象、分析框架、研究方法与数据来源。

《中国居民旅游消费需求研究报告（2022）》凝结了湘潭大学商学院旅游与酒店管理系各位老师的持续投入，依托中国红色旅游创新发展研究基地（湘潭大学）、中国旅游研究院红色旅游研究基地、湖南省旅游研究基地（湘潭大学）开展。本报告从旅游景区和专项旅游两个维度对我国居民旅游消费需求展开研究，通过大数据揭示消费需求特征，梳理影响因素并提出发展建议，以期为促进旅游消费增长，带动国民经济发展，推动新发展格局构建提供参考。

本研究报告由三个部分组成：第一部分绪论，是统领下文两个篇章的引言，阐述了开展中国居民旅游消费需求研究的发展背景，简要介绍上、下两篇的研究设计，交代数据来源与研究方法；第二部分即上篇《旅游景区消费需求报告》，第一章、第二章分别剖析 AAAAA 级景区、全国红色旅游经典景区的消费需求，第三章梳理旅游景区消费需求影响因素，并提出消费需求提升建议；第三部分即下篇《专项旅游消费需求报告》，一共有五章，分别选取乡村旅游、工业旅游、冰雪旅游、邮轮旅游、研学旅行进行消费需求研究。

研究报告内容的撰写分工如下：马丽君老师，唐盈、敖烨、张昊、刘双同学撰写绪论、上篇第一章；罗栋老师，李雨霞、张妍、刘白雪同学撰写上篇第二章、第三章；张伟伟老师，顾潘菲、谭俏伟、王雨同学撰写下篇第一章、第二章；李卫飞老师，朱剑芸、王旭平、钟燕同学撰写下篇第三章、第四章；陈喆芝老师，肖嘉禾、高莅洲、张馨艺同学撰写下篇第五章，核对下篇所有数据及图表。此外，马丽君老师负责统领团队工作任务的分配、协作、责任落实，马丽君老师、罗栋老师、张伟伟老师、李卫飞老师、陈喆芝老师共同确定研究报告选题、报告提纲、修改方案，陈喆芝老师负责全文统稿、沟通协调。

最后要向读者们交代的是，我们这项研究工作还存在一定的不足，如果您在阅读此书过程中发现了任何问题，欢迎您随时指出。

2023 年 8 月 22 日

目　录

下篇　专项旅游消费需求报告

绪　论

一、研究背景

（一）双循环相互促进，新发展格局加快构建

在复杂的国际环境和严峻的国内疫情背景下，2020 年我国提出“双循环”，强调逐步形成以国内大循环为主体，国内国际双循环相互促进的新发展格局。“双循环”新发展格局是适应我国经济发展阶段变化的主动选择，是应对错综复杂的国际环境变化的战略举措，是发挥我国超大规模经济体优势的内在要求，是供给侧结构性改革的递进深化，也是我国以往发展战略的整合提升，具有重大现实意义和深远历史价值。从供给和需求的关系看，坚持扩大内需这个战略基点是双循环新发展格局的科学内涵之一。

2022 年党的二十大报告中进一步指出，“坚持以推动高质量发展为主题，把实施扩大内需战略同深化供给侧结构性改革有机结合起来”，“增强消费对经济发展的基础性作用和投资对优化供给结构的关键作用”。通过扩大居民消费和有效投资，增强经济发展韧性，促进经济持续健康发展。随着居民对美好生活需要的日益增长，旅游逐渐成为公众生活不可或缺的重要部分。报告还进一步明确，坚持以文塑旅、以旅彰文，推进文化和旅游深度融合发展，既充分体现了以习近平同志为核心的党中央对文化建设和旅游发展的高度重视，也为新时代旅游业高质量发展指明了发展方向、提供了重要遵循。

（二）旅游业拉动明显，国内消费潜力待释放

旅游业具有较强的产业优势，与其它产业关联度较大。统计数据显示，2019 年全国旅游及相关产业增加值为 44989 亿元。其中，旅游业增加值 40758 亿元，所占比重为 90.6%。在旅游业内部，旅游购物（31.30%）规模最大，其次是旅游出行（26.80%）、旅游餐饮（13.80%）。此外，旅游相关产业增加值 4231 亿元，所占比重较 2017 年增加 1.60%。可见旅游业对交通、商业、餐饮、文化等相关产业产生了明显的拉动作用，旅游业的战略性支柱地位愈发明显。统计数据显示，2010 年我国旅游总收入占当年 GDP 的比重为 3.92%，2019 年上涨至 6.72%。其中，国内旅游在三大旅游市场中的主力军地位逐渐突显，2010 年至 2019 年，国内旅游收入占旅游总收入的比重由 80.22% 上涨至 86.34%。

再看人均消费水平，统计数据显示，2010 年我国旅游人均花费为 598.20 元，2019 年增长至 953.30 元。从数量上看，我国国内旅游消费市场巨大。但从质量上看，仍存在一些问题。第一，旅游人均消费增长缓慢，城乡居民差距较大，且城乡居民旅游人均花费差距总体缩减放缓（图 1）。2010 年至 2019 年，旅游人均消费年平均增长率为 4.86%，城镇与农村居民的旅游人均消费差距年平均减少 16.45 元；第二，旅游人均消费支出占居民人均消费支出的比重偏低，且逐年减少（图 2）。2010 年城镇和农村居民旅游人均消费支出占消费总支出比重分别为 4.84% 和 4.38%，2019 年该比重分别降至 2.09% 和 2.62%。综上，旅游已经成为小康社会的重要生活方式，成为居民消费必不可少的组成部分。但国内旅游消费市场，尤其是农村居民旅游消费市场潜力并未完全释放。

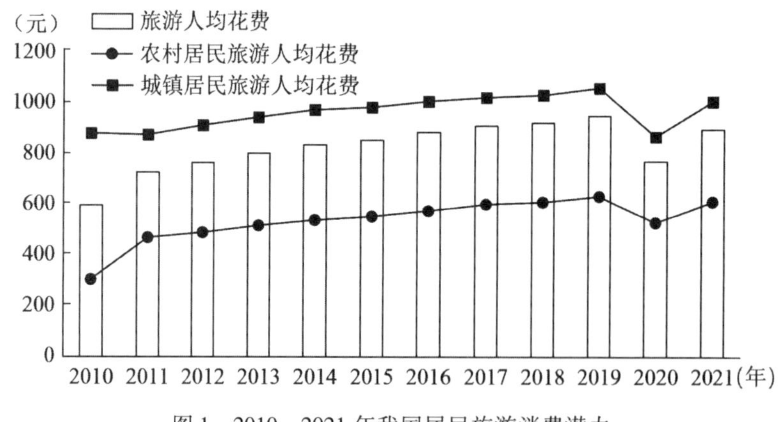

图 1　2010—2021 年我国居民旅游消费潜力

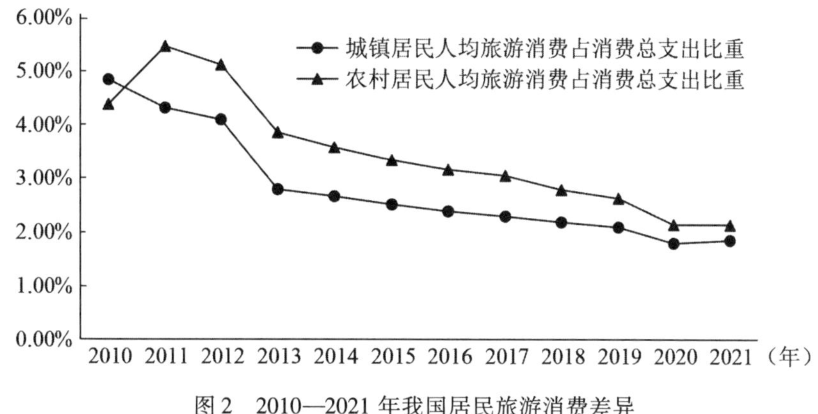

图 2　2010—2021 年我国居民旅游消费差异

（三）高级别景区引领，激活高品质旅游消费

旅游六要素理论认为，旅游者在旅游过程中的消费可以被分解为六大要素，即吃、住、行、游、购、娱。其中，“游”在于景区。旅游资源，尤其是高级别景区代表了国家级旅游品质，树立了景区服务标杆，是文化遗产、自然遗产、非物质文化遗产等资源的聚集地，是吸引游客和发展旅游业的基石，能显著推动地区旅游发展。

AAAAA 级景区是我国高级别景区典型代表之一。为加强对旅游景区的管理，提高旅游景区服务质量，1999 年原国家旅游局牵头制定《旅游区（点）质量等级的划分与评定》（GB/T17775—1999）标准，将旅游景区划分为四级，需采集十大类评价因子。2003 年修订版——《旅游景区质量等级的划分与评定》（GB/T 17775—2003）发布，在划分等级中增加 AAAAA 级旅游景区，主要从细节方面、景区的文化性和特色性等方面提出更高要求，有效促进了我国旅游资源开发、利用和环境保护。AAAAA 作为中国旅游景区最高等级，代表着世界级精品旅游风景区。

红色旅游经典景区也是我国高级别景区典型代表之一。红色旅游为中国独创，已成为兼具政治教育、经济发展、文化传播等功能的特殊载体，在我国旅游产业中有着举足轻重的作用。2016 年 12 月 19 日，国家发展改革委按照《2016—2020 年全国红色旅游发展规划纲要》的要求，印发《全国红色旅游经典景区名录》（发改社会〔2016〕2662 号）。这份名录基本涵盖了我国丰富革命文化遗存中的大部分精品，是一批具有爱国主义和革命传统教育功能、对革命老区脱贫致富具有积极拉动作用的红色旅游景区，是国家推进红色旅游持续健康发展的重要抓手。

（四）疫情催生新消费，专项旅游迎业态创新

2019年年末起，新型冠状病毒感染席卷全球。疫情期间，我国旅游政策持续收紧引致国内旅游市场受限。2020年和2021年，旅游业收入占GDP的比重仅为2.19%和2.55%。2022年12月，国务院发布相关防疫政策，宣告疫情开始全面放开，旅游业逐渐复苏。统计数据显示，2023年春节假期国内旅游人次达3.08亿人次，基本恢复至2019年春节假日同期的74.22%，国内旅游收入达3758.43亿元，基本恢复至2019年春节假日同期的73.14%。

同时，疫情冲击催生了各行各业的新消费，专项旅游迎来了业态创新机遇。文化体验游、乡村旅游、生态和谐游、康养体育游、城市购物游、工业旅游、冰雪旅游、邮轮旅游、研学旅行等蓬勃发展，演化出多种新业态。

红色旅游是以革命纪念地、纪念物及其所承载的革命精神为吸引物的旅游①。中国旅游研究院2021年12月发布的《中国红色旅游发展报告（2021）》统计，全国红色旅游出游人数从2004年的1.40亿人次增长到2019年的14.10亿人次，实现了10倍增长。2022年党的二十大报告中强调，用好红色资源，深入开展社会主义核心价值观宣传教育，可见其经济工程、文化工程、政治工程的定位不可动摇。

乡村旅游是以乡村自然景观、民俗和农事活动为吸引物的旅游②。中国旅游研究院2022年12月发布的《中国乡村旅游发展报告（2022）》统计，2012年至2019年，全国乡村旅游人次从近8亿跃升到30亿，年均增速超过20.00%。2019年全国乡村旅游接待人次占国内旅游人次的一半。2023年国家出台《关于恢复和扩大消费的措施》明确指出，大力发展乡村旅游是促进农村消费的重要措施之一。这表明乡村旅游具有较大的发展空间和较强的增长潜力。

工业旅游是指以运营中的工厂、企业、工程等为主要吸引物的旅游③。文化和旅游部（原国家旅游局）2017年11月发布的《全国工业旅游创新发展三年行动方案》提出，2019年，全国工业旅游人次将达2亿，旅游收入达270亿元。2022年国家出台的《"十四五"旅游业发展规划》（后文简称《规划》，不再赘述）中指出，鼓励各地区依

---

① 中华人民共和国国家质量监督检验检疫总局，中国国家标准化管理委员会．旅游业基础术语：GB/T 16766—2017［S］．北京：中国标准出版社，2017.

② 中华人民共和国国家质量监督检验检疫总局，中国国家标准化管理委员会．旅游业基础术语：GB/T 16766—2017［S］．北京：中国标准出版社，2017.

③ 中华人民共和国国家质量监督检验检疫总局，中国国家标准化管理委员会．旅游业基础术语：GB/T 16766—2017［S］．北京：中国标准出版社，2017.

托工业生产场所、生产工艺和工业遗产开展工业旅游，建设一批国家工业旅游示范基地；依托报废军事设施等开展国防军事旅游，建设一批国防军事旅游基地。这表明工业旅游作为一种新兴旅游产业，有着广阔的发展远景，具有促进绿色发展、推进资源型地区转型、保护工业遗产等作用。

冰雪旅游是指依托天然或人造冰雪景观、冰雪设施、冰雪体育、冰雪节事、冰雪文化等资源开展的各种旅游活动①。根据中国旅游研究院2022年1月发布的《中国冰雪旅游发展报告（2022）》统计，2016年至2017年冰雪季，全国冰雪休闲旅游人数达1.70亿人次。2020年至2021年，该人数增至2.54亿人次。《规划》指出，大力推进冰雪旅游发展，完善冰雪旅游服务设施体系，加快冰雪旅游与冰雪运动、冰雪文化、冰雪装备制造等融合发展，打造一批国家级滑雪旅游度假地和冰雪旅游基地。这表明我国逐渐从冰雪旅游体验阶段进入冰雪旅游刚性生活需求阶段，逐渐从冰雪旅游大国阶段进入冰雪旅游强国阶段。

邮轮旅游是指一种以大型海上旅游轮船为载体，集海上游览、到岸观光、游憩、住宿、餐饮、度假等多种功能为一体的组合型高端海洋休闲旅游②。根据国际邮轮行业协会（CLIA）的数据显示，中国已成为全球第二大邮轮市场，仅次于美国。2019年中国大陆接待邮轮游客329万人次，占全球市场份额的11.00%。目前，我国正努力构建邮轮自主运营和邮轮本土建造体系，第一艘国产邮轮计划于2023年9月交付。《规划》指出，完善邮轮游艇旅游发展政策，有序推进邮轮旅游基础设施建设和内河旅游航道建设，推动游艇消费大众化发展，建设一批适合大众消费的游艇示范项目。这表明我国邮轮旅游逐渐从跟随国际规则发展转变为国际合作发展和旅游外交，将成为影响国际邮轮旅游格局的重要力量。

研学旅行是指以中小学生为主体对象，以集体旅行生活为载体，以提升学生素质为教学目的，依托旅游吸引物等社会资源，进行体验式教育和研究性学习的一种教育旅游活动③。根据中国旅游研究院2023年3月发布的《中国研学旅行发展报告》统计，2019年全国研学旅行人数为480万人次，2021年增至494万人次，2022年突破600万人次，达到历史新高。目前，我国已建成了一批国家级、省级中小学研学实践教育基地、营地，培育一批骨干研学旅行企业，不断进步的教育事业也为研学旅行提供强有

---

① 唐承财，肖小月，秦珊．中国冰雪旅游研究：内涵辨析、脉络梳理与体系构建［J］．地理研究，2023，42（02）：332－351.

② 张梦瑶，刘云．邮轮旅游发展研究述评［J］．保山学院学报，2014，33（01）：76－81.

③ 中华人民共和国国家旅游局．研学旅行服务规范：第3部分 术语和定义：LB/T 054—2016［S］．北京：中国标准出版社，2016.

力基础保障及支持。这表明我国进入新发展阶段，研学旅行处在大有可为的发展机遇期，将在旅游业占据更加重要的位置。

二、报告体系

《中国居民旅游消费需求研究报告（2022）》，由上篇《旅游景区消费需求报告》、下篇《专项旅游消费需求报告》两部分组成。

鉴于高品质旅游消费能够更好地满足不断升级的个性化、多样化旅游需求，本书组织上篇《旅游景区消费需求报告》，选取AAAAA级景区、全国红色旅游经典景区为分析对象，就中国式现代化背景下旅游景区消费需求规模、消费群体特征、消费需求空间结构及其影响因素进行全面且深入的研究，并梳理具有针对性的提升建议。

基于旅游新业态赋能高质量发展、专项旅游加速释放文旅消费活力的价值，本书组织下篇《专项旅游消费需求报告》，选取乡村旅游、工业旅游、冰雪旅游、邮轮旅游和研学旅行作为分析对象，就中国式现代化背景下5类代表性专项旅游的发展概况、消费需求年际变化趋势、消费群体分布、消费需求时空分布、消费需求特征及其影响因素进行深入研究，并梳理具有针对性的提升建议。

三、数据来源与研究方法①

（一）数据来源

百度指数是以百度网页搜索和百度新闻搜索为基础的免费海量数据分析服务，用以反映不同关键词在过去一段时间里的“用户关注度”和“媒体关注度”，相关数据最早可追溯至2011年。本报告选取百度指数“用户关注度”表征公众旅游消费需求，分别收集“趋势研究”版块所需研究时段及地域的日均值，“人群画像”版块中人群属性所反映的性别分布、年龄分布，作为数据来源。

上篇《旅游景区消费需求报告》数据：借助百度指数官方平台，检索关键词为AAAAA级景区名称、全国红色旅游经典景区名称；收集2022年度（2022年1月1日至2022年12月31日）全国以及34个省级行政区对各景区搜索的整体日均值，各景区消费需求年总值为34个省级行政区对该景区检索的整体日均值加总后，乘365计算得到；十一假期（2022年10月1日至2022年10月7日）的整体日均值；春节假期

① 本书对相关数据进行处理时进行了修约，再进行累加或其他计算时可能产生一定误差，特此说明，下同。

（2022 年 1 月 31 日至 2022 年 2 月 6 日）的整体日均值；男女占比、不同年龄阶段占比等数据，景区男、女消费需求年总值为该景区消费需求年总值乘以男、女占比计算得到，景区不同年龄段（19 岁以下、20—29 岁、30—39 岁、40—49 岁、50 岁以上）消费需求年总值为该景区消费需求年总值乘以相应年龄段占比计算得到。

下篇《专项旅游消费需求报告》数据：借助百度指数官方平台，检索关键词为“乡村旅游”“工业旅游”“冰雪旅游”“邮轮旅游”“研学旅行”；收集 2011—2022 各年度（1 月 1 日至 12 月 31 日）全国对各关键词搜索的整体日均值、移动日均值；收集 2022 年每个月全国对各关键词搜索的整体日均值，以及 2022 年度（2022 年 1 月 1 日至 2022 年 12 月 31 日）34 个省级行政区对关键词搜索的整体日均值；男女占比、不同年龄阶段占比等数据，进行汇总整理，作为分析专项旅游消费需求的基础数据。

（二）研究方法

1. 大数据分析

大数据分析是指使用各种技术和方法，对大规模数据进行处理、存储、分析、挖掘和可视化的过程，以发现数据中的价值。报告借助百度指数平台工具，检索居民搜索量并收集相关数据，对各项数据进行基础处理、排名以及制图，研究旅游消费需求、公众出行意愿及人群特征。

2. 定量与定性分析相结合

定量分析是指通过数字、数据等量化手段来描述和分析研究对象，有助于更加客观地了解事物的外在表现和规律，从而更好地预测和决策。定性分析是指通过对研究对象进行观察、访谈、文献研究等方式，了解其内在的本质、特性、含义和因果关系等，从而深入理解研究对象的内涵和外延。定性分析和定量分析相结合可以提供更全面、更准确的信息和结论，有助于更好地理解事物本质和规律。

本报告基于百度指数大数据进行旅游消费需求定量分析，从消费需求排名、年际变化趋势、消费群体特征、消费需求空间结构等方面系统剖析中国居民对高级别旅游景区和专项旅游的消费需求。基于数据分析结果，结合相关概念界定、政策背景、发展现状，报告深入剖析了旅游景区及专项旅游的消费需求影响因素，并提出相应的需求提升建议。

上篇　旅游景区消费需求报告

第一章　AAAAA 级景区消费需求研究

2020 年 10 月，党的十九届五中全会通过的《中共中央关于制定国民经济和社会发展第十四个五年规划和二〇三五年远景目标的建议》提出，“推动文化和旅游融合发展，建设一批富有文化底蕴的世界级旅游景区和度假区”，为“十四五”时期文化和旅游改革发展提供了遵循、指明了方向。2022 年 1 月，国务院印发的《“十四五”旅游业发展规划》进一步明确，以世界遗产地、国家 5A 级旅游景区为基础，深入挖掘展示旅游资源承载的中华文化精神内涵，创新发展模式，完善标准指引，统筹资源利用，强化政策支持，保障要素配置，稳步推进建设，打造具有独特性、代表性和国际影响力的世界级旅游景区。

AAAAA 级旅游景区为中华人民共和国旅游景区质量等级划分的最高景区级别，代表着中国世界级精品的旅游风景区等级。如何充分利用 AAAAA 级旅游景区知名度高、带动力强的优势，使其成为旅游业发挥促进国民经济增长的引擎作用的“引燃剂”是旅游研究者急需研究的新问题、新课题。从游客视角出发，认知高品质旅游需求，匹配优质旅游供给，科学规划旅游景区发展，已是当务之急、应时之需。

在此背景下，本团队借助大数据分析技术，以百度指数为工具，以 AAAAA 级景区消费需求为分析对象，基于网络热度对新时代背景下 AAAAA 级景区公众消费需求状况进行全面、深入研究，以期为我国 AAAAA 级景区进一步提质升级，更好地引领高品质旅游消费做出贡献。

通过在中华人民共和国文化和旅游部官网（中华人民共和国文化和旅游部智能云搜索）检索“5A 级景区”查询可得，截至 2022 年 12 月 31 日，全国共有 318 家 AAAAA 级景区。运用百度指数工具，以关键词搜索 318 处 AAAAA 级景区，剔除错误、重复、明显异常等数据，保留被百度指数收录的 293 处红色旅游经典景区作为分析对象。

在293处AAAAA级景区中，从地理位置分布来看，江苏省23个、浙江省17个、四川省16个、河南省15个、山东省14个、广东省13个、安徽省12个、湖北省12个、江西省12个、新疆维吾尔自治区12个、湖南省11个、陕西省11个、河北省11、山西省10个、福建省10个、重庆市10个、云南省9个、广西壮族自治区9个、贵州省9个、北京市8个、甘肃省6个、海南省6个、辽宁省6个、吉林省5个、西藏自治区5个、内蒙古自治区5个、上海市4个、黑龙江省4个、青海省3个、宁夏回族自治区3个、天津市2个，香港特别行政区、澳门特别行政区、台湾省0个。

第一节　AAAAA级景区消费需求排名

一、全年消费需求排名

AAAAA级景区的全年消费需求排名如表1－1所示。全国293个AAAAA级景区消费需求年总值为281423030，平均消费需求为960488。其中，高于均值的景区为109个，仅占所有景区数量的37.20%，消费需求年总值占比却高达72.71%。

从表1－1中可以看到，以100万为分界，消费需求年总值不足100万的景区高达190个，其数量占比64.85%，年总值仅占比29.38%；100万以上的景区为103个，其数量占比35.15%，年总值占比70.62%。其中，介于100万—200万之间的景区有69个，其数量占比23.54%，年总值占比33.87%；介于200万—400万之间的景区有30个，其数量占比10.24%，年总值占比28.99%；400万以上的景区4个，其数量占比1.37%，年总值占比7.72%。可见AAAAA级景区2022年度的消费需求年总值集中于排名前100名的景区，年总值占比高达69.53%。

具体而言，排名第一的景区为黄鹤楼公园，年总值高达7851515，超过700万，九寨沟旅游景区排名第二，年总值5616620，泰山景区排名第三，年总值4344595，均超过400万。前三名景区的消费需求年总值合计17812730，占所有景区消费需求年总值的6.33%。黄山风景区排名第四，年总值超过400万，排名第五至第三十四的景区分别是故宫博物院、颐和园、长白山景区、五台山风景名胜区、稻城亚丁旅游景区、布达拉宫景区、华山景区、老君山·鸡冠洞旅游区、乐山大佛景区、圆明园景区、青城山－都江堰旅游景区、普陀山风景名胜区、滕王阁旅游区、武夷山风景名胜区、峨眉山景区、玉龙雪山景区、千岛湖风景名胜区、九华山风景区、东方明珠广播电视塔、武当山风景区、乌镇古镇旅游区、武功山景区、涠洲岛南湾鳄鱼山景区、梵净山旅游区、龙门石窟景区、神农架旅游区、青海湖景区、黄果树大瀑布景区、鼓浪屿风景名胜区、嘉峪关文物景区，年总值介于 200 万—400 万之间。排名前五十景区的消费需求年总值合计 131706235，占所有景区消费需求年总值的 46. 80%。总之，AAAAA 级景区全年消费需求呈现出明显的头部景区聚集效应。

表 1－1　AAAAA 级景区全年消费需求排名

景区名称	省级行政区	年总值	排名
黄鹤楼公园	湖北	7851515	1
九寨沟旅游景区	四川	5616620	2
泰山景区	山东	4344595	3
黄山风景区	安徽	4032155	4
故宫博物院	北京	3991275	5
颐和园	北京	3969010	6
长白山景区	吉林	3681025	7
五台山风景名胜区	山西	3536120	8
稻城亚丁旅游景区	四川	3285000	9
布达拉宫景区	西藏自治区	3207620	10
华山景区	陕西	3121845	11
老君山・鸡冠洞旅游区	河南	3057970	12
乐山大佛景区	四川	3056145	13
圆明园景区	北京	3001395	14
青城山－都江堰旅游景区	四川	2998475	15
普陀山风景名胜区	浙江	2997745	16
滕王阁旅游区	江西	2657565	17
武夷山风景名胜区	福建	2591135	18
峨眉山景区	四川	2586025	19
玉龙雪山景区	云南	2521055	20
千岛湖风景名胜区	浙江	2507550	21
九华山风景区	安徽	2461195	22
东方明珠广播电视塔	上海	2438930	23
武当山风景区	湖北	2384545	24
乌镇古镇旅游区	浙江	2376880	25

续表

景区名称	省级行政区	年总值	排名
武功山景区	江西	2354980	26
涠洲岛南湾鳄鱼山景区	广西	2203505	27
梵净山旅游区	贵州	2192555	28
龙门石窟景区	河南	2167735	29
神农架旅游区	湖北	2119555	30
青海湖景区	青海	2046190	31
黄果树大瀑布景区	贵州	2044730	32
鼓浪屿风景名胜区	福建	2012245	33
嘉峪关文物景区	甘肃	2010785	34
岳阳楼－君山岛景区	湖南	1993995	35
山海关景区	河北	1917345	36
三峡大坝－屈原故里旅游区	湖北	1916980	37
秦始皇兵马俑博物馆	陕西	1912600	38
天坛公园	北京	1875005	39
平遥古城景区	山西	1861865	40
龙虎山旅游景区	江西	1860040	41
南岳衡山旅游区	湖南	1806385	42
西柏坡景区	河北	1769520	43
苏州园林（拙政园、虎丘山、留园）	江苏	1699075	44
天下第一泉景区	山东	1668780	45
雁门关景区	山西	1618775	46
缙云仙都景区	浙江	1616950	47
西湖风景名胜区	浙江	1603080	48
大雁塔·大唐芙蓉园景区	陕西	1584100	49
云冈石窟	山西	1576070	50
赛里木湖景区	新疆维吾尔自治区	1570595	51
岳麓山·橘子洲旅游区	湖南	1539205	52
东阳横店影视城景区	浙江	1495770	53
句容茅山景区	江苏	1491025	54
雁荡山风景名胜区	浙江	1486280	55
常德市桃花源旅游区	湖南	1481900	56
恭王府景区	北京	1478250	57

续表

景区名称	省级行政区	年总值	排名
承德避暑山庄及周围寺庙景区	河北	1476425	58
崂山景区	山东	1471680	59
钟山风景名胜区－中山陵园风景区	江苏	1469490	60
白洋淀景区	河北	1426420	61
大明宫旅游景区	陕西	1420215	62
八达岭－慕田峪长城旅游区	北京	1395760	63
鸣沙山月牙泉景区	甘肃	1394665	64
帕米尔旅游区	新疆维吾尔自治区	1389920	65
沙家浜·虞山尚湖旅游区	江苏	1386635	66
韶山旅游区	湖南	1382255	67
沂蒙山旅游区	山东	1347580	68
巴音州和静巴音布鲁克景区	新疆维吾尔自治区	1336630	69
丽江古城景区	云南	1311810	70
海陵岛大角湾海上丝路旅游区	广东	1303415	71
天台山景区	浙江	1288815	72
白帝城·瞿塘峡景区	重庆	1280785	73
法门寺佛文化景区	陕西	1273120	74
殷墟景区	河南	1258520	75
罗浮山景区	广东	1231510	76
剑门蜀道剑门关旅游区	四川	1215815	77
蓬莱阁旅游区（三仙山－八仙过海）	山东	1210340	78
大足石刻景区	重庆	1207055	79
微山湖旅游区	山东	1200850	80
太白山旅游景区	陕西	1196105	81
天目湖景区	江苏	1195375	82
清东陵景区	河北	1187345	83
天柱山风景区	安徽	1177125	84
五大连池景区	黑龙江	1169460	85
明十三陵景区	北京	1158145	86
塔尔寺景区	青海	1154495	87
矮寨·十八洞·德夯大峡谷景区	湖南	1144640	88
那拉提旅游风景区	新疆维吾尔自治区	1144275	89

续表

景区名称	省级行政区	年总值	排名
丹霞山景区	广东	1142450	90
华清池景区	陕西	1139895	91
麦积山景区	甘肃	1135515	92
崆峒山风景名胜区	甘肃	1128215	93
清明上河园	河南	1127120	94
大昭寺	西藏自治区	1125660	95
蜈支洲岛旅游区	海南	1122740	96
鼋头渚景区	江苏	1104490	97
普者黑旅游景区	云南	1099015	98
瘦西湖风景区	江苏	1057040	99
樟江景区	贵州	1036600	100
阆中古城旅游区	四川	1031855	101
镇远古城旅游景区	贵州	1021635	102
鲁迅故里沈园景区	浙江	1009590	103
刘公岛景区	山东	991340	104
天一阁·月湖景区	浙江	985865	105
海螺沟景区	四川	984040	106
湄洲岛妈祖文化旅游区	福建	982580	107
城墙·碑林历史文化景区	陕西	980390	108
三坊七巷景区	福建	961410	109
天山天池风景名胜区	新疆维吾尔自治区	949730	110
土楼（永定·南靖）旅游景区	福建	937685	111
西塘古镇旅游景区	浙江	936225	112
黄帝陵景区	陕西	927465	113
金山·焦山·北固山旅游景区	江苏	927465	113
嵩山少林景区	河南	925275	115
葡萄沟风景区	新疆维吾尔自治区	923085	116
镜泊湖景区	黑龙江	915420	117
清西陵景区	河北	891330	118
皇城相府生态文化旅游区	山西	891330	118
恩施大峡谷景区	湖北	883665	120
世界魔鬼城景区	新疆维吾尔自治区	881475	121

续表

景区名称	省级行政区	年总值	排名
南浔古镇景区	浙江	873810	122
芒砀山旅游景区	河南	859940	123
南湖旅游区	浙江	859210	124
夫子庙秦淮风光带景区	江苏	857020	125
太姥山旅游区	福建	852275	126
同里古镇景区	江苏	849355	127
周庄古镇景区	江苏	835485	128
太阳岛景区	黑龙江	832930	129
长隆旅游度假区	广东	829645	130
青岩古镇景区	贵州	812855	131
西溪湿地旅游区	浙江	789860	132
雅鲁藏布大峡谷旅游景区	西藏自治区	778910	133
金鸡湖景区	江苏	769055	134
光雾山旅游景区	四川	767230	135
北极村旅游区	黑龙江	761390	136
上海科技馆	上海	757010	137
开平碉楼文化旅游区	广东	755185	138
普达措景区	云南	753725	139
德天跨国瀑布景区	广西	752995	140
喀斯特旅游区（天生三桥・仙女山・芙蓉洞）	重庆	750440	141
博斯腾湖景区	新疆维吾尔自治区	748980	142
中国共产党一大・二大・四大纪念馆景区	上海	730000	143
野三坡景区	河北	715765	144
七彩丹霞景区	甘肃	708465	145
上海野生动物园	上海	703355	146
龙宫景区	贵州	702625	147
百里杜鹃景区	贵州	699340	148
塔克拉玛干・三五九旅文化旅游区	新疆维吾尔自治区	696055	149
黄河壶口瀑布旅游区	山西	689485	150
台儿庄古城景区	山东	689120	151
分界洲岛旅游区	海南	684375	152
织金洞景区	贵州	678900	153

续表

景区名称	省级行政区	年总值	排名
明月山旅游区	江西	673425	154
古徽州文化旅游区	安徽	666855	155
盘山风景名胜区	天津	665030	156
崀山景区	湖南	652985	157
东江湖旅游区	湖南	647875	158
炎帝陵景区	湖南	645320	159
响沙湾旅游景区	内蒙古自治区	635100	160
白云山风景区	广东	633275	161
天堂寨旅游景区	安徽	616850	162
洪洞大槐树寻根祭祖园景区	山西	611375	163
扎什伦布寺景区	西藏自治区	605535	164
净月潭景区	吉林	602615	165
黄姚古镇景区	广西	595315	166
白石山景区	河北	584000	167
西樵山景区	广东	565385	168
明故城（三孔）旅游区	山东	564655	169
长江采石矶文化生态旅游区	安徽	563195	170
嵖岈山旅游景区	河南	561370	171
周恩来故里旅游景区	江苏	553705	172
三河古镇旅游景区	安徽	548230	173
红海滩风景廊道景区	辽宁	541660	174
青秀山旅游区	广西	538010	175
华侨城旅游度假区	广东	533630	176
石林风景区	云南	520855	177
金石滩景区	辽宁	515380	178
神仙居景区	浙江	508810	179
延安革命纪念地景区	陕西	505525	180
本溪水洞景区	辽宁	484355	181
青州古城旅游区	山东	483625	182
巴松措景区	西藏自治区	479245	183
富蕴可可托海景区	新疆维吾尔自治区	475595	184
东湖景区	湖北	471945	185

续表

景区名称	省级行政区	年总值	排名
南川金佛山	重庆	468295	186
绵山景区	山西	465010	187
金山岭长城景区	河北	464645	188
奥林匹克公园	北京	455520	189
腾龙洞景区	湖北	442380	190
惠山古镇景区	江苏	439095	191
庐山西海景区	江西	439095	191
花明楼景区	湖南	424130	193
芜湖市方特旅游区	安徽	419750	194
江郎山・廿八都景区	浙江	415370	195
云丘山景区	山西	409530	196
安仁古镇景区	四川	398580	197
惠州西湖旅游景区	广东	394200	198
孙中山故里旅游区	广东	387995	199
龙潭大峡谷景区	河南	383980	200
碧峰峡旅游景区	四川	382520	201
三峡人家风景区	湖北	379965	202
清源山景区	福建	363905	203
漓江景区	广西	360985	204
清江画廊景区	湖北	359525	205
娲皇宫景区	河北	358065	206
广府古城景区	河北	349305	207
花果山景区	江苏	346020	208
伪满皇宫博物院	吉林	337990	209
镇北堡西部影视城	宁夏回族自治区	333610	210
八里沟景区	河南	320835	211
白水洋－鸳鸯溪旅游区	福建	320835	211
云龙湖景区	江苏	319010	213
太湖旅游区	江苏	314265	214
阿拉善盟胡杨林旅游区	内蒙古自治区	310250	215
大觉山景区	江西	306600	216
炳灵寺世界文化遗产旅游区	甘肃	299665	217

续表

景区名称	省级行政区	年总值	排名
酉阳桃花源旅游景区	重庆	292000	218
黑山谷景区	重庆	286890	219
南山文化旅游区	海南	271560	220
黄龙景区	四川	267910	221
昆明世博园景区	云南	258785	222
槟榔谷黎苗文化旅游区	海南	257325	223
老虎滩海洋公园・老虎滩极地馆	辽宁	255865	224
鸡公山景区	河南	252215	225
云台山－神农山・青天河景区	河南	250390	226
溪口－滕头旅游景区	浙江	249295	227
三清山旅游景区	江西	247835	228
朱德故里景区	四川	240900	229
崇圣寺三塔文化旅游区	云南	237615	230
红旗渠・太行大峡谷	河南	235060	231
赤水丹霞旅游区	贵州	224840	232
溱湖旅游景区	江苏	222650	233
阿尔山・柴河旅游景区	内蒙古自治区	217905	234
喀什噶尔老城景区	新疆维吾尔自治区	216080	235
皖南古村落——西递、宏村	安徽	214985	236
喀纳斯景区	新疆维吾尔自治区	213525	237
八里河景区	安徽	203670	238
木兰文化生态旅游区	湖北	201480	239
伏牛山老界岭・恐龙遗址园旅游区	河南	200385	240
三国赤壁古战场景区	湖北	196370	241
灵山景区	江苏	193815	242
庐山风景名胜区	江西	193450	243
千山景区	辽宁	191625	244
大小洞天旅游区	海南	190895	245
长影世纪城旅游区	吉林	181770	246
白云山景区	河南	180675	247
百色起义纪念园景区	广西	176295	248
尧山－中原大佛景区	河南	176295	248

续表

景区名称	省级行政区	年总值	排名
中国科学院西双版纳热带植物园	云南	173375	250
神农溪纤夫文化旅游区	湖北	160965	251
沙湖旅游景区	宁夏回族自治区	155490	252
腾冲火山热海旅游区	云南	151475	253
武陵源－天门山旅游区	湖南	151110	254
长鹿旅游休博园	广东	141620	255
中央电视台无锡影视基地三国水浒景区	江苏	140525	256
万佛湖景区	安徽	135050	257
金丝峡景区	陕西	135050	257
连州地下河旅游景区	广东	133590	259
中国春秋淹城旅游区	江苏	129940	260
天津古文化街旅游区（津门故里）	天津	118260	261
阿依河景区	重庆	114975	262
古田旅游区	福建	113150	263
黄河口生态旅游区	山东	112785	264
华夏城旅游景区	山东	112055	265
井冈山风景旅游区	江西	111325	266
两江四湖·象山景区	广西	110230	267
沙坡头旅游景区	宁夏回族自治区	109865	268
巫山小三峡－小小三峡	重庆	105485	269
邓小平故里旅游区	四川	89425	270
云阳龙缸景区	重庆	86870	271
洪泽湖湿地景区	江苏	78840	272
四面山景区	重庆	78110	273
沈阳市植物园	辽宁	73730	274
环球恐龙城休闲旅游区	江苏	71175	275
绩溪龙川景区	安徽	65700	276
成吉思汗陵旅游区	内蒙古自治区	63875	277
独秀峰－王城景区	广西	55480	278
世界雕塑公园旅游景区	吉林	54750	279
乐满地度假世界	广西	50005	280
萤火虫水洞·地下大峡谷旅游区	山东	48910	281

续表

景区名称	省级行政区	年总值	排名
景德镇古窑民俗博览区	江西	38690	282
羌城旅游区	四川	35040	283
泰宁风景旅游区	福建	33580	284
呀诺达雨林文化旅游区	海南	32120	285
汶川特别旅游区	四川	27740	286
雁南飞茶田景区	广东	17520	287
太行山大峡谷八泉峡景区	山西	10585	288
共和国摇篮旅游区	江西	10220	289
互助土族故土园景区	青海	2920	290
中俄边境旅游区	内蒙古自治区	730	291
龙口南山景区	山东	365	292
三百山景区	江西	0	293

二、春节假期消费需求排名

293 个 AAAAA 级景区的春节假期消费需求排名如表 1－2 所示。AAAAA 级景区的春节假期消费需求期总值为 1664194，平均值为 5680。其中，高于均值的景区为 98 个，仅占景区数量的 33. 45%，消费需求期总值占比却高达 72. 44%。

从表 1－2 中可以看到，以 1000 为分界，消费需求期总值不足 1000 的景区为 38 个，其数量占比 12. 97%，期总值占比 1. 18%；介于 1000—5000 之间的景区为 146 个，其数量占比 49. 83%，期总值占比 22. 87%；介于 5000—10000 之间的景区为 73 个，其数量占比 24. 91%，期总值占比 30. 86%；10000 以上的景区仅 36 个，其数量占比 12. 29%，期总值占比 45. 08%。可见 AAAAA 级景区 2022 年度的春节假期的消费需求期总值集中于排名前 124 的景区，年总值占比高达 80. 19%。

具体而言，排名第一的景区为黄鹤楼公园，期总值为 116060，泰山景区排名第二，期总值为 40229，九华山风景区排名第三，期总值为 33215，均超过 3 万。前三名景区的消费需求期总值合计 189504，占所有景区春节假期消费需求期总值的 11. 39%。黄山风景区排名第四，五台山风景名胜区排名第五，期总值分别为 32032、29995，排名第六至第十的景区分别是颐和园、故宫博物院、峨眉山景区、老君山·鸡冠洞旅游区、长白山景区，期总值分别为 28560、26054、25865、23520、23387，均超过 2 万。排名前 124 名的景区消费需求期总值合计 1334480，占所有景区春节假期消费需求期总值的 80.19%，表明头部景区消费需求聚集效应明显。

表 1－2　AAAAA 级景区春节假期消费需求排名

景区名称	省级行政区	期总值	排名
黄鹤楼公园	湖北	116060	1
泰山景区	山东	40229	2
九华山风景区	安徽	33215	3
黄山风景区	安徽	32032	4
五台山风景名胜区	山西	29995	5
颐和园	北京	28560	6
故宫博物院	北京	26054	7
峨眉山景区	四川	25865	8
老君山·鸡冠洞旅游区	河南	23520	9
长白山景区	吉林	23387	10
普陀山风景名胜区	浙江	22561	11
乐山大佛景区	四川	22491	12
武当山风景区	湖北	22036	13
华山景区	陕西	21133	14
平遥古城景区	山西	17423	15
东方明珠广播电视塔	上海	17283	16
九寨沟旅游景区	四川	16464	17
青城山－都江堰旅游景区	四川	15925	18
圆明园景区	北京	15645	19
武夷山风景名胜区	福建	15533	20
滕王阁旅游区	江西	14952	21
玉龙雪山景区	云南	14672	22
布达拉宫景区	西藏自治区	14266	23
天坛公园	北京	12215	24
乌镇古镇旅游区	浙江	11914	25
梵净山旅游区	贵州	11515	26
恭王府景区	北京	11018	27
南岳衡山旅游区	湖南	10899	28
武功山景区	江西	10836	29

续表

景区名称	省级行政区	年总值	排名
稻城亚丁旅游景区	四川	10766	30
涠洲岛南湾鳄鱼山景区	广西壮族自治区	10514	31
鼓浪屿风景名胜区	福建	10486	32
缙云仙都景区	浙江	10437	33
喀斯特旅游区（天生三桥・仙女山・芙蓉洞）	重庆	10178	34
龙虎山旅游景区	江西	10164	35
神农架旅游区	湖北	10024	36
千岛湖风景名胜区	浙江	9968	37
阆中古城旅游区	四川	9954	38
东阳横店影视城景区	浙江	9016	39
龙门石窟景区	河南	8918	40
山海关景区	河北	8904	41
天柱山风景区	安徽	8841	42
苏州园林（拙政园、虎丘山、留园）	江苏	8729	43
剑门蜀道剑门关旅游区	四川	8708	44
南川金佛山	重庆	8638	45
嘉峪关文物景区	甘肃	8624	46
岳阳楼－君山岛景区	湖南	8386	47
天台山景区	浙江	8372	48
句容茅山景区	江苏	8246	49
秦始皇兵马俑博物馆	陕西	8008	50
三峡大坝－屈原故里旅游区	湖北	7875	51
台儿庄古城景区	山东	7798	52
青海湖景区	青海	7651	53
塔克拉玛干・三五九旅文化旅游区	新疆维吾尔自治区	7651	53
西柏坡景区	河北	7644	55
雁荡山风景名胜区	浙江	7637	56
大雁塔・大唐芙蓉园景区	陕西	7637	56
法门寺佛文化景区	陕西	7630	58
海螺沟景区	四川	7588	59
清明上河园	河南	7581	60
黄果树大瀑布景区	贵州	7469	61

续表

景区名称	省级行政区	年总值	排名
天下第一泉景区	山东	7441	62
巴音州和静巴音布鲁克景区	新疆维吾尔自治区	7420	63
蜈支洲岛旅游区	海南	7392	64
白帝城・瞿塘峡景区	重庆	7392	64
八达岭－慕田峪长城旅游区	北京	7385	66
沂蒙山旅游区	山东	7231	67
海陵岛大角湾海上丝路旅游区	广东	7224	68
沙家浜・虞山尚湖旅游区	江苏	7196	69
雁门关景区	山西	7189	70
崂山景区	山东	7168	71
钟山风景名胜区－中山陵园风景区	江苏	7133	72
桃花源旅游区	湖南	7105	73
罗浮山景区	广东	7007	74
韶山旅游区	湖南	6923	75
大足石刻景区	重庆	6916	76
丹霞山景区	广东	6832	77
蓬莱阁旅游区（三仙山－八仙过海）	山东	6825	78
大明宫旅游景区	陕西	6811	79
皇城相府生态文化旅游区	山西	6615	80
太白山旅游景区	陕西	6573	81
天日湖景区	江苏	6545	82
鼋头渚景区	江苏	6517	83
岳麓山・橘子洲旅游区	湖南	6517	83
上海科技馆	上海	6482	85
丽江古城景区	云南	6482	85
微山湖旅游区	山东	6377	87
上海野生动物园	上海	6349	88
青州古城旅游区	山东	6335	89
分界洲岛旅游区	海南	6321	90
同里古镇景区	江苏	6265	91
清东陵景区	河北	6258	92
神仙居景区	浙江	6111	93

续表

景区名称	省级行政区	年总值	排名
金山·焦山·北固山旅游景区	江苏	6027	94
鸣沙山月牙泉景区	甘肃	5978	95
云冈石窟	山西	5887	96
湄洲岛妈祖文化旅游区	福建	5810	97
华清池景区	陕西	5684	98
西樵山景区	广东	5677	99
明月山旅游区	江西	5523	100
赛里木湖景区	新疆维吾尔自治区	5516	101
明十三陵景区	北京	5362	102
西湖风景名胜区	浙江	5341	103
城墙·碑林历史文化景区	陕西	5320	104
安心白洋淀景区	河北	5278	105
瘦西湖风景区	江苏	5180	106
大昭寺	西藏自治区	5103	107
五大连池景区	黑龙江	5096	108
太姥山旅游区	福建	5005	109
殷墟景区	河南	4998	110
崆峒山风景名胜区	甘肃	4970	111
塔尔寺景区	青海	4956	112
三坊七巷景区	福建	4837	113
镇远古城旅游景区	贵州	4816	114
嵖岈山旅游景区	河南	4816	114
帕米尔旅游区	新疆维吾尔自治区	4816	114
清西陵景区	河北	4669	117
周庄古镇景区	江苏	4655	118
南浔古镇景区	浙江	4606	119
那拉提旅游风景区	新疆维吾尔自治区	4571	120
惠山古镇景区	江苏	4536	121
夫子庙－秦淮风光带景区	江苏	4508	122
三河古镇旅游景区	安徽	4431	123
云丘山景区	山西	4431	123
广府古城景区	河北	4375	125

续表

景区名称	省级行政区	年总值	排名
芒砀山旅游景区	河南	4256	126
洪洞大槐树寻根祭祖园景区	山西	4214	127
光雾山旅游景区	四川	4186	128
恩施大峡谷景区	湖北	4186	128
奥林匹克公园	北京	4151	130
嵩山少林景区	河南	4130	131
普者黑旅游景区	云南	4067	132
土楼（永定·南靖）旅游	福建	4067	132
朱德故里景区	四川	4060	134
黄帝陵景区	陕西	4046	135
白石山景区	河北	4018	136
黄姚古镇景区	广西壮族自治区	3997	137
西塘古镇旅游景区	浙江	3878	138
刘公岛景区	山东	3864	139
青秀山旅游区	广西壮族自治区	3640	140
天堂寨旅游景区	安徽	3633	141
安仁古镇景区	四川	3584	142
承德避暑山庄及周围寺庙景区	河北	3528	143
鲁迅故里沈园景区	浙江	3521	144
天一阁·月湖景区	浙江	3493	145
炎帝陵景区	湖南	3493	145
金鸡湖景区	江苏	3486	147
麦积山景区	甘肃	3353	148
太阳岛景区	黑龙江	3234	149
青岩古镇景区	贵州	3199	150
崀山景区	湖南	3185	151
长隆旅游度假区	广东	3178	152
开平碉楼文化旅游区	广东	3171	153
樟江景区	贵州	3087	154
清源山景区	福建	3080	155
娲皇宫景区	河北	3031	156
三清山旅游景区	江西	3017	157

续表

景区名称	省级行政区	年总值	排名
芜湖市方特旅游区	安徽	2996	158
碧峰峡旅游景区	四川	2968	159
德天跨国瀑布景区	广西壮族自治区	2947	160
织金洞景区	贵州	2828	161
昆明世博园景区	云南	2828	161
矮寨·十八洞·德夯大峡谷景区	湖南	2814	163
中国共产党一大·二大·四大纪念馆景区	上海	2793	164
古徽州文化旅游区	安徽	2786	165
镜泊湖景区	黑龙江	2751	166
西溪湿地旅游区	浙江	2716	167
惠州西湖旅游景区	广东	2660	168
八里河景区	安徽	2590	169
腾龙洞景区	湖北	2583	170
博斯腾湖景区	新疆维吾尔自治区	2576	171
南山文化旅游区	海南	2548	172
周恩来故里旅游景区	江苏	2541	173
花果山景区	江苏	2520	174
天山天池风景名胜区	新疆维吾尔自治区	2478	175
净月潭景区	吉林	2443	176
金石滩景区	辽宁	2394	177
长江采石矶文化生态旅游区	安徽	2387	178
东江湖旅游区	湖南	2380	179
江郎山·廿八都景区	浙江	2373	180
槟榔谷黎苗文化旅游区	海南	2359	181
北极村旅游区	黑龙江	2338	182
野三坡景区	河北	2303	183
盘山风景名胜区	天津	2303	183
介休绵山景区	山西	2296	185
百里杜鹃景区	贵州	2268	186
白云山风景区	广东	2212	187
龙宫景区	贵州	2198	188
大小洞天旅游区	海南	2191	189

续表

景区名称	省级行政区	年总值	排名
三峡人家风景区	湖北	2177	190
普达措景区	云南	2177	190
世界魔鬼城景区	新疆维吾尔自治区	2177	190
华夏城旅游景区	山东	2170	193
花明楼景区	湖南	2163	194
葡萄沟风景区	新疆维吾尔自治区	2149	195
老虎滩海洋公园・老虎滩极地馆	辽宁	2128	196
西峡伏牛山老界岭・恐龙遗址园旅游区	河南	2107	197
黑山谷景区	重庆	2093	198
南湖旅游区	浙江	2065	199
八里沟景区	河南	2051	200
孙中山故里旅游区	广东	2030	201
金山岭长城景区	河北	2030	201
雅鲁藏布大峡谷旅游景区	西藏自治区	2023	203
富蕴可可托海景区	新疆维吾尔自治区	1995	204
庐山西海景区	江西	1981	205
明故城（三孔）旅游区	山东	1974	206
长鹿旅游休博园	广东	1960	207
扎什伦布寺景区	西藏自治区	1925	208
连州地下河旅游景区	广东	1911	209
云龙湖景区	江苏	1862	210
东湖景区	湖北	1862	210
响沙湾旅游景区	内蒙古自治区	1820	212
白水洋－鸳鸯溪旅游区	福建	1792	213
木兰文化生态旅游区	湖北	1778	214
长阳清江画廊景区	湖北	1771	215
本溪水洞景区	辽宁	1771	215
华侨城旅游度假区	广东	1750	217
云台山－神农山・青天河景区	河南	1750	217
黄河壶口瀑布旅游区	山西	1743	219
巴松措景区	西藏自治区	1687	220
石林风景区	云南	1680	221

续表

景区名称	省级行政区	年总值	排名
酉阳桃花源旅游景区	重庆	1631	222
灵山景区	江苏	1624	223
七彩丹霞景区	甘肃	1582	224
大觉山景区	江西	1568	225
千山景区	辽宁	1547	226
尧山－中原大佛景区	河南	1505	227
万佛湖景区	安徽	1477	228
鸡公山景区	河南	1477	228
溱湖旅游景区	江苏	1470	230
中央电视台无锡影视基地三国水浒景区	江苏	1463	231
红海滩风景廊道景区	辽宁	1428	232
神农溪纤夫文化旅游区	湖北	1407	233
龙潭大峡谷景区	河南	1372	234
庐山风景名胜区	江西	1372	234
镇北堡西部影视城	宁夏回族自治区	1351	236
崇圣寺三塔文化旅游区	云南	1344	237
长影世纪城旅游区	吉林	1323	238
伪满皇宫博物院	吉林	1302	239
太湖旅游区	江苏	1267	240
溪口－滕头旅游景区	浙江	1253	241
黄龙景区	四川	1246	242
云阳龙缸景区	重庆	1246	242
赤水丹霞旅游区	贵州	1204	244
山萤火虫水洞·地下大峡谷旅游区	山东	1176	245
三国赤壁古战场景区	湖北	1176	245
白云山景区	河南	1162	247
腾冲火山热海旅游区	云南	1162	247
阿拉善盟胡杨林旅游区	内蒙古自治区	1162	247
中国春秋淹城旅游区	江苏	1113	250
百色起义纪念园景区	广西壮族自治区	1085	251
武陵源－天门山旅游区	湖南	1078	252
漓江景区	广西壮族自治区	1071	253

续表

景区名称	省级行政区	年总值	排名
延安革命纪念地景区	陕西	1050	254
江津四面山景区	重庆	1015	255
邓小平故里旅游区	四川	973	256
长春世界雕塑公园旅游景区	吉林	938	257
天津古文化街旅游区（津门故里）	天津	910	258
羌城旅游区	四川	889	259
井冈山风景旅游区	江西	861	260
金丝峡景区	陕西	854	261
炳灵寺世界文化遗产旅游区	甘肃	833	262
红旗渠・太行大峡谷	河南	812	263
古田旅游区	福建	812	263
洪泽湖湿地景区	江苏	777	265
皖南古村落——西递、宏村	安徽	728	266
黄河口生态旅游区	山东	714	267
沙湖旅游景区	宁夏回族自治区	707	268
巫山小三峡－小小三峡	重庆	693	269
呀诺达雨林文化旅游区	海南	658	270
中国科学院西双版纳热带植物园	云南	651	271
两江四湖・象山景区	广西壮族自治区	630	272
阿依河景区	重庆	602	273
喀纳斯景区	新疆维吾尔自治区	602	273
桂林乐满地度假世界	广西壮族自治区	602	273
环球恐龙城休闲旅游区	江苏	567	276
喀什噶尔老城景区	新疆维吾尔自治区	532	277
阿尔山・柴河旅游景区	内蒙古自治区	518	278
绩溪龙川景区	安徽	455	279
汶川特别旅游区	四川	441	280
景德镇古窑民俗博览区	江西	392	281
沈阳市植物园	辽宁	392	281
沙坡头旅游景区	宁夏回族自治区	322	283
成吉思汗陵旅游区	内蒙古自治区	322	283
独秀峰－王城景区	广西壮族自治区	252	285

续表

景区名称	省级行政区	年总值	排名
泰宁风景旅游区	福建	182	286
龙口南山景区	山东	56	287
雁南飞茶田景区	广东	0	288
太行山大峡谷八泉峡景区	山西	0	288
互助土族故土园景区	青海	0	288
共和国摇篮旅游区	江西	0	288
三百山景区	江西	0	288
中俄边境旅游区	内蒙古自治区	0	288

三、十一假期消费需求排名

293 个 AAAAA 级景区的十一假期消费需求排名如表 1－3 所示。AAAAA 级景区的十一假期消费需求期总值为 2083389，平均值为 7111。其中，高于均值的景区为 81 个，仅占所有景区数量的 27.65%，消费需求期总值占比却高达 68.97%。

从表 1－3 中可以看到，以 1000 为分界，消费需求期总值不足 1000 的景区有 30 个，其数量占比 10.24%，期总值占比 0.82%；介于 1000—5000 之间的景区有 140 个，其数量占比 47.78%，期总值占比 17.80%；介于 5000—10000 之间的景区有 75 个，其数量占比 25.60%，期总值占比 25.45%；超过 10000 的景区有 48 个，其数量占比 16.38%，期总值占比 55.93%。可见 AAAAA 级景区 2022 年度的十一假期的消费需求期总值集中于排名前 118 名的景区，其数量占比 40.27%，期总值占比高达 80.15%。

具体而言，排名第一的景区为黄鹤楼公园，期总值为 142331，黄山风景区排名第二，期总值为 51730，颐和园排名第三，期总值为 50673，均超过 5 万。前三名景区的消费需求期总值合计 244734，占所有景区十一假期消费需求期总值的 11.75%。老君山·鸡冠洞旅游区排名第四，滕王阁旅游区排名第五，期总值分别为 43680、41881，排名第六至第十的景区分别是泰山景区、故宫博物院、长白山景区、圆明园景区、五台山风景名胜区，期总值分别为 41818、39662、38654、32739、29533，均超过 2 万。排名前 119 名的景区消费需求期总值合计 1675037，占所有景区春节假期消费需求期总值的 80.40%，表明头部景区消费需求聚集效应明显。

表 1-3　AAAAA 级景区十一假期消费需求排名

景区名称	省级行政区	年总值	排名
黄鹤楼公园	湖北	142331	1
黄山风景区	安徽	51730	2
颐和园	北京	50673	3
老君山·鸡冠洞旅游区	河南	43680	4
滕王阁旅游区	江西	41881	5
泰山景区	山东	41818	6
故宫博物院	北京	39662	7
长白山景区	吉林	38654	8
圆明园景区	北京	32739	9
五台山风景名胜区	山西	29533	10
青城山-都江堰旅游景区	四川	28602	11
华山景区	陕西	28329	12
千岛湖风景名胜区	浙江	28119	13
普陀山风景名胜区	浙江	28070	14
武功山景区	江西	25382	15
九华山风景区	安徽	24346	16
岳阳楼-君山岛景区	湖南	23576	17
稻城亚丁旅游景区	四川	23303	18
九寨沟旅游景区	四川	23009	19
武夷山风景名胜区	福建	22085	20
乌镇古镇旅游区	浙江	21126	21
东方明珠广播电视塔	上海	20139	22
乐山大佛景区	四川	19782	23
天坛公园	北京	19719	24
武当山风景区	湖北	17640	25
龙门石窟景区	河南	16968	26
峨眉山景区	四川	16821	27
天下第一泉景区	山东	16240	28
苏州园林（拙政园、虎丘山、留园）	江苏	16009	29
布达拉宫景区	西藏自治区	14931	30
玉龙雪山景区	云南	14504	31
岳麓山·橘子洲旅游区	湖南	14427	32

续表

景区名称	省级行政区	年总值	排名
神农架旅游区	湖北	13853	33
恭王府景区	北京	13811	34
涠洲岛南湾鳄鱼山景区	广西壮族自治区	12929	35
鼓浪屿风景名胜区	福建	12775	36
三峡大坝－屈原故里旅游区	湖北	12768	37
南岳衡山旅游区	湖南	12698	38
雁荡山风景名胜区	浙江	12488	39
钟山风景名胜区－中山陵园风景区	江苏	11893	40
丹霞山景区	广东	11431	41
八达岭－慕田峪长城旅游区	北京	11424	42
梵净山旅游区	贵州	11403	43
罗浮山景区	广东	11326	44
西湖风景名胜区	浙江	10402	45
缙云仙都景区	浙江	10136	46
龙虎山旅游景区	江西	10045	47
黄果树大瀑布景区	贵州	10038	48
上海野生动物园	上海	9688	49
海陵岛大角湾海上丝路旅游区	广东	9555	50
青海湖景区	青海	9541	51
嘉峪关文物景区	甘肃	9457	52
东阳横店影视城景区	浙江	9450	53
秦始皇兵马俑博物馆	陕西	9436	54
山海关景区	河北	9191	55
光雾山旅游景区	四川	9128	56
天台山景区	浙江	9086	57
天柱山风景区	安徽	9009	58
西柏坡景区	河北	8974	59
平遥古城景区	山西	8876	60
大雁塔·大唐芙蓉园景区	陕西	8659	61
明十三陵景区	北京	8512	62
韶山旅游区	湖南	8260	63
湄洲岛妈祖文化旅游区	福建	7952	64

续表

景区名称	省级行政区	年总值	排名
云冈石窟	山西	7826	65
中国共产党一大・二大・四大纪念馆景区	上海	7735	66
白帝城・瞿塘峡景区	重庆	7651	67
句容茅山景区	江苏	7630	68
崂山景区	山东	7609	69
安心白洋淀景区	河北	7546	70
雁门关景区	山西	7539	71
沙家浜・虞山尚湖旅游区	江苏	7532	72
大明宫旅游景区	陕西	7441	73
三坊七巷景区	福建	7413	74
太姥山旅游区	福建	7385	75
天一阁・月湖景区	浙江	7378	76
清明上河园	河南	7364	77
西樵山景区	广东	7287	78
沂蒙山旅游区	山东	7203	79
桃花源旅游区	湖南	7203	79
神仙居景区	浙江	7126	81
大足石刻景区	重庆	7014	82
上海科技馆	上海	7007	83
殷墟景区	河南	6986	84
丽江古城景区	云南	6986	84
太白山旅游景区	陕西	6986	84
鼋头渚景区	江苏	6867	87
南浔古镇景区	浙江	6832	88
剑门蜀道剑门关旅游区	四川	6818	89
瘦西湖风景区	江苏	6769	90
帕米尔旅游区	新疆维吾尔自治区	6727	91
鸣沙山月牙泉景区	甘肃	6720	92
天目湖景区	江苏	6720	92
鲁迅故里沈园景区	浙江	6685	94
微山湖旅游区	山东	6580	95
刘公岛景区	山东	6573	96

续表

景区名称	省级行政区	年总值	排名
同里古镇景区	江苏	6489	97
清东陵景区	河北	6468	98
蓬莱阁旅游区（三仙山－八仙过海）	山东	6468	98
西塘古镇旅游景区	浙江	6461	100
法门寺佛文化景区	陕西	6447	101
承德避暑山庄及周围寺庙景区	河北	6398	102
五大连池景区	黑龙江	6391	103
城墙·碑林历史文化景区	陕西	6111	104
东江湖旅游区	湖南	6020	105
西溪湿地旅游区	浙江	5915	106
阆中古城旅游区	四川	5894	107
周庄古镇景区	江苏	5873	108
华清池景区	陕西	5845	109
金鸡湖景区	江苏	5796	110
恩施大峡谷景区	湖北	5677	111
黄姚古镇景区	广西壮族自治区	5600	112
惠山古镇景区	江苏	5586	113
普者黑旅游景区	云南	5565	114
黄帝陵景区	陕西	5558	115
开平碉楼文化旅游区	广东	5474	116
崆峒山风景名胜区	甘肃	5397	117
台儿庄古城景区	山东	5257	118
夫子庙－秦淮风光带景区	江苏	5187	119
金山·焦山·北固山旅游景区	江苏	5166	120
嵖岈山旅游景区	河南	5159	121
崀山景区	湖南	5033	122
江郎山·廿八都景区	浙江	5019	123
麦积山景区	甘肃	4935	124
天堂寨旅游景区	安徽	4907	125
白云山风景区	广东	4907	125
古徽州文化旅游区	安徽	4837	127
赛里木湖景区	新疆维吾尔自治区	4837	127

续表

景区名称	省级行政区	年总值	排名
惠州西湖旅游景区	广东	4816	129
皇城相府生态文化旅游区	山西	4795	130
土楼（永定·南靖）旅游	福建	4788	131
清源山景区	福建	4788	131
三河古镇旅游景区	安徽	4781	133
巴音州和静巴音布鲁克景区	新疆维吾尔自治区	4753	134
红海滩风景廊道景区	辽宁	4704	135
喀斯特旅游区（天生三桥·仙女山·芙蓉洞）	重庆	4592	136
南川金佛山	重庆	4508	137
芒砀山旅游景区	河南	4494	138
明月山旅游区	江西	4487	139
孙中山故里旅游区	广东	4459	140
矮寨·十八洞·德夯大峡谷景区	湖南	4431	141
长隆旅游度假区	广东	4277	142
南湖旅游区	浙江	4263	143
安仁古镇景区	四川	4221	144
庐山西海景区	江西	4116	145
青秀山旅游区	广西壮族自治区	4060	146
太阳岛景区	黑龙江	4011	147
周恩来故里旅游景区	江苏	3941	148
普达措景区	云南	3941	148
青州古城旅游区	山东	3927	150
那拉提旅游风景区	新疆维吾尔自治区	3787	151
净月潭景区	吉林	3717	152
镇远古城旅游景区	贵州	3647	153
清西陵景区	河北	3626	154
炎帝陵景区	湖南	3612	155
黄河壶口瀑布旅游区	山西	3535	156
嵩山少林景区	河南	3514	157
长江采石矶文化生态旅游区	安徽	3444	158
连州地下河旅游景区	广东	3430	159
白石山景区	河北	3416	160

续表

景区名称	省级行政区	年总值	排名
芜湖方特旅游区	安徽	3367	161
德天跨国瀑布景区	广西壮族自治区	3367	161
蜈支洲岛旅游区	海南	3297	163
本溪水洞景区	辽宁	3220	164
石林风景区	云南	3164	165
葡萄沟风景区	新疆维吾尔自治区	3129	166
花明楼景区	湖南	3108	167
樟江景区	贵州	3059	168
镜泊湖景区	黑龙江	3017	169
金山岭长城景区	河北	3010	170
酉阳桃花源旅游景区	重庆	2996	171
野三坡景区	河北	2919	172
大昭寺	西藏自治区	2898	173
长阳清江画廊景区	湖北	2877	174
三峡人家风景区	湖北	2849	175
白水洋－鸳鸯溪旅游区	福建	2849	175
北京市奥林匹克公园	北京	2821	177
北极村旅游区	黑龙江	2821	177
伪满皇宫博物院	吉林	2800	179
长鹿旅游休博园	广东	2786	180
洪洞大槐树寻根祭祖园景区	山西	2709	181
响沙湾旅游景区	内蒙古自治区	2709	181
黑山谷景区	重庆	2646	183
东湖景区	湖北	2639	184
海螺沟景区	四川	2590	185
太湖旅游区	江苏	2583	186
延安革命纪念地景区	陕西	2541	187
花果山景区	江苏	2527	188
千山景区	辽宁	2520	189
塔尔寺景区	青海	2492	190
八里沟景区	河南	2457	191
长影世纪城旅游区	吉林	2450	192

续表

景区名称	省级行政区	年总值	排名
广府古城景区	河北	2422	193
云丘山景区	山西	2401	194
盘山风景名胜区	天津	2387	195
腾龙洞景区	湖北	2387	196
娲皇宫景区	河北	2338	197
世界魔鬼城景区	新疆维吾尔自治区	2324	198
百里杜鹃景区	贵州	2296	199
天山天池风景名胜区	新疆维吾尔自治区	2296	199
西峡伏牛山老界岭・恐龙遗址园旅游区	河南	2282	201
博斯腾湖景区	新疆维吾尔自治区	2275	202
沈阳市植物园	辽宁	2240	203
华侨城旅游度假区	广东	2233	204
碧峰峡旅游景区	四川	2191	205
万佛湖景区	安徽	2184	206
溱湖旅游景区	江苏	2184	206
白云山景区	河南	2156	208
金石滩景区	辽宁	2142	209
云龙湖景区	江苏	2107	210
明故城（三孔）旅游区	山东	2107	210
七彩丹霞景区	甘肃	2100	212
花溪青岩古镇景区	贵州	2093	213
雅鲁藏布大峡谷旅游景区	西藏自治区	2058	214
云台山－神农山・青天河景区	河南	2051	215
大觉山景区	江西	2002	216
分界洲岛旅游区	海南	1995	217
织金洞景区	贵州	1981	218
龙潭大峡谷景区	河南	1855	219
龙宫景区	贵州	1848	220
百色起义纪念园景区	广西壮族自治区	1827	221
尧山－中原大佛景区	河南	1799	222
漓江景区	广西壮族自治区	1785	223
红旗渠・太行大峡谷	河南	1778	224

续表

景区名称	省级行政区	年总值	排名
塔克拉玛干・三五九旅文化旅游区	新疆维吾尔自治区	1764	225
八里河景区	安徽	1750	226
大小洞天旅游区	海南	1673	227
朱德故里景区	四川	1666	228
阿尔山・柴河旅游景区	内蒙古自治区	1659	229
溪口－滕头旅游景区	浙江	1652	230
鸡公山景区	河南	1645	231
成吉思汗陵旅游区	内蒙古自治区	1645	231
中国春秋淹城旅游区	江苏	1638	233
巫山小三峡－小小三峡	重庆	1603	234
三国赤壁古战场景区	湖北	1603	234
阿拉善盟胡杨林旅游区	内蒙古自治区	1589	236
洪泽湖湿地景区	江苏	1582	237
昆明世博园景区	云南	1498	238
扎什伦布寺景区	西藏自治区	1498	238
中央电视台无锡影视基地三国水浒景区	江苏	1484	240
灵山景区	江苏	1477	241
镇北堡西部影视城	宁夏回族自治区	1456	242
武陵源－天门山旅游区	湖南	1449	243
老虎滩海洋公园・老虎滩极地馆	辽宁	1435	244
木兰文化生态旅游区	湖北	1351	245
崇圣寺三塔文化旅游区	云南	1302	246
江津四面山景区	重庆	1295	247
炳灵寺世界文化遗产旅游区	甘肃	1274	248
华夏城旅游景区	山东	1246	249
云阳龙缸景区	重庆	1239	250
阿依河景区	重庆	1232	251
庐山风景名胜区	江西	1218	252
介休绵山景区	山西	1197	253
槟榔谷黎苗文化旅游区	海南	1176	254
喀纳斯景区	新疆维吾尔自治区	1176	254
中国科学院西双版纳热带植物园	云南	1155	256

续表

景区名称	省级行政区	年总值	排名
两江四湖·象山景区	广西壮族自治区	1127	257
巴松措景区	西藏自治区	1120	258
皖南古村落——西递、宏村	安徽	1099	259
黄龙景区	四川	1085	260
古田旅游区	福建	1050	261
三清山旅游景区	江西	1043	262
天津古文化街旅游区（津门故里）	天津	1008	263
南山文化旅游区	海南	994	264
金丝峡景区	陕西	994	264
绩溪龙川景区	安徽	973	266
邓小平故里旅游区	四川	966	267
赤水丹霞旅游区	贵州	945	268
长春世界雕塑公园旅游景区	吉林	896	269
沙湖旅游景区	宁夏回族自治区	896	269
桂林乐满地度假世界	广西壮族自治区	833	271
腾冲火山热海旅游区	云南	812	272
萤火虫水洞·地下大峡谷旅游区	山东	805	273
黄河口生态旅游区	山东	784	274
沙坡头旅游景区	宁夏回族自治区	770	275
富蕴可可托海景区	新疆维吾尔自治区	756	276
井冈山风景旅游区	江西	756	276
神农溪纤夫文化旅游区	湖北	749	278
喀什噶尔老城景区	新疆维吾尔自治区	686	279
景德镇古窑民俗博览区	江西	588	280
独秀峰－王城景区	广西壮族自治区	553	281
泰宁风景旅游区	福建	539	282
环球恐龙城休闲旅游区	江苏	483	283
共和国摇篮旅游区	江西	385	284
太行山大峡谷八泉峡景区	山西	336	285
羌城旅游区	四川	315	286
呀诺达雨林文化旅游区	海南	119	287
雁南飞茶田景区	广东	119	287

续表

景区名称	省级行政区	年总值	排名
龙口南山景区	山东	63	289
汶川特别旅游区	四川	56	290
互助土族故土园景区	青海	0	291
三百山景区	江西	0	291
中俄边境旅游区	内蒙古自治区	0	291

第二节　AAAAA 级景区消费群体分析

一、性别分布

（一）总体情况

所有 AAAAA 级景区的男性消费需求年总值为 147381241，除以景区数量 293 得到全年每个景区的平均男性消费需求量为 503008，性别占比 52.37%，TGI 为 104.46，略高于 100 的整体水平，表明男性对 AAAAA 级景区的关注程度略高于整体水平。相比之下，女性消费需求年总值为 134041789，每个景区平均女性消费需求量为 457481，性别占比为 47.63%，TGI 为 95.52，略低于 100，表明女性对 AAAAA 级景区的关注程度略低于整体水平。整体而言，男性与女性对于所有 AAAAA 级景区的消费需求相对持平。

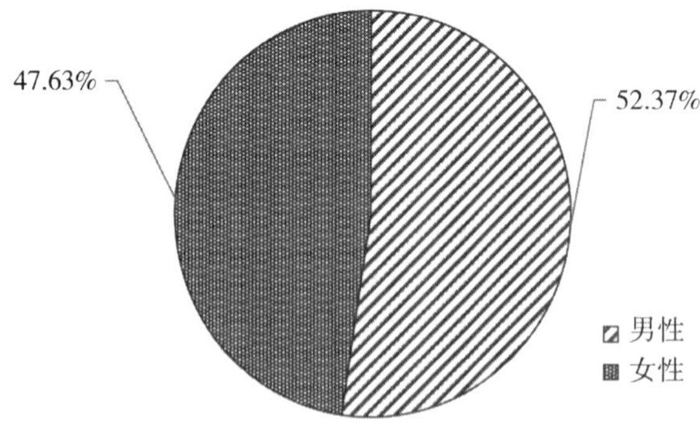

图 1－1　AAAAA 级景区消费群体性别分布

（二）消费偏好

表 1－4 列出了男性群体消费偏好排名前 100 的全国 AAAAA 级景区，数据显示：所排名景区中，男性的消费需求年总值占比均超过 50%，最高达 88.95%，TGI 指数全部高于 100，可见这些景区很受男性群体青睐；其中，排名第一的景区是位于浙江省丽水市的缙云仙都景区，该景区素有“桂林之秀、黄山之奇、华山之险”美誉，是体育锻炼、探险、度假的绝佳旅游地，能很好满足男性游客“求动”的心理需求，备受男性游客青睐。

表 1－4　全国 AAAAA 级景区男性消费偏好

景区名称	省级行政区	男性占比(%)	TGI	排名
缙云仙都景区	浙江	88.95	177.44	1
炎帝陵景区	湖南	72.00	143.63	2
泰宁风景旅游区	福建	71.17	141.96	3
芒砀山旅游景区	河南	71.04	141.71	4
溪口－滕头旅游景区	浙江	68.74	137.11	5
清西陵景区	河北	68.40	136.43	6
金山岭长城景区	河北	67.96	135.55	7
三峡大坝－屈原故里旅游区	湖北	66.97	133.59	8
龙虎山旅游景区	江西	66.48	132.6	9
喀什噶尔老城景区	新疆维吾尔自治区	66.34	132.32	10
黄河口生态旅游区	山东	65.64	130.92	11
广府古城景区	河北	65.46	130.58	12
清东陵景区	河北	65.43	130.51	13
尧山－中原大佛景区	河南	65.06	129.77	14
白帝城・瞿塘峡景区	重庆	63.70	127.07	15
太行山大峡谷八泉峡景区	山西	63.64	126.94	16
长江采石矶文化生态旅游区	安徽	63.41	126.49	17
句容茅山景区	江苏	63.18	126.03	18
三清山旅游景区	江西	62.72	125.11	19
微山湖旅游区	山东	62.31	124.28	20
沙坡头旅游景区	宁夏回族自治区	62.14	123.95	21
井冈山风景旅游区	江西	62.00	123.67	22
黄帝陵景区	陕西	61.89	123.46	23

续表

景区名称	省级行政区	男性占比（%）	TGI	排名
雁门关景区	山西	61.82	123.32	24
崇圣寺三塔文化旅游区	云南	61.61	122.88	25
万佛湖景区	安徽	61.50	122.68	26
天柱山风景区	安徽	61.44	122.55	27
中国春秋淹城旅游区	江苏	61.31	122.3	28
三百山景区	江西	61.25	122.17	29
互助土族故土园景区	青海	61.22	122.12	30
腾龙洞景区	湖北	60.93	121.54	31
木兰文化生态旅游区	湖北	60.68	121.03	32
庐山风景名胜区	江西	60.19	120.06	33
三国赤壁古战场景区	湖北	60.07	119.83	34
中俄边境旅游区	内蒙古自治区	60.00	119.68	35
武陵源－天门山旅游区	湖南	59.67	119.02	36
雁南飞茶田景区	广东	59.57	118.83	37
罗浮山景区	广东	59.56	118.81	38
娲皇宫景区	河北	59.53	118.75	39
洪洞大槐树寻根祭祖园景区	山西	59.47	118.63	40
龙口南山景区	山东	59.38	118.43	41
博斯腾湖景区	新疆维吾尔自治区	59.25	118.18	42
伏牛山老界岭·恐龙遗址园旅游区	河南	59.08	117.84	43
扎什伦布寺景区	西藏自治区	58.90	117.5	44
百里杜鹃景区	贵州	58.86	117.4	45
绩溪龙川景区	安徽	58.80	117.28	46
三河古镇旅游景区	安徽	58.53	116.75	47
西樵山景区	广东	58.53	116.75	47
鸡公山景区	河南	58.38	116.45	49
海螺沟景区	四川	58.36	116.42	50
西塘古镇旅游景区	浙江	58.20	116.1	51
明十三陵景区	北京	58.08	115.85	52
丹霞山景区	广东	58.05	115.78	53
邓小平故里旅游区	四川	58.04	115.78	53
金山·焦山·北固山旅游景区	江苏	57.94	115.58	55

续表

景区名称	省级行政区	男性占比(%)	TGI	排名
那拉提旅游风景区	新疆维吾尔自治区	57.94	115.58	55
塔克拉玛干·三五九旅文化旅游区	新疆维吾尔自治区	57.88	115.46	57
法门寺佛文化景区	陕西	57.82	115.33	58
乐山大佛景区	四川	57.81	115.32	59
云龙湖景区	江苏	57.81	115.31	60
独秀峰－王城景区	广西壮族自治区	57.74	115.17	61
矮寨·十八洞·德夯大峡谷景区	湖南	57.68	115.06	62
剑门蜀道剑门关旅游区	四川	57.45	114.6	63
八里河景区	安徽	57.42	114.53	64
明月山旅游区	江西	57.40	114.5	65
花明楼景区	湖南	57.38	114.45	66
红旗渠·太行大峡谷	河南	56.95	113.59	67
羌城旅游区	四川	56.94	113.59	67
嘉峪关文物景区	甘肃	56.73	113.16	69
崆峒山风景名胜区	甘肃	56.64	112.97	70
青州古城旅游区	山东	56.59	112.87	71
大觉山景区	江西	56.58	112.85	72
腾冲火山热海旅游区	云南	56.49	112.67	73
嵖岈山旅游景区	河南	56.32	112.33	74
皇城相府生态文化旅游区	山西	56.11	111.92	75
中央电视台无锡影视基地三国水浒景区	江苏	56.00	111.71	76
呀诺达雨林文化旅游区	海南	55.94	111.59	77
武当山风景区	湖北	55.79	111.28	78
庐山西海景区	江西	55.76	111.23	79
东阳横店影视城景区	浙江	55.70	111.11	80
布达拉宫景区	西藏自治区	55.65	111.01	81
古徽州文化旅游区	安徽	55.54	110.79	82
大昭寺	西藏自治区	55.47	110.64	83
盘山风景名胜区	天津	55.39	110.48	84
惠州西湖旅游景区	广东	55.32	110.35	85
太白山旅游景区	陕西	55.26	110.23	86
萤火虫水洞·地下大峡谷旅游区	山东	55.19	110.08	87

续表

景区名称	省级行政区	男性占比(%)	TGI	排名
连州地下河旅游景区	广东	55.12	109.95	88
千山景区	辽宁	55.12	109.95	88
天目湖景区	江苏	55.07	109.86	90
沙家浜·虞山尚湖旅游区	江苏	55.07	109.85	91
乐满地度假世界	广西壮族自治区	55.07	109.84	92
成吉思汗陵旅游区	内蒙古自治区	54.92	109.54	93
镇北堡西部影视城	宁夏回族自治区	54.82	109.36	94
南岳衡山旅游区	湖南	54.78	109.27	95
环球恐龙城休闲旅游区	江苏	54.76	109.23	96
雁荡山风景名胜区	浙江	54.70	109.11	97
山海关景区	河北	54.67	109.05	98
滕王阁旅游区	江西	54.65	109.01	99
峨眉山景区	四川	54.62	108.96	100

表1-5列出了女性群体消费偏好排名前100的全国AAAAA级景区，数据显示：所排名景区中，女性的消费需求年总值占比均超过50%，最高达70.36%，TGI指数全部高于100，可见这些景区很受女性群体青睐；其中，排名第一的景区是位于四川省雅安市的碧峰峡旅游景区，碧峰峡景区因林木葱茏、四季青碧而得名，该地青峰对峙，景色秀雅，是休闲度假、避暑纳凉的绝佳之地，很好满足了女性游客“求静”的心理需求，备受女性游客青睐。

表1-5 全国AAAAA级景区女性消费偏好

景区名称	省级行政区	女性占比(%)	TGI	排名
碧峰峡旅游景区	四川	70.36	141.1	1
葡萄沟风景区	新疆维吾尔自治区	63.10	126.54	2
皖南古村落——西递、宏村	安徽	62.08	124.49	3
百色起义纪念园景区	广西壮族自治区	59.82	119.95	4
上海科技馆	上海	59.80	119.91	5
长隆旅游度假区	广东	59.67	119.66	6
云阳龙缸景区	重庆	59.64	119.6	7
云冈石窟	山西	59.08	118.48	8
七彩丹霞景区	甘肃	58.95	118.21	9

续表

景区名称	省级行政区	女性占比(%)	TGI	排名
普达措景区	云南	58.83	117.97	10
漓江景区	广西壮族自治区	58.78	117.88	11
世界魔鬼城景区	新疆维吾尔自治区	58.53	117.37	12
天坛公园	北京	58.46	117.24	13
天下第一泉景区	山东	58.22	116.76	14
奥林匹克公园	北京	58.12	116.55	15
槟榔谷黎苗文化旅游区	海南	57.86	116.03	16
涠洲岛南湾鳄鱼山景区	广西壮族自治区	57.67	115.65	17
圆明园景区	北京	57.42	115.15	18
故宫博物院	北京	57.29	114.88	19
鲁迅故里沈园景区	浙江	57.23	114.77	20
承德避暑山庄及周围寺庙景区	河北	57.13	114.56	21
西湖风景名胜区	浙江	57.04	114.38	22
黄果树大瀑布景区	贵州	56.44	113.17	23
分界洲岛旅游区	海南	56.22	112.74	24
苏州园林（拙政园、虎丘山、留园）	江苏	56.07	112.43	25
夫子庙－秦淮风光带景区	江苏	56.02	112.34	26
长影世纪城旅游区	吉林	55.98	112.26	27
岳麓山·橘子洲旅游区	湖南	55.86	112.02	28
响沙湾旅游景区	内蒙古自治区	55.80	111.91	29
丽江古城景区	云南	55.78	111.86	30
伪满皇宫博物院	吉林	55.73	111.76	31
中国共产党一大·二大·四大纪念馆景区	上海	55.56	111.42	32
延安革命纪念地景区	陕西	55.52	111.35	33
龙门石窟景区	河南	55.36	111.01	34
东方明珠广播电视塔	上海	55.28	110.85	35
四面山景区	重庆	55.19	110.68	36
云台山－神农山·青天河景区	河南	55.14	110.58	37
湄洲岛妈祖文化旅游区	福建	55.07	110.44	38
三坊七巷景区	福建	55.00	110.3	39

续表

景区名称	省级行政区	女性占比(%)	TGI	排名
普者黑旅游景区	云南	54.90	110.09	40
巫山小三峡－小小三峡	重庆	54.87	110.03	41
本溪水洞景区	辽宁	54.86	110	42
大足石刻景区	重庆	54.77	109.83	43
酉阳桃花源旅游景区	重庆	54.75	109.78	44
开平碉楼文化旅游区	广东	54.65	109.59	45
炳灵寺世界文化遗产旅游区	甘肃	54.62	109.54	46
长白山景区	吉林	54.62	109.54	46
南湖旅游区	浙江	54.34	108.97	48
上海野生动物园	上海	54.03	108.35	49
土楼（永定·南靖）旅游景区	福建	53.54	107.36	50
青岩古镇景区	贵州	53.48	107.24	51
景德镇古窑民俗博览区	江西	53.48	107.24	51
蜈支洲岛旅游区	海南	53.35	106.99	53
芜湖市方特旅游区	安徽	53.32	106.93	54
光雾山旅游景区	四川	53.25	106.78	55
黄河壶口瀑布旅游区	山西	53.20	106.68	56
颐和园	北京	53.19	106.66	57
南浔古镇景区	浙江	53.17	106.63	58
老虎滩海洋公园·老虎滩极地馆	辽宁	53.00	106.28	59
五台山风景名胜区	山西	52.92	106.13	60
麦积山景区	甘肃	52.85	105.98	61
黑山谷景区	重庆	52.72	105.73	62
恭王府景区	北京	52.60	105.47	63
共和国摇篮旅游区	江西	52.59	105.45	64
青城山－都江堰旅游景区	四川	52.45	105.18	65
沈阳市植物园	辽宁	52.43	105.13	66
雅鲁藏布大峡谷旅游景区	西藏自治区	52.37	105.02	67
稻城亚丁旅游景区	四川	52.36	105	68
赛里木湖景区	新疆维吾尔自治区	52.34	104.95	69

续表

景区名称	省级行政区	女性占比(%)	TGI	排名
普陀山风景名胜区	浙江	52.32	104.91	70
昆明世博园景区	云南	52.28	104.84	71
清明上河园	河南	52.27	104.82	72
鼓浪屿风景名胜区	福建	52.10	104.47	73
中国科学院西双版纳热带植物园	云南	52.01	104.3	74
殷墟景区	河南	52.00	104.27	75
塔尔寺景区	青海	51.94	104.15	76
八达岭－慕田峪长城旅游区	北京	51.92	104.11	77
世界雕塑公园旅游景区	吉林	51.92	104.11	77
赤水丹霞旅游区	贵州	51.89	104.06	79
太湖旅游区	江苏	51.86	103.99	80
喀斯特旅游区（天生三桥·仙女山·芙蓉洞）	重庆	51.82	103.92	81
西溪湿地旅游区	浙江	51.67	103.61	82
大小洞天旅游区	海南	51.66	103.59	83
武功山景区	江西	51.59	103.46	84
明故城（三孔）旅游区	山东	51.39	103.04	85
安仁古镇景区	四川	51.26	102.79	86
钟山风景名胜区－中山陵园风景区	江苏	51.24	102.74	87
岳阳楼－君山岛景区	湖南	51.19	102.66	88
红海滩风景廊道景区	辽宁	51.18	102.63	89
南山文化旅游区	海南	51.16	102.6	90
华山景区	陕西	51.13	102.53	91
织金洞景区	贵州	51.10	102.48	92
洪泽湖湿地景区	江苏	51.10	102.47	93
天山天池风景名胜区	新疆维吾尔自治区	51.09	102.46	94
净月潭景区	吉林	51.08	102.43	95
樟江景区	贵州	51.07	102.42	96
石林风景区	云南	51.01	102.28	97
崀山景区	湖南	50.91	102.09	98
大雁塔·大唐芙蓉园景区	陕西	50.86	102	99
东湖景区	湖北	50.83	101.94	100

二、年龄分布

（一）总体情况

所有 AAAAA 级景区中，30—39 岁群体的消费需求年均值为 327238，年龄占比 34.07%，消费需求量排名第一，TGI 为 96.37，略低于 100，表明 30—39 岁群体对于所有 AAAAA 级景区的关注程度低于全网整体水平。20—29 岁群体的消费需求年均值 253281，年龄占比 26.37%，消费需求量排名第二，TGI 为 103.89，略高于 100，表明 20—29 岁群体对于所有 AAAAA 级景区的关注程度略高于整体水平。此外，40—49 岁、50 岁及以上、19 岁及以下群体的消费需求年均值分别为 180476、120925、78568，年龄占比 18.79%、12.59%、8.18%，TGI 为 93.93、123.69、85.70，表明 40—49 岁群体、19 岁及以下群体对于所有 AAAAA 级景区的关注程度低于整体水平，50 岁及以上对于所有 AAAAA 级景区的关注程度均高于整体水平。

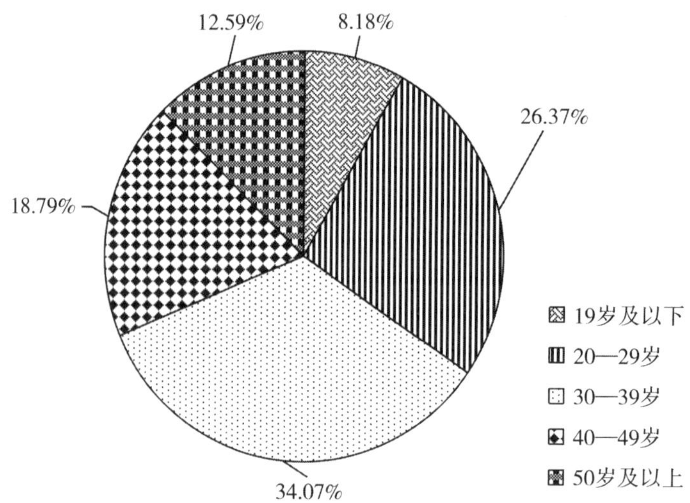

图 1－2　AAAAA 级景区消费群体年龄分布

（二）消费偏好

表 1－6 列出了 19 岁及以下群体消费偏好排名前 100 的全国 AAAAA 级景区，数据显示：所排名景区中，19 岁及以下的年总值占比均超过 8%，最高达 25.40%，TGI 指数全部高于 90，可见这些景区受到该年龄段群体青睐；其中，排名第一的景区是位于湖北省武汉市的东湖景区，东湖风景区位于武汉市中心城区，它以大型自然湖泊为核

心，集 AAAAA 级旅游景区、国家级湿地公园、国家生态旅游示范区为一体，是观光、度假、欣赏自然风光的绝佳旅游地，深受 19 岁及以下群体喜爱。

表 1－6　全国 AAAAA 级景区 19 岁及以下群体消费偏好

景区名称	省级行政区	≤19 岁占比(%)	TGI	排名
东湖景区	湖北	25.40	284.95	1
云阳龙缸景区	重庆	23.99	270.98	2
武功山景区	江西	23.42	263.96	3
雁南飞茶田景区	广东	21.74	240.32	4
南湖旅游区	浙江	20.78	233.71	5
龙口南山景区	山东	18.75	211.78	6
世界雕塑公园旅游景区	吉林	18.53	209.30	7
老君山・鸡冠洞旅游区	河南	18.26	205.70	8
百色起义纪念园景区	广西壮族自治区	17.37	195.93	9
延安革命纪念地景区	陕西	16.90	190.57	10
泰山景区	山东	16.77	188.93	11
中国共产党一大・二大・四大纪念馆景区	上海	14.88	167.53	12
青秀山旅游区	广西壮族自治区	14.50	163.43	13
互助土族故土园景区	青海	14.29	161.36	14
崀山景区	湖南	14.20	159.89	15
长白山景区	吉林	14.01	157.84	16
白云山景区	河南	13.83	155.83	17
巫山小三峡－小小三峡	重庆	13.73	154.93	18
净月潭景区	吉林	13.54	152.68	19
四面山景区	重庆	13.51	152.35	20
玉龙雪山景区	云南	13.46	151.73	21
皖南古村落——西递、宏村	安徽	13.18	148.07	22
昆明世博园景区	云南	12.97	146.23	23
白云山风景区	广东	12.95	145.78	24
稻城亚丁旅游景区	四川	12.91	145.54	25
黄山风景区	安徽	12.66	142.64	26
酉阳桃花源旅游景区	重庆	12.64	142.62	27
木兰文化生态旅游区	湖北	12.64	142.38	28
华山景区	陕西	12.39	139.68	29

续表

景区名称	省级行政区	≤19 岁占比(%)	TGI	排名
大觉山景区	江西	12.25	138.14	30
武当山风景区	湖北	12.23	137.78	31
太白山旅游景区	陕西	12.14	136.92	32
清源山景区	福建	11.92	134.48	33
滕王阁旅游区	江西	11.86	133.74	34
南岳衡山旅游区	湖南	11.54	130.12	35
鲁迅故里沈园景区	浙江	11.45	128.92	36
钟山风景名胜区－中山陵园风景区	江苏	11.05	124.49	37
明月山旅游区	江西	10.90	122.89	38
孙中山故里旅游区	广东	10.91	122.88	39
苏州园林（拙政园、虎丘山、留园）	江苏	10.90	122.83	40
芜湖市方特旅游区	安徽	10.85	122.16	41
龙虎山旅游景区	江西	10.79	121.72	42
开平碉楼文化旅游区	广东	10.67	120.12	43
腾冲火山热海旅游区	云南	10.46	118.15	44
槟榔谷黎苗文化旅游区	海南	10.46	118.02	45
云龙湖景区	江苏	10.47	118.01	46
大明宫旅游景区	陕西	10.41	117.34	47
崂山景区	山东	10.31	116.20	48
三坊七巷景区	福建	10.24	115.44	49
绵山景区	山西	10.15	114.48	50
西柏坡景区	河北	9.93	111.97	51
岳阳楼－君山岛景区	湖南	9.92	111.81	52
漓江景区	广西壮族自治区	9.76	109.60	53
广府古城景区	河北	9.69	109.19	54
句容茅山景区	江苏	9.68	109.12	55
龙潭大峡谷景区	河南	9.66	108.89	56
岳麓山·橘子洲旅游区	湖南	9.66	108.86	57
黄河口生态旅游区	山东	9.62	108.68	58
丽江古城景区	云南	9.66	108.64	59
沂蒙山旅游区	山东	9.61	108.40	60
喀斯特旅游区（天生三桥·仙女山·芙蓉洞）	重庆	9.61	108.37	61

续表

景区名称	省级行政区	≤19 岁占比(%)	TGI	排名
崆峒山风景名胜区	甘肃	9.38	105.68	62
长影世纪城旅游区	吉林	9.34	105.31	63
奥林匹克公园	北京	9.32	105.04	64
八里沟景区	河南	9.29	104.80	65
清明上河园	河南	9.26	104.31	66
黑山谷景区	重庆	9.23	103.97	67
嵖岈山旅游景区	河南	9.12	102.70	68
金石滩景区	辽宁	9.13	102.54	69
塔克拉玛干・三五九旅文化旅游区	新疆维吾尔自治区	9.09	102.43	70
黄鹤楼公园	湖北	9.08	102.22	71
伪满皇宫博物院	吉林	9.06	102.16	72
矮寨・十八洞・德夯大峡谷景区	湖南	8.97	101.21	73
天一阁・月湖景区	浙江	8.90	100.33	74
秦始皇兵马俑博物馆	陕西	8.85	99.64	75
乐满地度假世界	广西壮族自治区	8.81	99.21	76
赤水丹霞旅游区	贵州	8.75	98.70	77
阆中古城旅游区	四川	8.75	98.66	78
鼓浪屿风景名胜区	福建	8.68	97.67	79
古田旅游区	福建	8.70	97.48	80
金鸡湖景区	江苏	8.62	97.20	81
长鹿旅游休博园	广东	8.58	96.78	82
景德镇古窑民俗博览区	江西	8.56	96.64	83
龙宫景区	贵州	8.53	96.17	84
芒砀山旅游景区	河南	8.52	96.00	85
惠州西湖旅游景区	广东	8.48	95.66	86
沈阳市植物园	辽宁	8.46	95.45	87
常德市桃花源旅游区	湖南	8.43	95.04	88
溱湖旅游景区	江苏	8.41	94.90	89
剑门蜀道剑门关旅游区	四川	8.37	94.41	90
三国赤壁古战场景区	湖北	8.36	94.39	91
山海关景区	河北	8.35	94.17	92
娲皇宫景区	河北	8.32	93.76	93

续表

景区名称	省级行政区	≤19 岁占比(%)	TGI	排名
江郎山·廿八都景区	浙江	8.28	93.27	94
神农溪纤夫文化旅游区	湖北	8.23	92.91	95
东江湖旅游区	湖南	8.24	92.88	96
云台山－神农山·青天河景区	河南	8.21	92.60	97
太湖旅游区	江苏	8.20	92.48	98
太阳岛景区	黑龙江	8.20	92.40	99
天柱山风景区	安徽	8.14	91.77	100

表 1－7 列出了 20—29 岁群体消费偏好排名前 100 的全国 AAAAA 级景区，数据显示：所排名景区中，20—29 岁的年总值占比均超过 28%，最高达 45.98%，TGI 指数全部高于 100，可见这些景区受到该年龄段群体青睐；其中，排名第一的景区是位于江西省萍乡市的武功山景区，武功山分为萍乡和安福两个景区，萍乡景区以高山草甸为主，适合徒步、赏景，景区主要包括金顶、箕峰、杨思墓、九龙山、发云界、武功湖、武功温泉 7 个核心景点，登金顶、看日出、赏云海是武功山景区最值得体验的三大项，这里气候温和，四季分明，雨量充沛，低于同期庐山、黄山的气温，是良好的避暑胜地，备受 20—29 岁群体青睐。

表 1－7 全国 AAAAA 级景区 20—29 岁群体消费偏好

景区名称	省级行政区	20—29 岁占比(%)	TGI	排名
武功山景区	江西	45.98	187.59	1
中俄边境旅游区	内蒙古自治区	45.00	183.96	2
腾冲火山热海旅游区	云南	40.59	165.91	3
大觉山景区	江西	40.37	164.77	4
玉龙雪山景区	云南	39.04	159.22	5
乐满地度假世界	广西壮族自治区	37.97	154.68	6
涠洲岛南湾鳄鱼山景区	广西壮族自治区	37.28	152.21	7
南岳衡山旅游区	湖南	36.91	150.61	8
黄山风景区	安徽	36.89	150.41	9
大明宫旅游景区	陕西	36.60	149.37	10
阿依河景区	重庆	36.44	148.42	11
绵山景区	山西	36.14	147.57	12
长白山景区	吉林	35.98	146.75	13

续表

景区名称	省级行政区	20—29 岁占比(%)	TGI	排名
句容茅山景区	江苏	35. 69	145. 59	14
青秀山旅游区	广西壮族自治区	35. 45	144. 66	15
百里杜鹃景区	贵州	35. 37	144. 16	16
华山景区	陕西	34. 83	142. 07	17
金鸡湖景区	江苏	34. 69	141. 63	18
苏州园林（拙政园、虎丘山、留园）	江苏	34. 54	140. 85	19
泰山景区	山东	34. 53	140. 79	20
湄洲岛妈祖文化旅游区	福建	34. 49	140. 77	21
樟江景区	贵州	34. 48	140. 70	22
净月潭景区	吉林	34. 36	140. 20	23
天津古文化街旅游区（津门故里）	天津	34. 25	140. 03	24
龙虎山旅游景区	江西	34. 25	139. 83	25
崂山景区	山东	34. 23	139. 62	26
溱湖旅游景区	江苏	34. 07	139. 19	27
龙潭大峡谷景区	河南	33. 55	136. 85	28
明月山旅游区	江西	33. 50	136. 68	29
滕王阁旅游区	江西	33. 38	136. 19	30
八里沟景区	河南	33. 13	135. 32	31
古田旅游区	福建	33. 27	134. 98	32
光雾山旅游景区	四川	33. 05	134. 91	33
海陵岛大角湾海上丝路旅游区	广东	33. 02	134. 79	34
百色起义纪念园景区	广西壮族自治区	32. 93	134. 48	35
武当山风景区	湖北	32. 97	134. 46	36
崇圣寺三塔文化旅游区	云南	32. 91	134. 12	37
白云山景区	河南	32. 87	134. 08	38
芒砀山旅游景区	河南	32. 78	133. 74	39
昆明世博园景区	云南	32. 61	133. 07	40
鲁迅故里沈园景区	浙江	32. 64	133. 04	41
赤水丹霞旅游区	贵州	32. 46	132. 58	42
中国科学院西双版纳热带植物园	云南	32. 50	132. 56	43
太白山旅游景区	陕西	32. 43	132. 35	44
白云山风景区	广东	32. 42	132. 14	45

续表

景区名称	省级行政区	20—29岁占比(%)	TGI	排名
天下第一泉景区	山东	32.36	131.96	46
鼋头渚景区	江苏	32.34	131.96	46
木兰文化生态旅游区	湖北	32.36	131.90	48
塔克拉玛干·三五九旅文化旅游区	新疆维吾尔自治区	32.20	131.25	49
稻城亚丁旅游景区	四川	32.08	130.90	50
邓小平故里旅游区	四川	32.02	130.89	51
龙宫景区	贵州	31.98	130.53	52
大小洞天旅游区	海南	31.73	129.62	53
东江湖旅游区	湖南	31.70	129.39	54
南川金佛山	重庆	31.64	129.00	55
山海关景区	河北	31.42	128.18	56
老君山·鸡冠洞旅游区	河南	31.43	128.11	57
沂蒙山旅游区	山东	31.15	127.21	58
岳阳楼－君山岛景区	湖南	31.10	126.81	59
西柏坡景区	河北	30.96	126.37	60
三峡大坝－屈原故里旅游区	湖北	30.94	126.25	61
天柱山风景区	安徽	30.72	125.34	62
互助土族故土园景区	青海	30.61	125.14	63
蜈支洲岛旅游区	海南	30.64	125.01	64
黑山谷景区	重庆	30.66	124.91	65
嵩山少林景区	河南	30.46	124.34	66
白帝城·瞿塘峡景区	重庆	30.46	124.30	67
金丝峡景区	陕西	30.46	124.18	68
清源山景区	福建	30.21	123.33	69
五台山风景名胜区	山西	30.21	123.28	70
钟山风景名胜区－中山陵园风景区	江苏	30.17	123.03	71
黄果树大瀑布景区	贵州	30.14	122.93	72
天台山景区	浙江	29.88	122.08	73
雁南飞茶田景区	广东	30.43	121.77	74
天堂寨旅游景区	安徽	29.76	121.45	75
西樵山景区	广东	29.75	121.34	76
太湖旅游区	江苏	29.70	121.27	77

续表

景区名称	省级行政区	20—29 岁占比(%)	TGI	排名
华侨城旅游度假区	广东	29.65	121.05	78
岳麓山·橘子洲旅游区	湖南	29.51	120.37	79
崀山景区	湖南	29.52	120.30	80
崆峒山风景名胜区	甘肃	29.45	120.06	81
庐山西海景区	江西	29.36	119.96	82
神农架旅游区	湖北	29.29	119.52	83
环球恐龙城休闲旅游区	江苏	29.17	119.23	84
喀斯特旅游区（天生三桥·仙女山·芙蓉洞）	重庆	29.05	118.57	85
金山·焦山·北固山旅游景区	江苏	28.96	118.31	86
两江四湖·象山景区	广西壮族自治区	29.00	118.14	87
嵖岈山旅游景区	河南	28.86	117.66	88
韶山旅游区	湖南	28.79	117.46	89
成吉思汗陵旅游区	内蒙古自治区	28.69	117.28	90
酉阳桃花源旅游景区	重庆	28.58	116.75	91
西溪湿地旅游区	浙江	28.60	116.70	92
剑门蜀道剑门关旅游区	四川	28.51	116.34	93
云龙湖景区	江苏	28.51	116.31	94
南浔古镇景区	浙江	28.45	116.13	95
九华山风景区	安徽	28.38	115.88	96
天目湖景区	江苏	28.33	115.67	97
碧峰峡旅游景区	四川	28.29	115.49	98
云丘山景区	山西	28.21	114.94	99
罗浮山景区	广东	28.15	114.89	100

表 1-8 列出了 30—39 岁群体消费偏好排名前 100 的全国 AAAAA 级景区，数据显示：所排名景区中，30—39 岁的年总值占比均超过 34%，最高达 53.20%，TGI 指数全部高于 100，可见这些景区受到该年龄段群体青睐；其中，排名第一的景区是位于广东省广州市的长隆旅游度假区，广州长隆旅游度假区是中国拥有主题公园数量多、规格高的综合性主题旅游度假区，集旅游景区、酒店餐饮、娱乐休闲于一体，是文化部命名的“文化产业示范基地”，既有垂直过山车、十环过山车、摩托过山车、飞马家庭过山车、U 型滑板、超级水战、特技表演、超级大摆锤等体验性项目，又有全世界动物种群最多、最大的野生动物观赏性项目，带给游客前所未有的多层次新体验，受到

30—39 岁游客群体偏爱。

表 1－8　全国 AAAAA 级景区 30—39 岁群体消费偏好

景区名称	省级行政区	30—39 岁占比(%)	TGI	排名
长隆旅游度假区	广东	53.20	154.45	1
上海科技馆	上海	52.96	153.67	2
故宫博物院	北京	47.42	137.50	3
环球恐龙城休闲旅游区	江苏	47.02	136.73	4
上海野生动物园	上海	47.07	136.57	5
芜湖市方特旅游区	安徽	46.02	133.43	6
八达岭－慕田峪长城旅游区	北京	45.90	133.15	7
长鹿旅游休博园	广东	45.41	131.90	8
分界洲岛旅游区	海南	45.34	131.74	9
圆明园景区	北京	45.07	130.69	10
萤火虫水洞·地下大峡谷旅游区	山东	44.65	129.84	11
西湖风景名胜区	浙江	44.46	128.89	12
布达拉宫景区	西藏自治区	44.17	127.97	13
华夏城旅游景区	山东	44.10	127.83	14
老虎滩海洋公园·老虎滩极地馆	辽宁	43.52	126.30	15
天坛公园	北京	42.67	123.79	16
颐和园	北京	42.52	123.33	17
东方明珠广播电视塔	上海	42.41	122.99	18
秦始皇兵马俑博物馆	陕西	42.01	121.82	19
葡萄沟风景区	新疆维吾尔自治区	41.84	121.50	20
中央电视台无锡影视基地三国水浒景区	江苏	41.49	120.45	21
长影世纪城旅游区	吉林	41.21	119.55	22
皖南古村落——西递、宏村	安徽	41.29	119.39	23
响沙湾旅游景区	内蒙古自治区	40.96	119.04	24
海陵岛大角湾海上丝路旅游区	广东	40.70	118.18	25
白水洋－鸳鸯溪旅游区	福建	40.64	117.93	26
天堂寨旅游景区	安徽	40.57	117.76	27
庐山风景名胜区	江西	40.43	117.14	28
乐满地度假世界	广西壮族自治区	40.34	116.90	29
恭王府景区	北京	40.22	116.74	30
东阳横店影视城景区	浙江	40.11	116.43	31

续表

景区名称	省级行政区	30—39岁占比(%)	TGI	排名
花果山景区	江苏	40.05	116.05	32
蜈支洲岛旅游区	海南	39.66	115.08	33
本溪水洞景区	辽宁	39.47	114.55	34
大小洞天旅游区	海南	39.41	114.48	35
汶川特别旅游区	四川	39.35	114.43	36
奥林匹克公园	北京	39.45	114.42	37
呀诺达雨林文化旅游区	海南	39.16	113.87	38
天目湖景区	江苏	38.95	113.11	39
庐山西海景区	江西	38.75	112.61	40
八里沟景区	河南	38.74	112.54	41
黄鹤楼公园	湖北	38.76	112.36	42
盘山风景名胜区	天津	38.52	111.76	43
常德市桃花源旅游区	湖南	38.41	111.41	44
云台山－神农山・青天河景区	河南	38.13	110.75	45
中国春秋淹城旅游区	江苏	38.05	110.65	46
夫子庙－秦淮风光带景区	江苏	38.00	110.32	47
明十三陵景区	北京	37.95	110.16	48
刘公岛景区	山东	37.86	109.94	49
城墙・碑林历史文化景区	陕西	37.79	109.75	50
太湖旅游区	江苏	37.72	109.54	51
碧峰峡旅游景区	四川	37.64	109.28	52
白石山景区	河北	37.56	109.06	53
殷墟景区	河南	37.53	108.85	54
天台山景区	浙江	37.39	108.67	55
金丝峡景区	陕西	37.45	108.61	56
缙云仙都景区	浙江	37.28	108.13	57
五台山风景名胜区	山西	37.22	108.06	58
黄河口生态旅游区	山东	37.11	107.91	59
野三坡景区	河北	36.98	107.38	60
云丘山景区	山西	37.01	107.26	61
海南槟榔谷黎苗文化旅游区	海南	36.91	107.22	62
九华山风景区	安徽	36.91	107.20	63

续表

景区名称	省级行政区	30—39 岁占比(%)	TGI	排名
洪泽湖湿地景区	江苏	36.88	106.83	64
龙宫景区	贵州	36.67	106.46	65
涠洲岛南湾鳄鱼山景区	广西壮族自治区	36.64	106.43	66
连州地下河旅游景区	广东	36.65	106.43	66
普陀山风景名胜区	浙江	36.65	106.42	68
惠州西湖旅游景区	广东	36.63	106.39	69
腾龙洞景区	湖北	36.63	106.29	70
金石滩景区	辽宁	36.72	106.21	71
灵山景区	江苏	36.45	106.00	72
明故城（三孔）旅游区	山东	36.18	105.10	73
石林风景区	云南	36.18	105.04	74
三坊七巷景区	福建	36.03	104.52	75
华侨城旅游度假区	广东	35.98	104.51	76
南山文化旅游区	海南	35.76	103.89	77
西樵山景区	广东	35.73	103.68	78
云龙湖景区	江苏	35.65	103.44	79
西溪湿地旅游区	浙江	35.59	103.27	80
清明上河园	河南	35.60	103.22	81
东江湖旅游区	湖南	35.53	103.15	82
华清池景区	陕西	35.54	103.14	83
神农架旅游区	湖北	35.43	102.84	84
土楼（永定·南靖）旅游景区	福建	35.37	102.64	85
山海关景区	河北	35.31	102.45	86
西柏坡景区	河北	35.25	102.35	87
武陵源－天门山旅游区	湖南	35.25	102.34	88
同里古镇景区	江苏	35.26	102.31	89
黄果树大瀑布景区	贵州	35.25	102.28	90
大雁塔·大唐芙蓉园景区	陕西	35.16	102.05	91
白洋淀景区	河北	35.09	101.84	92
湄洲岛妈祖文化旅游区	福建	35.02	101.66	93
丹霞山景区	广东	35.03	101.65	94
天下第一泉景区	山东	34.95	101.38	95

续表

景区名称	省级行政区	30—39 岁占比(%)	TGI	排名
罗浮山景区	广东	34.91	101.36	96
句容茅山景区	江苏	34.91	101.30	97
八里河景区	安徽	34.79	101.11	98
绩溪龙川景区	安徽	34.76	101.08	99
嵖岈山旅游景区	河南	34.72	100.69	100

表 1-9 列出了 40—49 岁群体消费偏好排名前 100 的全国 AAAAA 级景区，数据显示：所排名景区中，40—49 岁的年总值占比均超过 20%，最高达 30.73%，TGI 指数全部高于 100，可见这些景区受到该年龄段群体青睐；其中，排名第一的景区是位于辽宁省鞍山市的千山景区，古称积翠山，素有“东北明珠”之美誉，共有仙人台国家森林公园、大佛景区、天上天景区、五佛顶景区和百鸟园五个游览区，以峰秀、石俏、谷幽、庙古、佛高、松奇、花盛而著称，具有景点密集、步移景异的特色。此外，千山一直以来都是东北地区的佛道教圣地，鼎盛时期有“五大禅林、九宫八观、十二茅庵”大小寺观四十余座，文化气息浓厚，深受 40—49 岁群体欢迎。

表 1-9　全国 AAAAA 级景区 40—49 岁群体消费偏好

景区名称	省级行政区	40—49 岁占比(%)	TGI	排名
千山景区	辽宁	30.73	151.32	1
神仙居景区	浙江	30.41	149.82	2
井冈山风景旅游区	江西	28.32	139.33	3
花明楼景区	湖南	28.01	137.78	4
鸡公山景区	河南	27.91	137.51	5
尧山 - 中原大佛景区	河南	27.40	135.13	6
太行山大峡谷八泉峡景区	山西	27.27	134.51	7
喀什噶尔老城景区	新疆维吾尔自治区	26.86	131.97	8
溪口 - 滕头旅游景区	浙江	26.60	131.21	9
沈阳市植物园	辽宁	26.49	130.44	10
缙云仙都景区	浙江	26.25	129.13	11
汶川特别旅游区	四川	25.81	127.28	12
法门寺佛文化景区	陕西	25.65	126.37	13
羌城旅游区	四川	25.55	125.26	14
上海科技馆	上海	25.39	124.99	15

续表

景区名称	省级行政区	40—49岁占比(%)	TGI	排名
同里古镇景区	江苏	25.17	123.90	16
梵净山旅游区	贵州	24.78	122.02	17
塔尔寺景区	青海	24.59	121.16	18
朱德故里景区	四川	24.51	120.78	19
三清山旅游景区	江西	24.56	120.74	20
黄帝陵景区	陕西	24.40	120.12	21
金山岭长城景区	河北	24.34	119.91	22
普达措景区	云南	24.26	119.57	23
万佛湖景区	安徽	24.21	119.12	24
镇远古城旅游景区	贵州	24.16	118.96	25
庐山风景名胜区	江西	24.16	118.75	26
青州古城旅游区	山东	24.11	118.71	27
周恩来故里旅游景区	江苏	24.10	118.57	28
明十三陵景区	北京	23.98	118.04	29
青城山－都江堰旅游景区	四川	23.60	116.13	30
黄河壶口瀑布旅游区	山西	23.56	115.97	31
泰宁风景旅游区	福建	23.42	115.53	32
石林风景区	云南	23.44	115.40	33
古徽州文化旅游区	安徽	23.35	114.91	34
八达岭－慕田峪长城旅游区	北京	23.31	114.70	35
恩施大峡谷景区	湖北	23.26	114.48	36
太姥山旅游区	福建	23.16	114.03	37
呀诺达雨林文化旅游区	海南	23.08	113.82	38
夫子庙－秦淮风光带景区	江苏	22.90	112.78	39
镇北堡西部影视城	宁夏回族自治区	22.80	112.32	40
灵山景区	江苏	22.73	112.09	41
武陵源－天门山旅游区	湖南	22.69	111.76	42
台儿庄古城景区	山东	22.69	111.68	43
鸣沙山月牙泉景区	甘肃	22.18	109.26	44
城墙·碑林历史文化景区	陕西	22.16	109.19	45
本溪水洞景区	辽宁	22.13	108.95	46
乐山大佛景区	四川	22.09	108.74	47

续表

景区名称	省级行政区	40—49 岁占比(%)	TGI	排名
华清池景区	陕西	22.07	108.62	48
海螺沟景区	四川	22.01	108.37	49
青岩古镇景区	贵州	22.00	108.28	50
邓小平故里旅游区	四川	21.92	108.13	51
腾龙洞景区	湖北	21.88	107.71	52
沙湖旅游景区	宁夏回族自治区	21.83	107.54	53
大雁塔·大唐芙蓉园景区	陕西	21.82	107.43	54
九寨沟旅游景区	四川	21.78	107.17	55
清东陵景区	河北	21.69	106.85	56
黄姚古镇景区	广西壮族自治区	21.61	106.52	57
炎帝陵景区	湖南	21.62	106.47	58
天一阁·月湖景区	浙江	21.60	106.29	59
七彩丹霞景区	甘肃	21.58	106.21	60
布达拉宫景区	西藏自治区	21.57	106.03	61
洪洞大槐树寻根祭祖园景区	山西	21.55	105.98	62
乐山市峨眉山景区	四川	21.53	105.96	63
嘉峪关文物景区	甘肃	21.52	105.90	64
赛里木湖景区	新疆维吾尔自治区	21.49	105.89	65
绩溪龙川景区	安徽	21.46	105.84	66
岳麓山·橘子洲旅游区	湖南	21.50	105.80	67
沙坡头旅游景区	宁夏回族自治区	21.49	105.54	68
雁荡山风景名胜区	浙江	21.40	105.38	69
洪泽湖湿地景区	江苏	21.43	105.28	70
阆中古城旅游区	四川	21.35	105.16	71
富蕴可可托海景区	新疆维吾尔自治区	21.33	105.09	72
丽江古城景区	云南	21.39	105.08	73
三峡人家风景区	湖北	21.22	104.53	74
龙门石窟景区	河南	21.22	104.43	75
安仁古镇景区	四川	21.19	104.32	76
长影世纪城旅游区	吉林	21.20	104.31	77

续表

景区名称	省级行政区	40—49岁占比(%)	TGI	排名
故宫博物院	北京	21.20	104.28	78
周庄古镇景区	江苏	21.16	104.27	79
鼓浪屿风景名胜区	福建	21.21	104.27	79
殷墟景区	河南	21.17	104.14	81
惠山古镇景区	江苏	21.14	104.09	82
恭王府景区	北京	21.03	103.57	83
矮寨·十八洞·德夯大峡谷景区	湖南	20.99	103.46	84
大足石刻景区	重庆	21.02	103.44	85
土楼（永定·南靖）旅游景区	福建	20.99	103.34	86
三国赤壁古战场景区	湖北	20.91	103.04	87
东阳横店影视城景区	浙江	20.90	102.90	88
明故城（三孔）旅游区	山东	20.80	102.49	89
八里河景区	安徽	20.78	102.41	90
雁门关景区	山西	20.74	102.13	91
中央电视台无锡影视基地三国水浒景区	江苏	20.70	101.94	92
红旗渠·太行大峡谷	河南	20.64	101.73	93
青海湖景区	青海	20.66	101.73	93
瘦西湖风景区	江苏	20.64	101.67	95
南山文化旅游区	海南	20.58	101.45	96
中国共产党一大·二大·四大纪念馆景区	上海	20.62	101.36	97
皇城相府生态文化旅游区	山西	20.58	101.34	98
清明上河园	河南	20.56	101.14	99
红海滩风景廊道景区	辽宁	20.54	101.07	100

表1－10列出了50岁及以上群体消费偏好排名前100的全国AAAAA级景区，数据显示：所排名景区中，50岁及以上的年总值占比均超过15%，最高达43.80%，TGI指数全部高于100，可见这些景区受到该年龄段群体青睐；其中，排名第一的景区是位于黑龙江省漠河市的北极村旅游区，素有“金鸡之冠”、“神州北极”、“天然氧吧”和“不夜城”之美誉，是全国观赏北极光和极昼极夜的最佳观测点。中国最北的地理位置和寒冷的气候条件，造就了这里特有极地风光和多彩的民俗文化，使得其备受50岁以上群体青睐。

表 1 – 10　全国 AAAAA 级景区 50 岁以上群体消费偏好

景区名称	省级行政区	≥50 岁占比(%)	TGI	排名
北极村旅游区	黑龙江	43.80	369.54	1
富蕴可可托海景区	新疆维吾尔自治区	41.21	348.34	2
独秀峰 – 王城景区	广西壮族自治区	38.10	322.36	3
炳灵寺世界文化遗产旅游区	甘肃	36.80	310.94	4
镜泊湖景区	黑龙江	36.69	309.91	5
麦积山景区	甘肃	36.43	307.83	6
阿拉善盟胡杨林旅游区	内蒙古自治区	36.32	305.69	7
阿尔山・柴河旅游景区	内蒙古自治区	35.40	299.40	8
黄河壶口瀑布旅游区	山西	35.11	296.55	9
鸡公山景区	河南	34.92	295.18	10
喀纳斯景区	新疆维吾尔自治区	34.21	289.19	11
赛里木湖景区	新疆维吾尔自治区	31.05	262.45	12
炎帝陵景区	湖南	30.38	256.62	13
那拉提旅游风景区	新疆维吾尔自治区	30.05	253.81	14
镇远古城旅游景区	贵州	30.00	253.42	15
泰宁风景旅游区	福建	29.73	251.57	16
尧山 – 中原大佛景区	河南	29.50	249.64	17
五大连池景区	黑龙江	29.54	249.55	18
天山天池风景名胜区	新疆维吾尔自治区	29.42	248.51	19
神仙居景区	浙江	29.01	245.21	20
三百山景区	江西	28.75	243.28	21
成吉思汗陵旅游区	内蒙古自治区	27.87	235.82	22
三清山旅游景区	江西	27.45	231.52	23
扎什伦布寺景区	西藏自治区	26.48	223.74	24
沙坡头旅游景区	宁夏回族自治区	25.90	218.22	25
万佛湖景区	安徽	25.67	216.67	26
巴音州和静巴音布鲁克景区	新疆维吾尔自治区	25.55	215.91	27
乐山大佛景区	四川	25.51	215.51	28
千山景区	辽宁	25.47	215.19	29
恩施大峡谷景区	湖北	24.32	205.36	30
共和国摇篮旅游区	江西	24.35	204.25	31
嘉峪关文物景区	甘肃	24.15	203.89	32

续表

景区名称	省级行政区	≥50 岁占比（%）	TGI	排名
神农溪纤夫文化旅游区	湖北	23.65	200.13	33
金山岭长城景区	河北	23.48	198.43	34
羌城旅游区	四川	23.55	198.12	35
沙湖旅游景区	宁夏回族自治区	23.34	197.23	36
博斯腾湖景区	新疆维吾尔自治区	23.19	196.02	37
世界雕塑公园旅游景区	吉林	23.00	194.65	38
巴松措景区	西藏自治区	22.94	193.81	39
古徽州文化旅游区	安徽	22.90	193.38	40
帕米尔旅游区	新疆维吾尔自治区	22.90	193.11	41
青州古城旅游区	山东	22.85	193.02	42
七彩丹霞景区	甘肃	22.44	189.43	43
雅鲁藏布大峡谷旅游景区	西藏自治区	22.29	188.20	44
塔尔寺景区	青海	22.24	188.03	45
花明楼景区	湖南	22.12	186.71	46
龙口南山景区	山东	21.88	185.10	47
伪满皇宫博物院	吉林	21.51	181.83	48
阆中古城旅游区	四川	21.49	181.61	49
溪口－滕头旅游景区	浙江	21.17	179.10	50
喀什噶尔老城景区	新疆维吾尔自治区	21.16	178.42	51
广府古城景区	河北	21.06	177.86	52
黄姚古镇景区	广西壮族自治区	20.76	175.54	53
台儿庄古城景区	山东	20.75	175.19	54
武陵源－天门山旅游区	湖南	20.73	175.12	55
皇城相府生态文化旅游区	山西	20.72	175.07	56
黄帝陵景区	陕西	20.64	174.33	57
洪泽湖湿地景区	江苏	20.65	174.05	58
同里古镇景区	江苏	20.14	170.03	59
青海湖景区	青海	20.05	169.38	60
世界魔鬼城景区	新疆维吾尔自治区	19.84	167.61	61
巫山小三峡－小小三峡	重庆	19.60	165.68	62
山西省临汾市洪洞大槐树寻根祭祖园景区	山西	19.46	164.21	63
红海滩风景廊道景区	辽宁	19.44	164.18	64

续表

景区名称	省级行政区	≥50 岁占比(%)	TGI	排名
三峡人家风景区	湖北	19.30	163.13	65
沈阳市植物园	辽宁	19.28	162.88	66
红旗渠·太行大峡谷	河南	19.20	162.35	67
青岩古镇景区	贵州	19.03	160.69	68
梵净山旅游区	贵州	18.91	159.78	69
娲皇宫景区	河北	18.88	159.51	70
安仁古镇景区	四川	18.77	158.51	71
清东陵景区	河北	18.52	156.52	72
蓬莱阁旅游区（三仙山－八仙过海）	山东	18.40	155.53	73
雁门关景区	山西	18.39	155.36	74
太行山大峡谷八泉峡景区	山西	18.18	153.85	75
平遥古城景区	山西	18.20	153.74	76
汶川特别旅游区	四川	18.06	152.86	77
镇北堡西部影视城	宁夏回族自治区	18.01	152.17	78
三河古镇旅游景区	安徽	17.95	151.60	79
太阳岛景区	黑龙江	17.80	150.36	80
伏牛山老界岭·恐龙遗址园旅游区	河南	17.76	149.78	81
周恩来故里旅游景区	江苏	17.59	148.51	82
普达措景区	云南	17.55	148.37	83
峨眉山景区	四川	17.52	147.99	84
九寨沟旅游景区	四川	17.36	146.53	85
千岛湖风景名胜区	浙江	17.12	144.63	86
崆峒山风景名胜区	甘肃	17.03	143.76	87
剑门蜀道剑门关旅游区	四川	17.01	143.75	88
织金洞景区	贵州	16.90	142.68	89
承德避暑山庄及周围寺庙景区	河北	16.78	141.77	90
微山湖旅游区	山东	16.44	138.79	91
腾龙洞景区	湖北	16.41	138.53	92
井冈山风景旅游区	江西	16.29	137.51	93
清江画廊景区	湖北	16.21	136.89	94
雁荡山风景名胜区	浙江	15.92	134.52	95
乌镇古镇旅游区	浙江	15.89	134.19	96

续表

景区名称	省级行政区	≥50 岁占比(%)	TGI	排名
黄龙景区	四川	15. 86	133. 93	97
普者黑旅游景区	云南	15. 81	133. 67	98
太姥山旅游区	福建	15. 77	133. 23	99
八里河景区	安徽	15. 68	132. 60	100

第三节　AAAAA 级景区消费需求空间结构

一、整体消费需求空间结构

全国 AAAAA 级景区在各客源地的消费需求年总值达到 281423030，平均消费需求为 8277148，16 个省级行政区超过平均水平，占全国客源市场的 70. 95%。排名前五的客源地分别是广东省、江苏省、浙江省、山东省、北京市，消费需求年总值累计占全国总量的 28. 29%。具体见表 1 – 11 所示。

表 1 – 11　全国 AAAAA 级景区各客源地消费需求空间分布

省级行政区	年总值	占比	排名
广东省	18255475	6. 49%	1
江苏省	16891105	6. 00%	2
浙江省	15066470	5. 35%	3
山东省	14916090	5. 30%	4
北京市	14500355	5. 15%	5
河南省	13185625	4. 69%	6
四川省	13139270	4. 67%	7
上海市	12700905	4. 51%	8
河北省	11907395	4. 23%	9
安徽省	11101475	3. 95%	10
湖北省	10672600	3. 79%	11
湖南省	10243360	3. 64%	12
福建省	9856825	3. 50%	13
陕西省	9688925	3. 44%	14

续表

省级行政区	年总值	占比	排名
辽宁省	9089230	3.23%	15
江西省	8472380	3.01%	16
山西省	8248635	2.93%	17
重庆市	8219070	2.92%	18
广西壮族自治区	7096695	2.52%	19
云南省	6529120	2.32%	20
天津市	6441155	2.29%	21
黑龙江省	6262670	2.23%	22
吉林省	5924315	2.11%	23
贵州省	5885990	2.09%	24
内蒙古自治区	5367325	1.91%	25
甘肃省	5236290	1.86%	26
新疆维吾尔自治区	4860340	1.73%	27
海南省	3759865	1.34%	28
宁夏回族自治区	2574710	0.91%	29
青海省	2249495	0.80%	30
西藏自治区	1529715	0.54%	31
香港特别行政区	1065070	0.38%	32
台湾省	250755	0.09%	33
澳门特别行政区	234330	0.08%	34
合计	281423030	100%	

二、省域消费需求空间结构

（一）京、津、冀 AAAAA 级景区消费需求空间分布

北京市 AAAAA 级景区的消费需求年总值达到 17324360，平均消费需求为 509540，14 个省级行政区超过平均水平，占全国客源市场的 65.00%。排名前五的客源地分别是北京市、广东省、江苏省、山东省、浙江省，消费需求年总值累计占全国总量的 33.28%。

天津市 AAAAA 级景区的消费需求年总值达到 783290，平均消费需求为 23038，12

个省级行政区超过平均水平，占全国客源市场的69.20%。排名前五的客源地分别是天津市、北京市、河北省、山东省、广东省，消费需求年总值累计占全国总量的40.17%。

河北省AAAAA级景区的消费需求年总值达到11140165，平均消费需求为327652，16个省级行政区超过平均水平，占全国客源市场的72.16%。排名前五的客源地分别是河北省、北京市、山东省、广东省、江苏省，消费需求年总值累计占全国总量的32.73%。

表1-12　京、津、冀AAAAA级景区消费需求空间分布

省级行政区	北京市		天津市		河北省	
	年总值	占比	年总值	占比	年总值	占比
安徽	569765	3.29%	23725	3.03%	385805	3.46%
澳门特别行政区	20805	0.12%	0	0.00%	3650	0.03%
北京	2225405	12.85%	64240	8.20%	718685	6.45%
重庆	429240	2.48%	12775	1.63%	264990	2.38%
福建	529615	3.06%	20075	2.56%	331055	2.97%
广东	1028205	5.94%	43435	5.55%	568670	5.10%
广西壮族自治区	420845	2.43%	10950	1.40%	268275	2.41%
甘肃	328865	1.90%	10585	1.35%	196005	1.76%
贵州	353685	2.04%	9855	1.26%	184325	1.65%
河北	768690	4.44%	55480	7.08%	1213990	10.90%
黑龙江	404420	2.33%	20805	2.66%	267180	2.40%
河南	717590	4.14%	32850	4.19%	475960	4.27%
湖南	546405	3.15%	22265	2.84%	328135	2.95%
湖北	556260	3.21%	22265	2.84%	358795	3.22%
海南	237980	1.37%	2920	0.37%	132495	1.19%
吉林	386535	2.23%	15695	2.00%	277765	2.49%
江苏	884760	5.11%	40880	5.22%	544580	4.89%
江西	448585	2.59%	16790	2.14%	284700	2.56%
辽宁	535455	3.09%	40515	5.17%	440190	3.95%
内蒙古自治区	403690	2.33%	16060	2.05%	285065	2.56%
宁夏回族自治区	192720	1.11%	1825	0.23%	101835	0.91%
青海	142350	0.82%	730	0.09%	69350	0.62%

续表

省级行政区	北京市		天津市		河北省	
	年总值	占比	年总值	占比	年总值	占比
上海	624150	3. 60%	26280	3. 36%	405150	3. 64%
四川	648240	3. 74%	28470	3. 64%	379600	3. 41%
山东	849355	4. 90%	44165	5. 64%	600790	5. 39%
山西	487275	2. 81%	21900	2. 80%	377045	3. 39%
陕西	496765	2. 87%	18250	2. 33%	327040	2. 94%
天津	424860	2. 45%	107310	13. 70%	449680	4. 04%
台湾省	21900	0. 13%	0	0. 00%	3650	0. 03%
西藏自治区	82855	0. 48%	365	0. 05%	31755	0. 29%
香港特别行政区	94900	0. 55%	0	0. 00%	22995	0. 21%
新疆维吾尔自治区	287985	1. 66%	6570	0. 84%	161695	1. 45%
云南	397120	2. 29%	10585	1. 35%	218635	1. 96%
浙江	777085	4. 49%	34675	4. 43%	460630	4. 13%
合计	17324360	100%	783290	100%	11140165	100%

（二）晋、蒙、辽 AAAAA 级景区消费需求空间分布

山西省 AAAAA 级景区的消费需求年总值达到 11670145，平均消费需求为 343240，15 个省级行政区超过平均水平，占全国客源市场的 70. 04%。排名前五的客源地分别是山西省、河北省、山东省、北京市、广东省，消费需求年总值累计占全国总量的 32. 74%。

内蒙古自治区 AAAAA 级景区的消费需求年总值达到 1227860，平均消费需求为 36114，15 个省级行政区超过平均水平，占全国客源市场的 77. 35%。排名前五的客源地分别是内蒙古自治区、北京市、广东省、江苏省、山东省，消费需求年总值累计占全国总量的 36. 41%。

辽宁省 AAAAA 级景区的消费需求年总值达到 2062615，平均消费需求为 60665，14 个省级行政区超过平均水平，占全国客源市场的 79. 84%。排名前五的客源地分别是辽宁省、北京市、江苏省、山东省、吉林省，消费需求年总值累计占全国总量的 43. 28%。

表 1-13　晋、蒙、辽 AAAAA 级景区消费需求空间分布

省级行政区	山西省		内蒙古自治区		辽宁省	
	年总值	占比	年总值	占比	年总值	占比
安徽	362080	3.10%	41610	3.39%	69350	3.36%
澳门特别行政区	7300	0.06%	0	0.00%	0	0.00%
北京	639115	5.48%	88695	7.22%	141985	6.88%
重庆	256960	2.20%	28835	2.36%	27740	1.34%
福建	331055	2.84%	37595	3.06%	48910	2.37%
广东	563195	4.83%	77745	6.33%	105120	5.10%
广西壮族自治区	237250	2.03%	18980	1.55%	24090	1.17%
甘肃	213160	1.83%	12410	1.01%	11680	0.57%
贵州	182865	1.57%	6935	0.56%	13140	0.64%
河北	710655	6.09%	63145	5.14%	104025	5.04%
黑龙江	256960	2.20%	28470	2.32%	100740	4.88%
河南	563195	4.83%	45260	3.69%	64605	3.13%
湖南	311710	2.67%	35405	2.88%	46355	2.25%
湖北	352955	3.02%	34675	2.82%	47085	2.28%
海南	133955	1.15%	5475	0.45%	8760	0.42%
吉林	230315	1.97%	25185	2.05%	113150	5.49%
江苏	554435	4.75%	73730	6.00%	128115	6.21%
江西	284700	2.44%	19710	1.61%	24820	1.20%
辽宁	402230	3.45%	51100	4.16%	390185	18.92%
内蒙古自治区	323390	2.77%	138700	11.30%	64240	3.12%
宁夏回族自治区	123735	1.06%	8030	0.65%	2920	0.14%
青海	92345	0.79%	1460	0.12%	1095	0.05%
上海	424860	3.64%	60955	4.96%	79935	3.88%
四川	392375	3.36%	46720	3.81%	77745	3.77%
山东	663570	5.69%	68255	5.56%	119355	5.79%
山西	1244650	10.67%	46355	3.78%	37960	1.84%
陕西	452965	3.88%	49275	4.01%	37960	1.84%
天津	358430	3.07%	30660	2.50%	51465	2.50%
台湾省	9125	0.08%	0	0.00%	0	0.00%
西藏自治区	62780	0.54%	365	0.03%	0	0.00%
香港特别行政区	37960	0.33%	730	0.06%	1095	0.05%

续表

省级行政区	山西省		内蒙古自治区		辽宁省	
	年总值	占比	年总值	占比	年总值	占比
新疆维吾尔自治区	174835	1.50%	8030	0.65%	12410	0.60%
云南	225570	1.92%	12775	1.04%	18250	0.89%
浙江	489465	4.19%	60590	4.93%	88330	4.28%
合计	11670145	100%	1227860	100%	2062615	100%

（三）吉、黑、沪 AAAAA 级景区消费需求空间分布

吉林省 AAAAA 级景区的消费需求年总值达到 4858150，平均消费需求为 142887，15 个省级行政区超过平均水平，占全国客源市场的 72.42%。排名前五的客源地分别是吉林省、广东省、江苏省、浙江省、山东省，消费需求年总值累计占全国总量的 34.10%。

黑龙江省 AAAAA 级景区的消费需求年总值达到 3679200，平均消费需求为 108212，18 个省级行政区超过平均水平，占全国客源市场的 78.65%。排名前五的客源地分别是黑龙江省、上海市、江苏省、辽宁省、浙江省，消费需求年总值累计占全国总量的 30.17%。

上海市 AAAAA 级景区的消费需求年总值达到 4629295，平均消费需求为 136156，13 个省级行政区超过平均水平，占全国客源市场的 67.87%。排名前五的客源地分别是上海市、江苏省、广东省、浙江省、山东省，消费需求年总值累计占全国总量的 38.89%。

表 1－14　吉、黑、沪 AAAAA 级景区消费需求空间分布

省级行政区	吉林省		黑龙江省		上海市	
	年总值	占比	年总值	占比	年总值	占比
安徽	166440	3.43%	146000	3.97%	183960	3.97%
澳门特别行政区	10220	0.21%	365	0.01%	2920	0.06%
北京	246740	5.08%	135780	3.69%	196735	4.25%
重庆	102200	2.10%	99280	2.70%	94535	2.04%
福建	156950	3.23%	129210	3.51%	150380	3.25%
广东	360255	7.42%	150745	4.10%	266815	5.76%

续表

省级行政区	吉林省		黑龙江省		上海市	
	年总值	占比	年总值	占比	年总值	占比
广西壮族自治区	97820	2.01%	87965	2.39%	97820	2.11%
甘肃	66795	1.38%	48545	1.32%	66795	1.44%
贵州	72270	1.49%	55845	1.52%	70810	1.53%
河北	227395	4.68%	171185	4.65%	154030	3.33%
黑龙江	168995	3.48%	353320	9.60%	87600	1.89%
河南	203305	4.19%	146730	3.99%	197100	4.26%
湖南	143810	2.96%	124465	3.38%	138700	3.00%
湖北	151840	3.13%	129575	3.52%	156220	3.37%
海南	57670	1.19%	50735	1.38%	48910	1.06%
吉林	462090	9.51%	149650	4.07%	84315	1.82%
江苏	302220	6.22%	196735	5.35%	298570	6.45%
江西	118260	2.43%	102930	2.80%	129940	2.81%
辽宁	77380	1.59%	179215	4.87%	134685	2.91%
内蒙古自治区	105120	2.16%	104025	2.82%	75190	1.62%
宁夏回族自治区	38325	0.79%	21535	0.58%	36500	0.79%
青海	30295	0.62%	10950	0.30%	29930	0.65%
上海	227395	4.68%	205495	5.59%	763580	16.50%
四川	168630	3.47%	147825	4.02%	164615	3.56%
山东	262070	5.39%	131035	3.56%	227760	4.92%
山西	113880	2.34%	75920	2.06%	113515	2.45%
陕西	137605	2.83%	109865	2.99%	125560	2.71%
天津	116800	2.40%	111690	3.03%	82855	1.79%
台湾省	6570	0.14%	1095	0.03%	5840	0.13%
西藏自治区	22630	0.47%	12045	0.33%	15330	0.33%
香港特别行政区	29200	0.60%	6205	0.17%	24455	0.53%
新疆维吾尔自治区	54385	1.12%	47450	1.29%	65335	1.41%
云南	82490	1.70%	60590	1.65%	94535	2.04%
浙江	270100	5.56%	175200	4.76%	243455	5.26%
合计	4858150	100%	3679200	100%	4629295	100%

（四）苏、浙、皖 AAAAA 级景区消费需求空间分布

江苏省 AAAAA 级景区的消费需求年总值达到 16450550，平均消费需求为 483840，14 个省级行政区超过平均水平，占全国客源市场的 70.16%。排名前五的客源地分别是江苏省、上海市、浙江省、广东省、山东省，消费需求年总值累计占全国总量的 36.30%。

浙江省 AAAAA 级景区的消费需求年总值达到 22001105，平均消费需求为 647091，15 个省级行政区超过平均水平，占全国客源市场的 71.31%。排名前五的客源地分别是浙江省、江苏省、上海市、广东省、山东省，消费需求年总值累计占全国总量的 34.85%。

安徽省 AAAAA 级景区的消费需求年总值达到 11104760，平均消费需求为 326611，13 个省级行政区超过平均水平，占全国客源市场的 71.04%。排名前五的客源地分别是安徽省、江苏省、浙江省、广东省、上海市，消费需求年总值累计占全国总量的 40.34%。

表 1－15　苏、浙、皖 AAAAA 级景区消费需求空间分布

省级行政区	江苏省		浙江省		安徽省	
	年总值	占比	年总值	占比	年总值	占比
安徽	767230	4.66%	897900	4.08%	1516210	13.65%
澳门特别行政区	4015	0.02%	18615	0.08%	9855	0.09%
北京	769785	4.68%	959220	4.36%	482895	4.35%
重庆	407705	2.47%	542755	2.47%	206955	1.85%
福建	519395	3.16%	799715	3.63%	357700	3.22%
广东	861035	5.23%	1227130	5.58%	669410	6.03%
广西壮族自治区	362810	2.21%	501875	2.28%	192720	1.74%
甘肃	257325	1.56%	348940	1.59%	137970	1.24%
贵州	258420	1.57%	390915	1.78%	157680	1.42%
河北	622690	3.79%	767960	3.49%	387630	3.49%
黑龙江	355510	2.16%	468660	2.13%	194180	1.75%
河南	681090	4.14%	915420	4.16%	492020	4.43%
湖南	505890	3.08%	681455	3.10%	300395	2.71%
湖北	559545	3.40%	790225	3.59%	450775	4.06%
海南	184325	1.12%	265355	1.21%	106580	0.96%

续表

省级行政区	江苏省		浙江省		安徽省	
	年总值	占比	年总值	占比	年总值	占比
吉林	327040	1.99%	452235	2.06%	173010	1.56%
江苏	2334175	14.19%	1454890	6.61%	948635	8.54%
江西	448950	2.73%	666490	3.03%	329595	2.97%
辽宁	527425	3.21%	686565	3.12%	316090	2.85%
内蒙古自治区	274845	1.67%	383615	1.74%	155125	1.40%
宁夏回族自治区	96725	0.59%	193450	0.88%	71540	0.64%
青海	74460	0.45%	125925	0.57%	61685	0.56%
上海	990610	6.02%	1245745	5.66%	621595	5.60%
四川	616850	3.75%	855560	3.89%	347480	3.13%
山东	851910	5.18%	1135880	5.16%	559180	5.04%
山西	405150	2.46%	536185	2.44%	250390	2.25%
陕西	463550	2.82%	627435	2.85%	278495	2.51%
天津	397850	2.42%	495305	2.25%	212430	1.91%
台湾省	11315	0.07%	39420	0.18%	11680	0.11%
西藏自治区	21900	0.13%	62780	0.29%	41975	0.38%
香港特别行政区	38690	0.24%	94535	0.43%	46720	0.42%
新疆维吾尔自治区	210970	1.28%	310250	1.41%	119355	1.07%
云南	307695	1.87%	454060	2.06%	170820	1.54%
浙江	933670	5.68%	2604640	11.84%	725985	6.53%
合计	16450550	100%	22001105	100%	11104760	100%

（五）闽、赣、鲁 AAAAA 级景区消费需求空间分布

福建省 AAAAA 级景区的消费需求年总值达到 9168800，平均消费需求为 269671，14 个省级行政区超过平均水平，占全国客源市场的 69.30%。排名前五的客源地分别是福建省、广东省、浙江省、江苏省、北京市，消费需求年总值累计占全国总量的 36.21%。

江西省 AAAAA 级景区的消费需求年总值达到 8593925，平均消费需求为 252763，13 个省级行政区超过平均水平，占全国客源市场的 70.06%。排名前五的客源地分别

是江西省、广东省、浙江省、湖南省、江苏省，消费需求年总值累计占全国总量的 36.66%。

山东省 AAAAA 级景区的消费需求年总值达到 14246680，平均消费需求为 419020，13 个省级行政区超过平均水平，占全国客源市场的 64.69%。排名前五的客源地分别是山东省、江苏省、广东省、河南省、河北省，消费需求年总值累计占全国总量的 34.72%。

表 1-16　闽、赣、鲁 AAAAA 级景区消费需求空间分布

省级行政区	福建省		江西省		山东省	
	年总值	占比	年总值	占比	年总值	占比
安徽	297840	3.25%	338720	3.94%	539105	3.78%
澳门特别行政区	9125	0.10%	6570	0.08%	9855	0.07%
北京	438000	4.78%	371205	4.32%	675615	4.74%
重庆	218270	2.37%	218635	2.53%	324120	2.29%
福建	1281150	13.97%	340545	3.96%	407340	2.86%
广东	604075	6.59%	692405	8.06%	750075	5.26%
广西壮族自治区	213160	2.32%	204400	2.38%	309155	2.17%
甘肃	130305	1.42%	126655	1.47%	235060	1.65%
贵州	154760	1.69%	145635	1.69%	240900	1.69%
河北	312075	3.40%	279955	3.26%	686565	4.82%
黑龙江	179580	1.96%	160235	1.86%	343100	2.41%
河南	332515	3.63%	337990	3.93%	689120	4.84%
湖南	283240	3.09%	471945	5.49%	424495	2.98%
湖北	304775	3.32%	409530	4.77%	470120	3.30%
海南	117165	1.28%	113150	1.32%	165710	1.16%
吉林	162425	1.77%	147825	1.72%	309155	2.17%
江苏	466835	5.09%	450775	5.25%	880745	6.18%
江西	348210	3.80%	1017985	11.85%	366825	2.57%
辽宁	264990	2.89%	229220	2.67%	472310	3.32%
内蒙古自治区	157315	1.72%	137240	1.60%	286890	2.01%
宁夏回族自治区	75920	0.83%	77380	0.90%	128115	0.90%
青海	58035	0.63%	60955	0.71%	96725	0.68%

续表

省级行政区	福建省		江西省		山东省	
	年总值	占比	年总值	占比	年总值	占比
上海	424130	4.63%	406245	4.73%	560640	3.94%
四川	326310	3.56%	6570	0.08%	495305	3.48%
山东	404785	4.41%	385805	4.49%	1939245	13.61%
山西	224475	2.45%	189435	2.20%	400770	2.81%
陕西	248565	2.71%	225205	2.62%	417195	2.93%
天津	190895	2.08%	171185	1.99%	378140	2.65%
台湾省	14235	0.16%	6570	0.08%	10950	0.08%
西藏自治区	31390	0.34%	39055	0.45%	47450	0.33%
香港特别行政区	45625	0.50%	37960	0.44%	49640	0.35%
新疆维吾尔自治区	129940	1.42%	110595	1.29%	223745	1.57%
云南	188705	2.06%	158775	1.85%	279590	1.96%
浙江	529980	5.78%	517570	6.02%	632910	4.44%
合计	9168800	100%	8593925	100%	14246680	100%

（六）豫、鄂、湘 AAAAA 级景区消费需求空间分布

河南省 AAAAA 级景区的消费需求年总值达到 11957765，平均消费需求为 351699，13 个省级行政区超过平均水平，占全国客源市场的 67.55%。排名前五的客源地分别是河南省、山东省、江苏省、广东省、北京市，消费需求年总值累计占全国总量的 36.50%。

湖北省 AAAAA 级景区的消费需求年总值达到 17368890，平均消费需求为 510850，16 个省级行政区超过平均水平，占全国客源市场的 74.35%。排名前五的客源地分别是湖北省、广东省、江苏省、河南省、浙江省，消费需求年总值累计占全国总量的 31.65%。

湖南省 AAAAA 级景区的消费需求年总值达到 11869800，平均消费需求为 349112，15 个省级行政区超过平均水平，占全国客源市场的 69.05%。排名前五的客源地分别是湖南省、广东省、江苏省、山东省、北京市，消费需求年总值累计占全国总量的 31.75%。

表 1－17　豫、鄂、湘 AAAAA 级景区消费需求空间分布

省级行政区	河南省		湖北省		湖南省	
	年总值	占比	年总值	占比	年总值	占比
安徽	483990	4.05%	645320	3.72%	440190	3.71%
澳门特别行政区	6570	0.05%	24455	0.14%	7665	0.06%
北京	574145	4.80%	795700	4.58%	530710	4.47%
重庆	256960	2.16%	544580	3.14%	329230	2.77%
福建	329230	2.75%	529615	3.05%	396390	3.34%
广东	646780	5.41%	1230050	7.08%	813585	6.85%
广西壮族自治区	250025	2.09%	416100	2.40%	346385	2.92%
甘肃	184325	1.54%	321565	1.85%	212430	1.79%
贵州	181770	1.52%	182865	1.05%	258420	2.18%
河北	561735	4.70%	747520	4.30%	433255	3.65%
黑龙江	224110	1.87%	379965	2.19%	236885	2.00%
河南	1796895	15.03%	932575	5.37%	478515	4.03%
湖南	332150	2.78%	720875	4.15%	1294290	10.90%
湖北	453330	3.79%	1475695	8.50%	482530	4.07%
海南	123735	1.03%	229220	1.32%	170820	1.44%
吉林	213525	1.79%	405150	2.33%	221190	1.86%
江苏	666855	5.58%	994260	5.72%	589840	4.97%
江西	276670	2.31%	478880	2.76%	413910	3.49%
辽宁	350400	2.93%	591300	3.40%	345655	2.91%
内蒙古自治区	210605	1.76%	168265	0.97%	224110	1.89%
宁夏回族自治区	95265	0.80%	153665	0.88%	113515	0.96%
青海	73000	0.61%	145635	0.84%	79570	0.67%
上海	484355	4.05%	687660	3.96%	455155	3.83%
四川	396390	3.31%	723795	4.17%	436540	3.68%
山东	679995	5.69%	824900	4.75%	540200	4.55%
山西	397485	3.32%	463550	2.67%	333610	2.81%
陕西	404055	3.38%	604075	3.48%	369015	3.11%
天津	281780	2.36%	221190	1.27%	256230	2.16%
台湾省	8395	0.07%	19710	0.11%	6570	0.06%

续表

省级行政区	河南省		湖北省		湖南省	
	年总值	占比	年总值	占比	年总值	占比
西藏自治区	43070	0.36%	91250	0.53%	41975	0.35%
香港特别行政区	34675	0.29%	80300	0.46%	36865	0.31%
新疆维吾尔自治区	167900	1.40%	309885	1.78%	189070	1.59%
云南	236155	1.97%	364270	2.10%	263895	2.23%
浙江	531440	4.45%	865050	4.98%	521585	4.39%
合计	11957765	100%	17368890	100%	11869800	100%

（七）粤、桂、渝 AAAAA 级景区消费需求空间分布

广东省 AAAAA 级景区的消费需求年总值达到 8069420，平均消费需求为 237336，15 个省级行政区超过平均水平，占全国客源市场的 75.63%。排名前五的客源地分别是广东省、江苏省、湖南省、北京市和浙江省，消费需求年总值累计占全国总量的 38.80%。

广西壮族自治区 AAAAA 级景区的消费需求年总值达到 4842820，平均消费需求为 142436，14 个省级行政区超过平均水平，占全国客源市场的 70.55%。排名前五的客源地分别是广西壮族自治区、广东省、江苏省、四川省和北京市，消费需求年总值累计占全国总量的 36.21%。

重庆市 AAAAA 级景区的消费需求年总值达到 4670905，平均消费需求为 137380，12 个省级行政区超过平均水平，占全国客源市场的 65.70%。排名前五的客源地分别是重庆市、四川省、广东省、北京市和山东省，消费需求年总值累计占全国总量的 41.80%。

表 1－18　粤、桂、渝 AAAAA 级景区消费需求空间分布

省级行政区	广东省		广西壮族自治区		重庆市	
	年总值	占比	年总值	占比	年总值	占比
安徽	256595	3.18%	154395	3.19%	143810	3.08%
澳门特别行政区	18250	0.23%	3650	0.07%	1825	0.04%
北京	362810	4.50%	237615	4.90%	219365	4.70%
重庆	203305	2.52%	137970	2.85%	900090	19.27%
福建	274480	3.40%	148920	3.08%	143080	3.06%

续表

省级行政区	广东省		广西壮族自治区		重庆市	
	年总值	占比	年总值	占比	年总值	占比
广东	1655640	20.52%	432890	8.94%	286160	6.13%
广西壮族自治区	278495	3.45%	586555	12.11%	104025	2.23%
甘肃	90520	1.12%	59860	1.24%	72270	1.55%
贵州	141620	1.75%	104025	2.15%	134320	2.88%
河北	259880	3.22%	154760	3.20%	153665	3.29%
黑龙江	139795	1.73%	76650	1.58%	77015	1.65%
河南	296015	3.67%	177025	3.65%	169725	3.63%
湖南	363175	4.50%	213890	4.42%	150380	3.22%
湖北	308790	3.83%	183960	3.80%	118260	2.53%
海南	107675	1.33%	74095	1.53%	53290	1.14%
吉林	118990	1.47%	67160	1.39%	69350	1.48%
江苏	388725	4.82%	254040	5.25%	159140	3.41%
江西	255865	3.17%	125925	2.60%	116435	2.49%
辽宁	221555	2.75%	129940	2.68%	121545	2.60%
内蒙古自治区	100010	1.24%	60225	1.24%	48910	1.05%
宁夏回族自治区	26645	0.33%	30295	0.63%	30660	0.66%
青海	18980	0.23%	25550	0.53%	25915	0.55%
上海	356240	4.41%	206225	4.26%	196370	4.20%
四川	354780	4.40%	242360	5.00%	350035	7.49%
山东	330325	4.09%	193815	4.00%	196735	4.21%
山西	160600	1.99%	94900	1.96%	106215	2.27%
陕西	198925	2.47%	137605	2.84%	129575	2.77%
天津	135050	1.67%	84315	1.74%	90155	1.93%
台湾省	5110	0.06%	2920	0.06%	2190	0.05%
西藏自治区	5475	0.07%	19710	0.41%	16060	0.34%
香港特别行政区	45625	0.57%	19345	0.40%	9125	0.20%
新疆维吾尔自治区	75555	0.94%	51465	1.06%	60225	1.29%
云南	152935	1.90%	120815	2.49%	75555	1.62%
浙江	360985	4.47%	229950	4.75%	139430	2.99%
合计	8069420	100%	4842820	100%	4670905	100%

（八）川、贵、滇 AAAAA 级景区消费需求空间分布

四川省 AAAAA 级景区的消费需求年总值达到 22983320，平均消费需求为 675980，14 个省级行政区超过平均水平，占全国客源市场的 66.62%。排名前五的客源地分别是四川省、广东省、江苏省、山东省和浙江省，消费需求年总值累计占全国总量的 34.72%。

贵州省 AAAAA 级景区的消费需求年总值达到 9414080，平均消费需求为 276885，18 个省级行政区超过平均水平，占全国客源市场的 79.03%。排名前五的客源地分别是贵州省、广东省、江苏省、四川省和浙江省，消费需求年总值累计占全国总量的 33.14%。

云南省 AAAAA 级景区的消费需求年总值达到 7027710，平均消费需求为 206697，17 个省级行政区超过平均水平，占全国客源市场的 74.94%。排名前五的客源地分别是云南省、广东省、浙江省、北京市和上海市，消费需求年总值累计占全国总量的 32.29%。

表 1－19 川、贵、滇 AAAAA 级景区消费需求空间分布

省级行政区	四川省		贵州省		云南省	
	年总值	占比	年总值	占比	年总值	占比
安徽	820520	3.57%	287255	3.05%	225205	3.20%
澳门特别行政区	31025	0.14%	5840	0.06%	8760	0.12%
北京	857385	3.73%	410260	4.36%	324120	4.61%
重庆	816870	3.55%	344560	3.66%	221920	3.16%
福建	673425	2.93%	322660	3.43%	194545	2.77%
广东	1529350	6.65%	617945	6.56%	527060	7.50%
广西壮族自治区	481435	2.10%	283240	3.01%	223015	3.17%
甘肃	435080	1.90%	136145	1.45%	108405	1.54%
贵州	509540	2.22%	1102300	11.71%	175565	2.50%
河北	823805	3.58%	293095	3.11%	237980	3.39%
黑龙江	453330	1.97%	173375	1.84%	143445	2.04%
河南	965060	4.20%	319010	3.39%	267180	3.80%
湖南	697150	3.03%	395660	4.20%	247835	3.53%
湖北	761390	3.31%	328135	3.49%	248200	3.53%
海南	290540	1.26%	130305	1.38%	94535	1.35%

续表

省级行政区	四川省		贵州省		云南省	
	年总值	占比	年总值	占比	年总值	占比
吉林	413545	1.80%	156950	1.67%	120085	1.71%
江苏	1250855	5.44%	475960	5.06%	310615	4.42%
江西	573780	2.50%	255135	2.71%	185785	2.64%
辽宁	669045	2.91%	293095	3.11%	218635	3.11%
内蒙古自治区	403325	1.76%	146365	1.55%	124100	1.77%
宁夏回族自治区	222285	0.97%	68620	0.73%	56575	0.80%
青海	216080	0.94%	66430	0.71%	48910	0.70%
上海	812490	3.54%	370475	3.93%	318280	4.53%
四川	2972195	12.93%	472310	5.02%	263165	3.74%
山东	1135880	4.94%	383980	4.08%	313900	4.47%
山西	561005	2.44%	198925	2.11%	172645	2.46%
陕西	777085	3.38%	262070	2.78%	219365	3.12%
天津	444205	1.93%	188340	2.00%	156585	2.23%
台湾省	27375	0.12%	6570	0.07%	4745	0.07%
西藏自治区	176660	0.77%	33215	0.35%	39785	0.57%
香港特别行政区	114975	0.50%	28835	0.31%	30660	0.44%
新疆维吾尔自治区	378505	1.65%	116800	1.24%	96360	1.37%
云南	596045	2.59%	288715	3.07%	752995	10.71%
浙江	1092080	4.75%	451505	4.80%	346750	4.93%
合计	22983320	100%	9414080	100%	7027710	100%

（九）陕、甘、新 AAAAA 级景区消费需求空间分布

陕西省 AAAAA 级景区的消费需求年总值达到 14196310，平均消费需求为 417539，15 个省级行政区超过平均水平，占全国客源市场的 68.05%。排名前五的客源地分别是陕西省、广东省、江苏省、河南省和山东省，消费需求年总值累计占全国总量的 30.74%。

甘肃省 AAAAA 级景区的消费需求年总值达到 6677310，平均消费需求为 196391，16 个省级行政区超过平均水平，占全国客源市场的 68.19%。排名前五的客源地分别是甘肃省、广东省、江苏省、北京市和山东省，消费需求年总值累计占全国总量

的27.19%。

新疆维吾尔自治区AAAAA级景区的消费需求年总值达到10545945，平均消费需求为310175，16个省级行政区超过平均水平，占全国客源市场的70.03%。排名前五的客源地分别是新疆维吾尔自治区、广东省、江苏省、北京市和浙江省，消费需求年总值累计占全国总量的28.58%。

表1-20　陕、甘、新AAAAA级景区消费需求空间分布

省级行政区	陕西省		甘肃省		新疆维吾尔自治区	
	年总值	占比	年总值	占比	年总值	占比
安徽	355875	2.51%	219730	3.29%	359890	3.41%
澳门特别行政区	8395	0.06%	2555	0.04%	2190	0.02%
北京	644590	4.54%	325215	4.87%	517205	4.90%
重庆	366825	2.58%	193815	2.90%	305870	2.90%
福建	476325	3.36%	209875	3.14%	347115	3.29%
广东	804460	5.67%	354415	5.31%	597505	5.67%
广西壮族自治区	341640	2.41%	160235	2.40%	271195	2.57%
甘肃	362080	2.55%	506620	7.59%	237980	2.26%
贵州	283970	2.00%	130670	1.96%	195275	1.85%
河北	568670	4.01%	247835	1.29%	402960	3.82%
黑龙江	307330	2.17%	147095	2.20%	229950	2.18%
河南	677075	4.77%	274845	4.12%	428145	4.06%
湖南	477055	3.36%	212430	3.18%	350035	3.32%
湖北	505890	3.56%	232140	3.48%	379235	3.60%
海南	175930	1.24%	85775	3.71%	124465	1.18%
吉林	212430	1.50%	135780	2.03%	214985	2.04%
江苏	745695	5.25%	328135	4.91%	534360	5.07%
江西	414275	2.92%	181040	2.71%	278860	2.64%
辽宁	449680	3.17%	204035	3.06%	338355	3.21%
内蒙古自治区	324120	2.28%	148190	2.22%	226300	2.15%
宁夏回族自治区	166075	1.17%	110960	1.66%	104390	0.99%
青海	135050	0.95%	103660	1.55%	99280	0.94%
上海	572685	4.03%	286160	4.29%	446395	4.23%
四川	585460	4.12%	278495	4.17%	457345	4.34%
山东	674520	4.75%	301490	4.52%	496400	4.71%

续表

省级行政区	陕西省		甘肃省		新疆维吾尔自治区	
	年总值	占比	年总值	占比	年总值	占比
山西	430335	3.03%	190895	2.86%	274115	2.60%
陕西	1462190	10.30%	272290	4.08%	366095	3.47%
天津	349670	2.46%	175200	2.62%	261340	2.48%
台湾省	8395	0.06%	4015	0.06%	5475	0.05%
西藏自治区	71540	0.50%	34310	0.51%	52925	0.50%
香港特别行政区	52195	0.37%	17520	0.26%	23360	0.22%
新疆维吾尔自治区	269005	1.89%	150380	2.25%	863225	8.19%
云南	331055	2.33%	152205	2.28%	252215	2.39%
浙江	585825	4.13%	299300	4.48%	501510	4.75%
合计	14196310	100%	6677310	100%	10545945	100%

（十）琼、宁 AAAAA 级景区消费需求空间分布

海南省 AAAAA 级景区的消费需求年总值达到 2259015，平均消费需求为 75265，13 个省级行政区超过平均水平，占全国客源市场的 67.16%。排名前五的客源地分别是海南省、广东省、北京市、江苏省和上海市，消费需求年总值累计占全国总量的 35.74%。

宁夏回族自治区 AAAAA 级景区的消费需求年总值达到 598965，平均消费需求为 17617，13 个省级行政区超过平均水平，占全国客源市场的 77.52%。排名前五的客源地分别是宁夏回族自治区、陕西省、北京市、广东省和江苏省，消费需求年总值累计占全国总量的 44.00%。

表 1-21　琼、宁 AAAAA 级景区消费需求空间分布

省级行政区	海南省		宁夏回族自治区	
	年总值	占比	年总值	占比
安徽	69715	2.72%	14235	2.38%
澳门特别行政区	365	0.01%	0.00	0.00%
北京	147825	5.78%	45260	7.56%
重庆	73000	2.85%	10585	1.77%
福建	70810	2.77%	9855	1.64%

续表

省级行政区	海南省		宁夏回族自治区	
	年总值	占比	年总值	占比
广东	168265	6.58%	41610	6.95%
广西壮族自治区	59495	2.33%	5475	0.91%
甘肃	30295	1.18%	24455	4.08%
贵州	39420	1.54%	2920	0.49%
河北	92710	3.62%	21535	3.59%
黑龙江	62780	2.45%	4015	0.67%
河南	88695	3.47%	25550	4.27%
湖南	106945	4.18%	14235	2.38%
湖北	81760	3.20%	16060	2.68%
海南	345290	13.49%	1460	0.24%
吉林	48910	1.91%	4015	0.67%
江苏	126655	4.95%	31755	5.30%
江西	52560	2.05%	4380	0.73%
辽宁	85775	3.35%	11680	1.95%
内蒙古自治区	42340	1.66%	18980	3.17%
宁夏回族自治区	10220	0.40%	99280	16.57%
青海	6935	0.27%	3285	0.55%
上海	126290	4.94%	27375	4.57%
四川	114245	4.46%	25550	4.27%
山东	113150	4.42%	27740	4.63%
山西	55480	2.17%	15330	2.56%
陕西	74460	2.91%	45625	7.62%
天津	55115	2.15%	7300	1.22%
台湾省	365	0.01%	0.00	0.00%
西藏自治区	2190	0.09%	0.00	0.00%
香港特别行政区	3285	0.13%	365	0.06%
新疆维吾尔自治区	37230	1.46%	4380	0.73%
云南	45625	1.78%	5110	0.85%
浙江	120815	4.72%	29565	4.94%
合计	2559015	100%	598965	100%

（十一）青、藏 AAAAA 级景区消费需求空间分布

青海省 AAAAA 级景区的消费需求年总值达到 3203605，平均消费需求为 94224，17 个省级行政区域超过平均水平，占全国客源市场的 72.18%。排名前五的客源地分别是青海省、广东省、江苏省、北京市和四川省，消费需求年总值累计占全国总量的 27.47%。

西藏自治区 AAAAA 级景区的消费需求年总值达到 6196970，平均消费需求为 182264，17 个省级行政区超过平均水平，占全国客源市场的 70.74%。排名前五的客源地分别是广东省、西藏自治区、山东省、四川省和江苏省，消费需求年总值累计占全国总量的 27.83%。

表 1－22　青、藏 AAAAA 级景区消费需求空间分布

省级行政区	青海省		西藏自治区	
	年总值	占比	年总值	占比
安徽	111325	3.47%	207685	3.35%
澳门特别行政区	2190	0.07%	7300	0.15%
北京	152935	4.77%	201115	3.25%
重庆	98915	3.09%	179580	2.90%
福建	101105	3.16%	188705	3.04%
广东	178850	5.58%	402595	6.50%
广西壮族自治区	78110	2.44%	163155	2.63%
甘肃	113880	3.56%	149285	2.41%
贵州	17520	0.55%	127750	2.06%
河北	124830	3.90%	257690	4.16%
黑龙江	73000	2.28%	144175	2.33%
河南	134320	4.19%	260245	4.20%
湖南	84315	2.63%	218270	3.52%
湖北	116435	3.63%	186150	3.00%
海南	48180	1.50%	73365	1.18%
吉林	69715	2.18%	136145	2.20%
江苏	160965	5.02%	313170	5.05%
江西	87965	2.75%	162425	2.62%
辽宁	102565	3.20%	208415	3.36%

续表

省级行政区	青海省		西藏自治区	
	年总值	占比	年总值	占比
内蒙古自治区	83950	2.62%	127020	2.05%
宁夏回族自治区	54385	1.70%	61320	0.99%
青海	238710	7.45%	106215	1.71%
上海	46720	1.46%	241265	3.89%
四川	148920	4.65%	316090	5.10%
山东	143080	4.47%	316820	5.11%
山西	95265	2.97%	173375	2.80%
陕西	143080	4.47%	207685	3.35%
天津	81395	2.54%	73730	1.19%
台湾省	2920	0.09%	3650	0.06%
西藏自治区	52560	1.64%	376315	6.07%
香港特别行政区	13505	0.42%	23725	0.38%
新疆维吾尔自治区	67525	2.11%	99280	1.60%
云南	27010	0.84%	184325	2.97%
浙江	147460	4.60%	298935	4.82%
合计	3203605	100%	6196970	100%

第二章　全国红色旅游经典景区消费需求研究

习近平总书记强调，“发展红色旅游要把准方向，核心是进行红色教育、传承红色基因”，要“用好红色资源”，“传承红色基因、赓续红色血脉”，这一系列重要精神和指示为我国红色旅游发展指明了方向。当前，红色旅游蓬勃发展，成效显著。红色旅游已成为人民群众接受红色教育，感悟红色精神，坚定文化自信的重要平台；红色旅游成为革命老区经济社会发展的重要引擎，为革命老区振兴发展、实现共同富裕提供了强大动力。

新时代新征程，在贯彻新发展理念、构建新发展格局、推动高质量发展的整体目标下，如何增强红色旅游持续健康发展新动能，更好发挥红色旅游综合效益，推动红色旅游高质量融合创新发展，成为红色旅游研究者急需研究和解决的新问题、新课题。从游客视角出发，认知红色旅游需求，匹配红色旅游供给，科学规划红色旅游发展，已是当务之急、应时之需[①]。

在此背景下，本团队借助大数据分析技术，以百度指数为工具，以红色旅游景区消费需求为分析对象，基于网络热度对新时代背景下全国红色旅游经典景区的公众消费需求状况进行全面、深入研究，以期为我国红色旅游实现高质量发展，更好发挥红色旅游的政治、经济、文化功能做出贡献。

2016 年 12 月，按照《2016—2020 年全国红色旅游发展规划纲要》的要求，国家发改委、中宣部等十四部委联合发布《全国红色旅游经典景区名录》，本研究以《全国红色旅游经典景区名录》为基础，在百度指数官方网站检索名单所包含的红色旅游景区（单体景区、系列景区所包含的各个景区），剔除错误、重复、明显异常等数据，保

---

① 戴斌，马晓芬．大力推进红色旅游高质量发展的若干思考［J］．湖南社会科学，2021（04）：77－85.

留被百度指数收录的122处全国红色旅游经典景区作为分析对象。

在这122处红色旅游经典景区中，从地理位置分布来看，华北地区30处（北京市14处、天津市3处、山西省6处、河北省7处），东北地区9处（黑龙江省3处、吉林省1处、辽宁省5处），华东地区38处（上海市6处、江苏省9处、浙江省2处、安徽省4处、江西省8处、山东省6处、福建省3处），华中地区17处（河南省3处、湖北省3处、湖南省11处），华南地区13处（广东省11处、广西壮族自治区2处），西南地区11处（重庆市1处、四川省5处、贵州省4处、云南省1处），西北地区4处（陕西省3处、甘肃省1处）。按照景区等级来看，AAAAA级景区26处，AAAA级景区57处，AAA级景区14处，AA级景区2处，其他景区（未查到等级的景区）23处，无A级景区。

第一节　全国红色旅游经典景区消费需求排名

一、全年消费需求排名

全国红色旅游经典景区的全年消费需求基本情况如表2－1所示。全国122个红色旅游经典景区的全年消费总量为44995375，全年平均值为368815。其中，高于均值368815的景区为32个景区，仅占景区数量的26.23%，消费需求占比却达到了74.25%。

从表2－1中可以看到，单个景区的需求从近325万到0.1万高到低分布。以10万为分界，消费需求年总值不足10万的景区达到了43个，其景区数量占比为35.25%，需求量却仅占比4.76%；消费需求年总值在10万以上的景区为79个，其比例为64.75%，需求量占总需求的比例为95.24%，其中在10万到20万的景区有26个，其数量占比21.31%、需求占比8.41%；20万到30万的景区有15个，其数量占比12.30%、需求占比8.29%；30万到40万之间的景区8个，其数量占比6.56%、需求量占比6.02%；40万以上的景区为30个，其数量占比24.59%、需求量占比72.51%。

具体而言，全年消费需求量最高为河南红旗渠景区，年总值高达3244850，远超过百万量级，占需求总量的比例高达7.21%。排名第二为江西井冈山景区，年消费需求量超过200万；排名第三为北京卢沟桥，年消费需求量超过150万；第三名与第二名、第二与第一名差距明显，均下降超50万。前三名景区的消费需求年总值合计7762090，占所有景区全年消费需求总量的17.25%。西柏坡纪念馆排名第四，天安门广场排名第五，岳麓山排名第六，均超过150万；第七名至第十的景区分别是中山陵、大庆油田、白洋淀景区、中国国家博物馆，年总值介于100万到150万之间。排名前十景区的消费需求年总值合计18455860，占所有景区全年消费需求总量的41.02%。最低为盐城新四军纪念馆。总之，全国红色旅游经典景区全年消费需求总量呈现出明显的头部景区聚集效应。

表2-1　全国红色旅游经典景区全年消费需求排名

景区名称	景区等级	省级行政区	年总值	排名
红旗渠	AAAAA	河南	3244850	1
井冈山红色旅游系列景区	AAAAA	江西	2687860	2
卢沟桥	其他	北京	1829380	3
西柏坡红色旅游系列景区（点）	AAAAA	河北	1769520	4
天安门广场	其他	北京	1719515	5
岳麓山景区	AAAAA	湖南	1539205	6
中山陵	AAAAA	江苏	1469490	7
大庆油田历史陈列馆	AAA	黑龙江	1435910	8
安新县白洋淀景区	AAAAA	河北	1426420	9
中国国家博物馆	其他	北京	1333710	10
南岳忠烈祠	AAAAA	湖南	1265455	11
汇川区、桐梓县娄山关景区	AAAA	贵州	1243555	12
毛泽东故居和纪念馆	AAAAA	湖南	1081130	13
中国西昌卫星发射中心	AAA	四川	1066895	14
刘公岛甲午海战纪念地	AAAAA	山东	991340	15
侵华日军南京大屠杀遇难同胞纪念馆	AAAA	江苏	927100	16
嘉兴市南湖风景名胜区（中共一大旧址）	AAAAA	浙江	859210	17
涞水县野三坡平西抗日根据地	AAAAA	河北	715765	18
宝塔山景区	AAAAA	陕西	678535	19
周恩来纪念馆	AAAAA	江苏	594585	20
周恩来故居	AAAAA	江苏	553705	21
中国人民革命军事博物馆	其他	北京	537280	22
延安革命纪念馆	AAAAA	陕西	505525	23
抗美援朝纪念馆	AAAA	辽宁	489100	24
长春电影制片厂	AAAA	吉林	486180	25

续表

景区名称	景区等级	省级行政区	年总值	排名
鸭绿江断桥景区	AAAA	辽宁	472675	26
玉门油田	AAAA	甘肃	436540	27
宛平城	其他	北京	435445	28
刘少奇故居	AAAAA	湖南	424130	29
雨花台烈士陵园	AAAA	江苏	406245	30
中国人民抗日战争纪念馆	AAAA	北京	396390	31
中山市孙中山故居和纪念馆	AAAAA	广东	387995	32
辽沈战役纪念馆	AAAA	辽宁	350765	33
深圳市博物馆	其他	广东	350400	34
圆明园遗址公园	AAAAA	北京	314265	35
侵华日军虎头要塞遗址	AAAAA	黑龙江	309520	36
淮海战役纪念馆	AAAA	江苏	300760	37
香山双清别墅	AAAA	北京	300395	38
北京奥林匹克公园	AAAAA	北京	277400	39
小平小道陈列馆	AAA	江西	273750	40
凤阳县小岗村	AAAA	安徽	272655	41
平津战役纪念馆	AAAA	天津	263895	42
上海世博园	其他	上海	262435	43
“九一八”历史博物馆	AAAA	辽宁	255135	44
上饶集中营革命烈士陵园	AAAA	江西	254405	45
黄崖洞景区	AAAA	山西	247105	46
息烽集中营革命历史纪念馆	AAAA	贵州	245280	47
中国人民解放军海军博物馆	AAA	山东	243455	48
乐亭县李大钊故居和纪念馆	AAAA	河北	238345	49
彭德怀故居和纪念馆	AAAA	湖南	235425	50
龙华烈士陵园	AAAA	上海	227395	51
中国航空博物馆	AAAA	北京	225205	52
深圳市莲花山公园	AAAA	广东	210240	53
桃坪羌寨	AAAA	四川	197100	54
邓小平纪念馆	AAAAA	四川	193815	55
刘胡兰纪念馆	其他	山西	191990	56
抗美援朝烈士陵园	AAA	辽宁	189800	57

续表

景区名称	景区等级	省级行政区	年总值	排名
中共湘区委员会旧址暨毛泽东、杨开慧故居	AAAA	湖南	185420	58
“西安事变”纪念馆	其他	陕西	177755	59
百色起义纪念园景区	其他	广西	176295	60
焦裕禄烈士陵园	AAAA	河南	150015	61
鲁迅故居及纪念馆	AAAAA	浙江	147460	62
南昌八一起义纪念馆	AAAA	江西	146730	63
大沽口炮台遗址博物馆	AAAA	天津	144175	64
侵华日军东宁要塞遗址	AAAA	黑龙江	143810	65
湘乡东山学校旧址	AAAA	湖南	139795	66
陈云纪念馆	AAAA	上海	139430	67
冉庄地道战遗址	AAA	河北	135780	68
黄埔陆军军官学校旧址	AAA	广东	135415	69
鸦片战争博物馆	AAAA	广东	133225	70
陆军讲武堂旧址	AAAA	云南	131035	71
瞿秋白烈士纪念碑	其他	福建	125560	72
韶关南雄市梅关古道景区	AAAA	广东	123005	73
上海城市规划展示馆	AAAA	上海	119720	74
周恩来邓颖超纪念馆	AAAA	天津	119720	74
胡耀邦故居和陈列馆	AAAA	湖南	116800	76
沂蒙山孟良崮战役遗址	AAAA	山东	108040	77
广州起义纪念馆和烈士陵园	AAAA	广东	106945	78
上海四行仓库抗战纪念馆	AAA	上海	103660	79
贺龙故居和纪念馆	AAAA	湖南	97455	80
梅园新村纪念馆	AAAA	江苏	97090	81
水磨古镇	AAAAA	四川	95995	82
李大钊烈士陵园	其他	北京	94535	83
济南战役纪念馆	其他	山东	87965	84
叶剑英元帅纪念馆	AAAA	广东	86870	85
川陕革命根据地红军烈士陵园	AAAA	四川	85045	86
孔繁森同志纪念馆	AAAA	山东	78840	87
平型关大捷遗址	AAAA	山西	74825	88
辛亥革命武昌起义纪念馆	AAAA	湖北	74460	89

续表

景区名称	景区等级	省级行政区	年总值	排名
大同煤矿“万人坑”遗址纪念馆	AA	山西	67890	90
福建省革命历史纪念馆	其他	福建	65700	91
华东革命烈士陵园	AAA	山东	65335	92
叶挺纪念馆	AAAA	广东	59495	93
新文化运动纪念馆	其他	北京	59495	93
徐向前故居	AAA	山西	56940	95
红岩魂广场及陈列馆	其他	重庆	56210	96
焦庄户地道战遗址纪念馆	AAA	北京	54385	97
任弼时故居	AAAA	湖南	54385	97
夜袭阳明堡机场遗址	其他	山西	51100	99
首义广场	AAAA	湖北	48910	100
茅山新四军纪念馆	AAAAA	江苏	48545	101
邓恩铭烈士故居	其他	贵州	48545	101
王若飞故居	其他	贵州	47815	103
王稼祥纪念园	AAAA	安徽	41245	104
南太行创业精神红色旅游景区	AAAA	河南	39785	105
百色市红七军军部旧址	其他	广西	39420	106
上海鲁迅纪念馆	AAA	上海	38690	107
江西革命烈士纪念堂	其他	江西	36500	108
北京规划展览馆	AAAA	北京	36135	109
狼牙山风景区	AAAA	河北	32485	110
皖南事变烈士陵园	AAAA	安徽	31755	111
宜昌市长江三峡水利枢纽工程	AAAAA	湖北	29565	112
马本斋烈士纪念馆	AA	河北	28105	113
飞虎队纪念馆	其他	湖南	23360	114
九江市修水县秋收起义纪念地系列景点	AAA	江西	22630	115
永新三湾改编旧址	AAAA	江西	17885	116
彭湃故居	AAAA	广东	16060	117
黄花岗七十二烈士墓	AAAA	广东	14965	118
毛主席率领红军攻克漳州陈列馆	其他	福建	14600	119
淮海战役双堆集烈士陵园	AAA	安徽	11680	120
瑞金革命遗址	AAAAA	江西	10220	121
盐城市新四军纪念馆	AAAA	江苏	1095	122

二、春节假期消费需求排名

122 个全国红色旅游经典景区的春节假期消费需求排名如表 2 -2 所示。全国红色旅游经典景区的春节假期消费需求总量为 214720，平均值 1760。其中有 31 个景区的春节假期消费需求高于平均值，数量占比为 25. 41%，需求量占比为 65. 19%。

从表 2 -2 中可以看到，各全国红色旅游经典景区的春节假期消费需求分布于 0—2 万。其中，需求总值超过 10000 的景区为 2 个，其数量占比 1. 64%、需求量占比 11. 67%；5000—10000 的景区 9 个，其数量占比 7. 38%、需求量占比 28. 35%；1000—5000 的景区 53 个，其数量占比 43. 44%、需求量占比 45. 06%。不足 1000 的景区 58 个，近半（47. 54%）的景区数量，其消费需求合计仅占总量的 14. 92%。

具体而言，排名第一的景区为江西井冈山，期总值达 12915；排名第二的景区为河南红旗渠，期总值为 12152；前两名景区的消费需求期总值合计 25067，占所有景区春节假期消费需求总量的 11. 67%。湖南南岳忠烈祠排名第三，年总值为 8561；河北西柏坡红色旅游系列景区（点）排名第四，北京天安门广场排名第五，排名第六至第十一名的景区分别是江苏南京中山陵、北京卢沟桥、湖南岳麓山、湖南毛泽东故居、黑龙江大庆油田和河北白洋淀，期消费需求量均超过 5000。排名前十一的景区的消费需求期总值合计为 85932，占所有景区春节假期消费需求总量的 40. 02%。

表 2 -2　全国红色旅游经典景区春节假期消费需求排名

景区名称	景区等级	省级行政区	期总值	排名
井冈山红色旅游系列景区	AAAAA	江西	12915	1
红旗渠	AAAAA	河南	12152	2
南岳忠烈祠	AAAAA	湖南	8561	3
西柏坡红色旅游系列景区（点）	AAAAA	河北	7644	4
天安门广场	其他	北京	7238	5
中山陵	AAAAA	江苏	7133	6
卢沟桥	其他	北京	6699	7
岳麓山景区	AAAAA	湖南	6517	8
毛泽东故居和纪念馆	AAAAA	湖南	6454	9
大庆油田历史陈列馆	AAA	黑龙江	5341	10
安新县白洋淀景区	AAAAA	河北	5278	11
中国国家博物馆	其他	北京	4564	12
汇川区、桐梓县娄山关景区	AAAA	贵州	4431	13

续表

景区名称	景区等级	省级行政区	期总值	排名
刘公岛甲午海战纪念地	AAAAA	山东	3864	14
深圳市博物馆	其他	广东	3661	15
鸭绿江断桥景区	AAAA	辽宁	3157	16
周恩来纪念馆	AAAAA	江苏	2807	17
抗美援朝纪念馆	AAAA	辽宁	2646	18
侵华日军南京大屠杀遇难同胞纪念馆	AAAA	江苏	2639	19
中国西昌卫星发射中心	AAA	四川	2590	20
周恩来故居	AAAAA	江苏	2541	21
北京奥林匹克公园	AAAAA	北京	2520	22
中国航空博物馆	AAAA	北京	2450	23
涞水县野三坡平西抗日根据地	AAAAA	河北	2303	24
刘少奇故居	AAAAA	湖南	2163	25
嘉兴市南湖风景名胜区（中共一大旧址）	AAAAA	浙江	2065	26
中山市孙中山故居和纪念馆	AAAAA	广东	2030	27
龙华烈士陵园	AAAA	上海	1939	28
长春电影制片厂	AAAA	吉林	1932	29
桃坪羌寨	AAAA	四川	1876	30
深圳市莲花山公园	AAAA	广东	1869	31
中国人民革命军事博物馆	其他	北京	1729	32
宝塔山景区	AAAAA	陕西	1708	33
彭德怀故居和纪念馆	AAAA	湖南	1645	34
宛平城	其他	北京	1624	35
中国人民解放军海军博物馆	AAA	山东	1589	36
辽沈战役纪念馆	AAAA	辽宁	1533	37
雨花台烈士陵园	AAAA	江苏	1512	38
冉庄地道战遗址	AAA	河北	1442	39
抗美援朝烈士陵园	AAA	辽宁	1442	39
香山双清别墅	AAAA	北京	1414	41
淮海战役纪念馆	AAAA	江苏	1400	42
沂蒙山孟良崮战役遗址	AAAA	山东	1365	43
广州起义纪念馆和烈士陵园	AAAA	广东	1358	44
韶关南雄市梅关古道景区	AAAA	广东	1351	45

续表

景区名称	景区等级	省级行政区	期总值	排名
乐亭县李大钊故居和纪念馆	AAAA	河北	1344	46
玉门油田	AAAA	甘肃	1344	46
平津战役纪念馆	AAAA	天津	1309	48
上海世博园	其他	上海	1274	49
上海四行仓库抗战纪念馆	AAA	上海	1232	50
侵华日军虎头要塞遗址	AAAAA	黑龙江	1190	51
圆明园遗址公园	AAAAA	北京	1141	52
水磨古镇	AAAAA	四川	1134	53
中国人民抗日战争纪念馆	AAAA	北京	1113	54
“九一八”历史博物馆	AAAA	辽宁	1099	55
中共湘区委员会旧址暨毛泽东、杨开慧故居	AAAA	湖南	1099	55
百色起义纪念园景区	其他	广西	1085	57
上饶集中营革命烈士陵园	AAAA	江西	1057	58
延安革命纪念馆	AAAAA	陕西	1050	59
凤阳县小岗村	AAAA	安徽	1036	60
黄埔陆军军官学校旧址	AAA	广东	1029	61
息烽集中营革命历史纪念馆	AAAA	贵州	1029	61
梅园新村纪念馆	AAAA	江苏	1022	63
刘胡兰纪念馆	其他	山西	1001	64
上海城市规划展示馆	AAAA	上海	987	65
湘乡东山学校旧址	AAAA	湖南	980	66
胡耀邦故居和陈列馆	AAAA	湖南	973	67
瞿秋白烈士纪念碑	其他	福建	966	68
济南战役纪念馆	其他	山东	917	69
陈云纪念馆	AAAA	上海	882	70
川陕革命根据地红军烈士陵园	AAAA	四川	854	71
鸦片战争博物馆	AAAA	广东	847	72
孔繁森同志纪念馆	AAAA	山东	826	73
侵华日军东宁要塞遗址	AAAA	黑龙江	812	74
焦庄户地道战遗址纪念馆	AAA	北京	784	75
叶剑英元帅纪念馆	AAAA	广东	784	75
贺龙故居和纪念馆	AAAA	湖南	777	77

续表

景区名称	景区等级	省级行政区	期总值	排名
小平小道陈列馆	AAA	江西	770	78
“西安事变”纪念馆	其他	陕西	756	79
黄崖洞景区	AAAA	山西	749	80
鲁迅故居及纪念馆	AAAAA	浙江	735	81
陆军讲武堂旧址	AAAA	云南	714	82
焦裕禄烈士陵园	AAAA	河南	707	83
邓小平纪念馆	AAAAA	四川	693	84
北京规划展览馆	AAAA	北京	679	85
上海鲁迅纪念馆	AAA	上海	665	86
叶挺纪念馆	AAAA	广东	658	87
新文化运动纪念馆	其他	北京	644	88
李大钊烈士陵园	其他	北京	644	88
大沽口炮台遗址博物馆	AAAA	天津	644	88
狼牙山风景区	AAAA	河北	644	88
平型关大捷遗址	AAAA	山西	609	92
周恩来邓颖超纪念馆	AAAA	天津	602	93
辛亥革命武昌起义纪念馆	AAAA	湖北	602	93
红岩魂广场及陈列馆	其他	重庆	588	95
夜袭阳明堡机场遗址	其他	山西	546	96
徐向前故居	AAA	山西	518	97
百色市红七军军部旧址	其他	广西	518	97
王若飞故居	其他	贵州	511	99
南昌八一起义纪念馆	AAAA	江西	504	100
茅山新四军纪念馆	AAAAA	江苏	497	101
永新三湾改编旧址	AAAA	江西	483	102
福建省革命历史纪念馆	其他	福建	483	102
首义广场	AAAA	湖北	483	102
任弼时故居	AAAA	湖南	469	105
王稼祥纪念园	AAAA	安徽	385	106
飞虎队纪念馆	其他	湖南	378	107
大同煤矿“万人坑”遗址纪念馆	AA	山西	371	108
马本斋烈士纪念馆	AA	河北	329	109

续表

景区名称	景区等级	省级行政区	期总值	排名
南太行创业精神红色旅游景区	AAAA	河南	322	110
九江市修水县秋收起义纪念地系列景点	AAA	江西	315	111
皖南事变烈士陵园	AAAA	安徽	301	112
华东革命烈士陵园	AAA	山东	273	113
江西革命烈士纪念堂	其他	江西	238	114
淮海战役双堆集烈士陵园	AAA	安徽	189	115
彭湃故居	AAAA	广东	126	116
邓恩铭烈士故居	其他	贵州	119	117
盐城市新四军纪念馆	AAAA	江苏	63	118
毛主席率领红军攻克漳州陈列馆	其他	福建	63	118
黄花岗七十二烈士墓	AAAA	广东	56	120
宜昌市长江三峡水利枢纽工程	AAAAA	湖北	0	121
瑞金革命遗址	AAAAA	江西	0	121

三、十一假期消费需求排名

122 个全国红色旅游经典景区的十一假期消费需求排名如表 2－3 所示。全国红色旅游经典景区的十一假期消费需求总量为 362218，平均值为 2969，远高于春节假期。其中，28 个景区的十一假期消费需求高于均值，数量占比为 22.95%，需求量占比为 65.06%。

从表 2－3 中可以看到，各全国红色旅游经典景区的十一假期消费需求分布于 0—5 万。其中，消费需求期总值 1 万以上的景区 5 个，其数量占比 4.10%、需求量占比 30.43%；5000—1 万的景区 10 个，其数量占比 8.20%、需求量占比 20.98%；1000—5000 的景区 71 个，其数量占比 58.20%、需求量占比 42.01%；不足 1000 的景区 36 个，其数量占比 29.50%、需求量占比 6.58%。可见，全国红色旅游经典景区 2022 年十一假期的消费需求呈现集中分布，需求量集中于期总值 1000—5000 和 1 万以上的景区。

具体而言，排名第一的景区为北京天安门广场，期总值达 43680，超过 4 万；河南红旗渠排名第二，期总值为 24843；江西井冈山排名第三，年总值为 15358。前三名景区的消费需求期总值合计 83881，占所有景区十一假期消费需求总量的 23.16%。湖南岳麓山排名第四，紧追其后；江苏南京中山陵排名第五，期总值均超过 1 万。排名第六至第十一的景区分别是北京卢沟桥、湖南南岳忠烈祠、河北西柏坡红色旅游系列景区（点）、北京中国国家博物馆、河北白洋淀景区、湖南毛泽东故居，期总值均超过 7000，表明十一假期消费需求旺盛。排名前十一景区的消费需求期总值合计 161490，占所有景区十一假期消费需求总量的 44.59%，头部聚集效应较为明显。

表 2－3　全国红色旅游经典景区十一假期消费需求排名

景区名称	景区等级	省级行政区	期总值	排名
天安门广场	其他	北京	43680	1
红旗渠	AAAAA	河南	24843	2
井冈山红色旅游系列景区	AAAAA	江西	15358	3
岳麓山景区	AAAAA	湖南	14427	4
中山陵	AAAAA	江苏	11893	5
卢沟桥	其他	北京	9471	6
南岳忠烈祠	AAAAA	湖南	9471	6
西柏坡红色旅游系列景区（点）	AAAAA	河北	8974	8
中国国家博物馆	其他	北京	8407	9
安新县白洋淀景区	AAAAA	河北	7546	10
毛泽东故居和纪念馆	AAAAA	湖南	7420	11
刘公岛甲午海战纪念地	AAAAA	山东	6573	12
大庆油田历史陈列馆	AAA	黑龙江	6335	13
汇川区、桐梓县娄山关景区	AAAA	贵州	6076	14
侵华日军南京大屠杀遇难同胞纪念馆	AAAA	江苏	5698	15
深圳市博物馆	其他	广东	4809	16
周恩来纪念馆	AAAAA	江苏	4592	17
中山市孙中山故居和纪念馆	AAAAA	广东	4459	18
嘉兴市南湖风景名胜区（中共一大旧址）	AAAAA	浙江	4263	19
雨花台烈士陵园	AAAA	江苏	4249	20
周恩来故居	AAAAA	江苏	3941	21
瞿秋白烈士纪念碑	其他	福建	3696	22
辽沈战役纪念馆	AAAA	辽宁	3626	23
中国人民抗日战争纪念馆	AAAA	北京	3535	24
中国西昌卫星发射中心	AAA	四川	3143	25
刘少奇故居	AAAAA	湖南	3108	26

续表

景区名称	景区等级	省级行政区	期总值	排名
上海城市规划展示馆	AAAA	上海	3052	27
龙华烈士陵园	AAAA	上海	2975	28
涞水县野三坡平西抗日根据地	AAAAA	河北	2919	29
抗美援朝纪念馆	AAAA	辽宁	2863	30
上海四行仓库抗战纪念馆	AAA	上海	2814	31
圆明园遗址公园	AAAAA	北京	2779	32
鸭绿江断桥景区	AAAA	辽宁	2758	33
中国航空博物馆	AAAA	北京	2716	34
宝塔山景区	AAAAA	陕西	2681	35
延安革命纪念馆	AAAAA	陕西	2541	36
中国人民革命军事博物馆	其他	北京	2429	37
彭德怀故居和纪念馆	AAAA	湖南	2401	38
深圳市莲花山公园	AAAA	广东	2345	39
梅园新村纪念馆	AAAA	江苏	2324	40
广州起义纪念馆和烈士陵园	AAAA	广东	2219	41
“九一八”历史博物馆	AAAA	辽宁	2205	42
长春电影制片厂	AAAA	吉林	2191	43
宛平城	其他	北京	2156	44
乐亭县李大钊故居和纪念馆	AAAA	河北	2072	45
中共湘区委员会旧址暨毛泽东、杨开慧故居	AAAA	湖南	2058	46
上海世博园	其他	上海	2009	47
“西安事变”纪念馆	其他	陕西	1925	48
鲁迅故居及纪念馆	AAAAA	浙江	1897	49
焦庄户地道战遗址纪念馆	AAA	北京	1890	50
淮海战役纪念馆	AAAA	江苏	1841	51
百色起义纪念园景区	其他	广西	1827	52
黄崖洞景区	AAAA	山西	1694	53
香山双清别墅	AAAA	北京	1680	54
陈云纪念馆	AAAA	上海	1680	54
济南战役纪念馆	其他	山东	1673	56
中国人民解放军海军博物馆	AAA	山东	1631	57
冉庄地道战遗址	AAA	河北	1617	58

续表

景区名称	景区等级	省级行政区	期总值	排名
上饶集中营革命烈士陵园	AAAA	江西	1603	59
胡耀邦故居和陈列馆	AAAA	湖南	1575	60
抗美援朝烈士陵园	AAA	辽宁	1561	61
叶剑英元帅纪念馆	AAAA	广东	1547	62
平津战役纪念馆	AAAA	天津	1540	63
鸦片战争博物馆	AAAA	广东	1512	64
黄埔陆军军官学校旧址	AAA	广东	1449	65
韶关南雄市梅关古道景区	AAAA	广东	1449	65
小平小道陈列馆	AAA	江西	1442	67
玉门油田	AAAA	甘肃	1414	68
沂蒙山孟良崮战役遗址	AAAA	山东	1407	69
北京奥林匹克公园	AAAAA	北京	1400	70
南昌八一起义纪念馆	AAAA	江西	1372	71
福建省革命历史纪念馆	其他	福建	1351	72
凤阳县小岗村	AAAA	安徽	1302	73
侵华日军虎头要塞遗址	AAAAA	黑龙江	1295	74
焦裕禄烈士陵园	AAAA	河南	1232	75
红岩魂广场及陈列馆	其他	重庆	1211	76
刘胡兰纪念馆	其他	山西	1204	77
北京规划展览馆	AAAA	北京	1197	78
水磨古镇	AAAAA	四川	1134	79
桃坪羌寨	AAAA	四川	1120	80
息烽集中营革命历史纪念馆	AAAA	贵州	1113	81
叶挺纪念馆	AAAA	广东	1106	82
上海鲁迅纪念馆	AAA	上海	1099	83
辛亥革命武昌起义纪念馆	AAAA	湖北	1092	84
陆军讲武堂旧址	AAAA	云南	1085	85
李大钊烈士陵园	其他	北京	1057	86
孔繁森同志纪念馆	AAAA	山东	994	87
湘乡东山学校旧址	AAAA	湖南	973	88
大沽口炮台遗址博物馆	AAAA	天津	959	89
江西革命烈士纪念堂	其他	江西	952	90

续表

景区名称	景区等级	省级行政区	期总值	排名
邓小平纪念馆	AAAAA	四川	938	91
任弼时故居	AAAA	湖南	924	92
贺龙故居和纪念馆	AAAA	湖南	882	93
华东革命烈士陵园	AAA	山东	868	94
侵华日军东宁要塞遗址	AAAA	黑龙江	861	95
茅山新四军纪念馆	AAAAA	江苏	791	96
徐向前故居	AAA	山西	777	97
首义广场	AAAA	湖北	770	98
川陕革命根据地红军烈士陵园	AAAA	四川	763	99
淮海战役双堆集烈士陵园	AAA	安徽	756	100
周恩来邓颖超纪念馆	AAAA	天津	742	101
九江市修水县秋收起义纪念地系列景点	AAA	江西	735	102
平型关大捷遗址	AAAA	山西	707	103
王稼祥纪念园	AAAA	安徽	707	103
新文化运动纪念馆	其他	北京	700	105
彭湃故居	AAAA	广东	658	106
邓恩铭烈士故居	其他	贵州	637	107
宜昌市长江三峡水利枢纽工程	AAAAA	湖北	630	108
百色市红七军军部旧址	其他	广西	630	108
王若飞故居	其他	贵州	630	108
夜袭阳明堡机场遗址	其他	山西	567	111
狼牙山风景区	AAAA	河北	560	112
飞虎队纪念馆	其他	湖南	553	113
大同煤矿“万人坑”遗址纪念馆	AA	山西	539	114
南太行创业精神红色旅游景区	AAAA	河南	539	114
皖南事变烈士陵园	AAAA	安徽	532	116
马本斋烈士纪念馆	AA	河北	490	117
黄花岗七十二烈士墓	AAAA	广东	392	118
瑞金革命遗址	AAAAA	江西	385	119
永新三湾改编旧址	AAAA	江西	245	120
盐城市新四军纪念馆	AAAA	江苏	56	121
毛主席率领红军攻克漳州陈列馆	其他	福建	0	122

第二节　全国红色旅游经典景区消费群体分析

一、性别分布

（一）总体情况

为剖析全国红色旅游经典景区消费群体的性别分布特征，表 2－4 统计了所有景区和不同等级景区消费群体中男性与女性的消费需求特征（年均值、性别占比、TGI）。

所有红色旅游经典景区的男性消费需求年均值为 191901，性别占比 50.96%，TGI 为 101.65，略高于 100 的整体水平，表明男性对于所有红色旅游经典景区的关注程度略高于整体水平。相比之下，女性消费需求年均值为 176913，性别占比 49.04%，TGI 指数为 98.34，略低于 100，表明女性对于所有红色旅游经典景区的关注程度略低于整体水平。整体而言，男性与女性对于所有红色旅游经典景区的消费需求相对持平。

AAAAA 级红色旅游经典景区的男性消费需求年均值为 432816，性别占比 51.10%，TGI 为 101.93，略高 100 的整体水平，表明男性对于 AAAAA 级红色旅游经典景区的关注程度略高于整体水平。相比之下，女性消费需求年均值为 398781，性别占比 48.90%，TGI 指数为 98.06，略低于 100，表明女性对于 AAAAA 级红色旅游经典景区的关注程度略低于整体水平。整体而言，男性与女性对于 AAAAA 级红色旅游经典景区的消费需求相对持平。

AAAA 级红色旅游经典景区的男性消费需求年均值为 108830，性别占比 52.20%，TGI 为 104.12，高于 100 的整体水平，表明男性对于 AAAA 级红色旅游经典景区的关注程度高于整体水平。相比之下，女性消费需求年均值为 96057，性别占比为 47.80%，TGI 指数为 95.86，低于 100，表明女性对于 AAAA 级红色旅游经典景区的关注程度低于整体水平。整体而言，男性群体表现出对 AAAA 级红色旅游经典景区更显著的消费需求。

AAA 级红色旅游经典景区的男性消费需求年均值为 154504，性别占比 52.41%，TGI 为 104.54，高于 100 的整体水平，表明男性对于 AAA 级红色旅游经典景区的关注程度高于整体水平。相比之下，女性消费需求年均值为 119377、性别占比为 47.59%，TGI 指数为 95.44，低于 100，表明女性对于 AAA 级红色旅游经典景区的关注程度低于整体水平。整体而言，男性群体表现出对 AAA 级红色旅游经典景区更显著的消费需求。

AA 级红色旅游经典景区的男性消费需求年均值为 25595，性别占比 50.40%，TGI 为 100.54，略高于 100 的整体水平，表明男性对于 AA 级红色旅游经典景区的关注程度略高于整体水平。相比之下，女性消费需求年均值为 22403，性别占比为 49.60%，TGI 指数为 99.46，略低于 100，表明女性对于 AA 级红色旅游经典景区的关注程度略低于整体水平。整体而言，男性与女性对于 AA 级红色旅游经典景区的消费需求相对持平。

其他非 A 级红色旅游经典景区的男性消费需求年均值为 162661，性别占比 46.89%，TGI 为 93.53，低于 100 的整体水平，表明男性对于其他非 A 级红色旅游经典景区的关注程度低于整体水平。相比之下，女性消费需求年均值为 174948，53.11% 性别占比的分布，TGI 指数为 106.51，高于 100，表明女性对于其他非 A 级红色旅游经典景区的关注程度高于整体水平。整体而言，女性群体表现出对其他非 A 级红色旅游经典景区更显著的消费需求。

为剖析不同等级红色旅游经典景区之间的消费群体性别分布，分别考察男性、女性对于各个等级景区的消费需求年均值，发现：男性群体对于不同等级景区所呈现的消费需求由大到小分别为 AAAAA 级、其他非 A 级、AAA 级、AAAA 级、AA 级，表明男性群体对于 AAAAA 级红色旅游经典景区消费需求最高，其他非 A 级红色旅游经典景区次之，AA 级红色旅游经典景区消费需求最低；女性群体对于不同等级景区所呈现的消费需求由大到小分别为 AAAAA 级、其他非 A、AAA 级、AAAA 级、AA 级，表明女性群体对于 AAAAA 级红色旅游经典景区消费需求最高，其他非 A 级红色旅游经典景区次之，AA 级红色旅游经典景区消费需求最低。

表 2－4　全国红色旅游经典景区消费群体性别分布

类别		指标	男性	女性
所有景区（122）		年均值	191901	176913
		性别占比	50.96%	49.04%
		TGI	101.65	98.34
不同等级景区	AAAAA（26）	年均值	432816	398781
		性别占比	51.10%	48.90%
		TGI	101.93	98.06
	AAAA（57）	年均值	108830	96057
		性别占比	52.20%	47.80%
		TGI	104.12	95.86

续表

类别		指标	男性	女性
不同等级景区	AAA（14）	年均值	154504	119377
		性别占比	52.41%	47.59%
		TGI	104.54	95.44
	AA（2）	年均值	25595	22403
		性别占比	50.40%	49.60%
		TGI	100.54	99.46
	其它（23）	年均值	162661	174948
		性别占比	46.89%	53.11%
		TGI	93.53	106.51

（二）消费偏好

表2-5列出了男性群体消费偏好排名前50的全国红色旅游经典景区，数据显示：所排名景区中，男性消费需求占比均超过52.20%，最高达81.37%，TGI指数全部高于100，可见这些景区很受男性群体青睐；其中，AAAAA景区11个，AAAA景区26个，AAA景区8个，AA景区1个，其他非A级景区4个；排名第一的景区是位于山西省忻州市的夜袭阳明堡机场遗址。山西忻州夜袭阳明堡机场遗址是人类战争史上用步兵打飞机的经典战例发生地，在抗战史上了写下浓墨重彩的一笔。夜袭阳明堡机场削弱了日军的空中突击力量，支援了正面战场的忻口战役，沉重地打击了日军的嚣张气焰，大大提振了中国军队的士气。该景区所承载的历史能够很好地满足男性群体对政治军事、历史文化的兴趣需求，位于男性消费偏好首位。

表2-5　全国红色旅游经典景区男性消费偏好

景区名称	景区等级	省级行政区	男性占比（%）	TGI	排名
夜袭阳明堡机场遗址	其他	山西	81.37	162.31	1
邓小平纪念馆	AAAAA	四川	72.71	145.03	2
玉门油田	AAAA	甘肃	70.01	139.65	3
侵华日军虎头要塞遗址	AAAAA	黑龙江	69.34	138.31	4
叶剑英元帅纪念馆	AAAA	广东	67.10	133.84	5
宛平城	其他	北京	65.33	130.32	6
侵华日军东宁要塞遗址	AAAA	黑龙江	65.06	129.78	7

续表

景区名称	景区等级	省级行政区	男性占比（%）	TGI	排名
南太行创业精神红色旅游景区	AAAA	河南	61.94	123.55	8
叶挺纪念馆	AAAA	广东	61.69	123.06	9
汇川区、桐梓县娄山关景区	AAAA	贵州	61.60	122.87	10
黄埔陆军军官学校旧址	AAA	广东	61.17	122.01	11
上饶集中营革命烈士陵园	AAAA	江西	60.08	119.85	12
香山双清别墅	AAAA	北京	60.04	119.76	13
南昌八一起义纪念馆	AAAA	江西	59.85	119.38	14
韶关南雄市梅关古道景区	AAAA	广东	59.84	119.37	15
中共湘区委员会旧址暨毛泽东、杨开慧故居	AAAA	湖南	59.64	118.97	16
大庆油田历史陈列馆	AAA	黑龙江	59.25	118.18	17
辛亥革命武昌起义纪念馆	AAAA	湖北	59.25	118.18	17
红旗渠	AAAAA	河南	58.75	117.18	19
小平小道陈列馆	AAA	江西	58.66	117.01	20
彭德怀故居和纪念馆	AAAA	湖南	58.37	116.44	21
贺龙故居和纪念馆	AAAA	湖南	57.72	115.13	22
大同煤矿“万人坑”遗址纪念馆	AA	山西	57.46	114.62	23
刘少奇故居	AAAAA	湖南	57.38	114.45	24
川陕革命根据地红军烈士陵园	AAAA	四川	56.90	113.50	25
湘乡东山学校旧址	AAAA	湖南	56.11	111.91	26
中国人民解放军海军博物馆	AAA	山东	55.91	111.52	27
大沽口炮台遗址博物馆	AAAA	天津	55.67	111.03	28
狼牙山风景区	AAAA	河北	55.36	110.44	29
长春电影制片厂	AAAA	吉林	55.22	110.15	30
中国西昌卫星发射中心	AAA	四川	55.16	110.03	31
永新三湾改编旧址	AAAA	江西	54.84	109.39	32
中国航空博物馆	AAAA	北京	54.77	109.24	33
深圳市莲花山公园	AAAA	广东	54.64	108.98	34
淮海战役纪念馆	AAAA	江苏	54.35	108.41	35
涞水县野三坡平西抗日根据地	AAAAA	河北	54.04	107.79	36
黄崖洞景区	AAAA	山西	53.99	107.69	37
孔繁森同志纪念馆	AAAA	山东	53.80	107.31	38
毛泽东故居和纪念馆	AAAAA	湖南	53.58	106.88	39

续表

景区名称	景区等级	省级行政区	男性占比（%）	TGI	排名
胡耀邦故居和陈列馆	AAAA	湖南	53.37	106.45	40
徐向前故居	AAA	山西	53.35	106.42	41
中山市孙中山故居和纪念馆	AAAAA	广东	53.35	106.42	41
抗美援朝烈士陵园	AAA	辽宁	53.00	105.72	43
冉庄地道战遗址	AAA	河北	52.76	105.24	44
李大钊烈士陵园	其他	北京	52.73	105.18	45
井冈山红色旅游系列景区	AAAAA	江西	52.69	105.09	46
刘公岛甲午海战纪念地	AAAAA	山东	52.61	104.95	47
周恩来故居	AAAAA	江苏	52.45	104.63	48
水磨古镇	AAAAA	四川	52.43	104.58	49
中国人民革命军事博物馆	其他	北京	52.23	104.17	50

表2－6列出了女性群体消费偏好排名前50的全国红色旅游经典景区，数据显示：所排名景区中，女性消费需求占比均超过51.00%，最高达69.81%，TGI指数全部高于100，可见这些景区很受女性群体青睐；其中，AAAAA景区11个，AAAA景区19个，AAA景区3个，AA景区1个，其他非A级景区16个；排名第一的红色旅游经典景区是黄花岗七十二烈士墓园。该景区位于广东省广州市越秀区白云山南麓先烈中路，是为纪念当年孙中山先生领导的同盟会在广州黄花岗起义中牺牲的72位烈士而修建。黄花岗七十二烈士墓园是广州作为近代革命策源地的重要见证。女性群体感情细腻，在情感表达和思考方式中更为外显和感性，该景区能够很好地满足女性群体缅怀先烈，铭记历史，抒发爱国情怀的情感需求。

表2－6　全国红色旅游经典景区女性消费偏好

景区名称	景区等级	省级行政区	女性占比（%）	TGI	排名
黄花岗七十二烈士墓	AAAA	广东	69.81	140.00	1
毛主席率领红军攻克漳州陈列馆	其他	福建	67.14	134.64	2
红岩魂广场及陈列馆	其他	重庆	64.09	128.52	3
宜昌市长江三峡水利枢纽工程	AAAAA	湖北	63.11	126.55	4
鲁迅故居及纪念馆	AAAAA	浙江	61.97	124.27	5
“九一八”历史博物馆	AAAA	辽宁	61.69	123.70	6
江西革命烈士纪念堂	其他	江西	61.14	122.62	7
百色起义纪念园景区	其他	广西	59.82	119.95	8

续表

景区名称	景区等级	省级行政区	男性占比(%)	TGI	排名
瞿秋白烈士纪念碑	其他	福建	59.23	118.77	9
“西安事变”纪念馆	其他	陕西	58.84	117.99	10
陆军讲武堂旧址	AAAA	云南	58.28	116.87	11
乐亭县李大钊故居和纪念馆	AAAA	河北	57.56	115.43	12
刘胡兰纪念馆	其他	山西	57.52	115.34	13
中国国家博物馆	其他	北京	57.40	115.11	14
新文化运动纪念馆	其他	北京	57.22	114.75	15
福建省革命历史纪念馆	其他	福建	57.09	114.48	16
梅园新村纪念馆	AAAA	江苏	56.95	114.20	17
焦庄户地道战遗址纪念馆	AAA	北京	56.76	113.82	18
马本斋烈士纪念馆	AA	河北	56.66	113.61	19
桃坪羌寨	AAAA	四川	56.52	113.34	20
上海鲁迅纪念馆	AAA	上海	56.44	113.18	21
王稼祥纪念园	AAAA	安徽	56.36	113.02	22
王若飞故居	其他	贵州	56.09	112.49	23
岳麓山景区	AAAAA	湖南	55.86	112.02	24
延安革命纪念馆	AAAAA	陕西	55.52	111.35	25
邓恩铭烈士故居	其他	贵州	55.47	111.23	26
九江市修水县秋收起义纪念地系列景点	AAA	江西	55.00	110.29	27
圆明园遗址公园	AAAAA	北京	54.98	110.25	28
盐城市新四军纪念馆	AAAA	江苏	54.55	109.38	29
中国人民抗日战争纪念馆	AAAA	北京	54.46	109.22	30
嘉兴市南湖风景名胜区（中共一大旧址）	AAAAA	浙江	54.34	108.97	31
深圳市博物馆	其他	广东	54.28	108.85	32
皖南事变烈士陵园	AAAA	安徽	53.75	107.79	33
百色市红七军军部旧址	其他	广西	53.66	107.60	34
飞虎队纪念馆	其他	湖南	53.45	107.18	35
北京奥林匹克公园	AAAAA	北京	53.44	107.16	36
辽沈战役纪念馆	AAAA	辽宁	53.44	107.17	37
鸦片战争博物馆	AAAA	广东	53.18	106.65	38
彭湃故居	AAAA	广东	52.87	106.01	39
瑞金革命遗址	AAAAA	江西	52.59	105.45	40

续表

景区名称	景区等级	省级行政区	男性占比(%)	TGI	排名
平津战役纪念馆	AAAA	天津	52.25	104.77	41
卢沟桥	其他	北京	52.15	104.57	42
凤阳县小岗村	AAAA	安徽	51.81	103.90	43
雨花台烈士陵园	AAAA	江苏	51.76	103.79	44
茅山新四军纪念馆	AAAAA	江苏	51.69	103.65	45
焦裕禄烈士陵园	AAAA	河南	51.42	103.11	46
鸭绿江断桥景区	AAAA	辽宁	51.40	103.07	47
周恩来邓颖超纪念馆	AAAA	天津	51.33	102.94	48
中山陵	AAAAA	江苏	51.24	102.74	49
南岳忠烈祠	AAAAA	湖南	51.06	102.38	50

二、年龄分布

（一）总体情况

为剖析全国红色旅游经典景区消费群体的年龄分布特征，表2-7统计了所有景区和不同等级景区消费群体中各年龄段的消费需求特征（年均值、年龄占比、TGI）。

所有红色旅游经典景区中，30—39岁群体的消费需求年均值为124305，年龄占比32.03%，消费需求量排名第一，TGI为92.92，低于100的整体水平，表明30—39岁群体对于所有红色旅游经典景区的关注程度低于整体水平。20—29岁群体的消费需求年均值92923，年龄占比24.38%，消费需求量排名第二，TGI为99.45，略低于100的整体水平，表明20—29岁群体对于所有红色旅游经典景区的关注程度略低于整体水平。此外，40—49岁、50岁及以上、19岁及以下群体的消费需求年均值分别为72633、44553、34407，年龄占比19.94%、13.27%、10.38%，TGI为98.14、112.00、117.05，表明40—49岁群体对于所有红色旅游经典景区的关注程度低于整体水平，50岁及以上、19岁及以下群体对于所有红色旅游经典景区的关注程度均高于整体水平。

AAAAA级红色旅游经典景区中，30—39岁群体的消费需求年均值278381，年龄占比32.79%，消费需求量排名第一，TGI为95.11，低于100的整体水平，表明30—39岁群体对于AAAAA级红色旅游经典景区的关注程度低于整体水平。20—29岁群体的消费需求年均值213733，年龄占比24.18%，消费需求量排名第二，TGI为98.62，低于100的整体水平，表明20—29岁群体对于AAAAA级红色旅游经典景区的关注程度低于整体水平。此外，40—49岁、50岁及以上、19岁及以下群体的消费需求年均值分别为163700、99180、76631，年龄占比19.74%、14.32%、8.98%，TGI为97.14、120.93、101.13，表明40—49岁群体对于AAAAA级红色旅游经典景区的关注程度低于整体水平，50岁及以上、19岁及以下群体对于AAAAA级红色旅游经典景区的关注程度均高于整体水平。

AAAA级红色旅游经典景区中，30—39岁群体的消费需求年均值64621，年龄占比31.73%，消费需求量排名第一，TGI为92.05，低于100的整体水平，表明30—39岁群体对于AAAA级红色旅游经典景区的关注程度低于整体水平。20—29岁群体的消费需求年均值47287，年龄占比22.87%，消费需求量排名第二，TGI为93.32，低于100的整体水平，表明20—29岁群体对于AAAA级红色旅游经典景区的关注程度低于整体水平。此外，40—49岁、50岁及以上、19岁及以下群体的消费需求年均值分别为42396、31071、19512，年龄占比21.02%、14.42%、9.96%，TGI为103.44、121.73、112.23，表明40—49岁、50岁及以上和19岁及以下群体对于AAAA级红色旅游经典景区的关注程度均高于整体水平。

AAA级红色旅游经典景区中，30—39岁群体的消费需求年均值93089，年龄占比32.16%，消费需求量排名第一，TGI为93.30，低于100的整体水平，表明30—39岁群体对于AAA级红色旅游经典景区的关注程度低于整体水平。20—29岁群体的消费需求年均值76848，年龄占比24.24%，消费需求量排名第二，TGI为98.87，略低于100的整体水平，表明20—29岁群体对于AAA级红色旅游经典景区的关注程度略低于整体水平。此外，40—49岁、50岁及以上、19岁及以下群体的消费需求年均值分别为52491、27785、23668，年龄占比20.44%、13.08%、10.07%，TGI为100.63、110.47、113.49，表明40—49岁、50岁及以上、19岁及以下群体对于AAA级红色旅游经典景区的关注程度均高于整体水平。

其他非A级红色旅游经典景区中，30—39岁群体的消费需求年均值126545，年龄占比31.68%，消费需求量排名第一，TGI为91.93，低于100的整体水平，表明30—39岁群体对于其他非A级红色旅游经典景区的关注程度低于整体水平。20—29岁群体的消费需求年均值86082，年龄占比28.30%，消费需求量排名第二，TGI为115.49，高于100的整体水平，表明20—29岁群体对于其他非A级红色旅游经典景区的关注程度低于整体水平。此外，40—49岁、19岁及以下、50岁及以上群体的消费需求年均值分别为62439、32702、29839，年龄占比17.32%、13.12%、9.58%，TGI为85.25、

147.95、80.95，表明40—49岁、50岁及以上群体对于其他非A级红色旅游经典景区的关注程度均低于整体水平，19岁及以下群体对于其他非A级红色旅游经典景区的关注程度高于整体水平。

为剖析不同等级红色旅游经典景区之间的消费群体年龄分布，分别考察各年龄段对于各个等级景区的消费需求年均值，发现：19岁及以下群体对于不同等级景区所呈现的消费需求由大到小分别为AAAAA、其他非A级、AAA、AAAA、AA；20—29岁群体对于不同等级景区所呈现的消费需求由大到小分别为AAAAA、其他非A级、AAA、AAAA、AA；30—39岁群体对于不同等级景区所呈现的消费需求由大到小分别为AAAAA、其他非A级、AAA、AAAA、AA；40—49岁群体对于不同等级景区所呈现的消费需求由大到小分别为AAAAA、其他非A级、AAA、AAAA、AA；50岁及以上群体对于不同等级景区所呈现的消费需求由大到小分别为AAAAA、AAAA、其他非A级、AAA、AA。

表2-7　全国红色旅游经典景区消费群体年龄特征

类别		指标	≤19岁	20—29	30—39	40—49	≥50岁
所有景区（122）		年均值	34407	92923	124305	72633	44553
		年龄占比	10.38%	24.38%	32.03%	19.94%	13.27%
		TGI	117.05	99.45	92.92	98.14	112.00
不同等级景区	AAAAA（26）	年均值	76631	213733	278381	163700	99180
		年龄占比	8.98%	24.18%	32.79%	19.74%	14.32%
		TGI	101.13	98.62	95.11	97.14	120.93
	AAAA（57）	年均值	19512	47287	64621	42396	31071
		年龄占比	9.96%	22.87%	31.73%	21.02%	14.42%
		TGI	112.23	93.32	92.05	103.44	121.73
	AAA（14）	年均值	23668	76848	93089	52491	27785
		年龄占比	10.07%	24.24%	32.16%	20.44%	13.08%
		TGI	113.49	98.87	93.30	100.63	110.47
	AA（2）	年均值	4759	14250	15055	8731	5201
		年龄占比	11.61%	25.69%	33.88%	18.56%	10.26%
		TGI	130.81	104.48	98.20	91.23	86.49
	其他（23）	年均值	32702	86082	126545	62439	29839
		年龄占比	13.12%	28.30%	31.68%	17.32%	9.58%
		TGI	147.95	115.49	91.93	85.25	80.95

（二）消费偏好

表2－8列出了19岁及以下群体消费偏好排名前20的全国红色旅游经典景区，数据显示：所排名景区中，19岁及以下消费需求占比均超过16.30%，最高达35.71%，TGI指数全部高于100，可见这些景区受到该年龄段群体青睐；其中，AAAAA景区3个，AAAA景区7个，AAA景区2个，AA景区0个，其他非A级景区8个；排名第一的红色旅游经典景区是位于福建省漳州市的毛主席率领红军攻克漳州陈列馆，该陈列馆是“福建省青少年革命传统教育基地”，馆内保存有大量闽南地区革命活动的党史资料、红军攻克漳州图、表、文告和人物肖像、遗址照片及毛主席当年的工作生活用品，其以大量的实物、图片，向人们宣传、展示了1932年中央红军攻克漳州的革命历史和中国共产党领导下漳州地区的革命斗争史。对尚处于受教育阶段的19岁及以下群体而言，该陈列馆具备的丰富革命历史文物及党史资料能够很好地满足该年龄阶段群体的文化需求。

表2－8　全国红色旅游经典景区19岁及以下群体消费偏好

景区名称	景区等级	省级行政区	19岁占比（%）	TGI	排名
毛主席率领红军攻克漳州陈列馆	其他	福建	35.71	403.39	1
盐城市新四军纪念馆	AAAA	江苏	27.27	308.04	2
“西安事变”纪念馆	其他	陕西	21.95	247.35	3
九江市修水县秋收起义纪念地系列景点	AAA	江西	20.83	235.31	4
福建省革命历史纪念馆	其他	福建	20.88	234.46	5
嘉兴市南湖风景名胜区（中共一大旧址）	AAAAA	浙江	20.78	233.71	6
广州起义纪念馆和烈士陵园	AAAA	广东	20.65	232.99	7
华东革命烈士陵园	AAA	山东	20.55	231.29	8
江西革命烈士纪念堂	其他	江西	20.24	227.94	9
“九一八”历史博物馆	AAAA	辽宁	19.72	222.01	10
新文化运动纪念馆	其他	北京	19.44	219.62	11
瞿秋白烈士纪念碑	其他	福建	18.67	210.48	12
辛亥革命武昌起义纪念馆	AAAA	湖北	18.37	207.13	13
雨花台烈士陵园	AAAA	江苏	18.28	206.08	14
宜昌市长江三峡水利枢纽工程	AAAAA	湖北	17.48	197.39	15
百色起义纪念园景区	其他	广西	17.37	195.93	16

续表

景区名称	景区等级	省级行政区	19 岁占比（%）	TGI	排名
延安革命纪念馆	AAAAA	陕西	16.90	190.57	17
陆军讲武堂旧址	AAAA	云南	16.87	190.18	18
百色市红七军军部旧址	其他	广西	16.77	189.40	19
龙华烈士陵园	AAAA	上海	16.31	183.87	20

表2－9列出了20—29岁群体消费偏好排名前20的全国红色旅游经典景区，数据显示：所排名景区中，20—29岁消费需求占比均超过31.20%，最高达41.61%，TGI指数全部高于100，可见这些景区受到该年龄段群体青睐；其中，AAAAA景区1个，AAAA景区6个，AAA景区4个，AA景区1个，其他非A级景区8个；排名第一的景区是位于云南省昆明市的陆军讲武堂旧址，该景区是国内保留最完整、历史最悠久的军事院校。景区独具特色的换岗操演仪式为游客再现了军校风貌。随着红色旅游游客群体的不断年轻化，陆军讲武堂旧址凭借其所具备的历史文化遗产保护、爱国主义教育、统一战线工作多方面价值吸引了大量20—29岁游客群体。

表2－9　全国红色旅游经典景区20—29岁群体消费偏好

景区名称	景区等级	省级行政区	20—29 岁占比（%）	TGI	排名
陆军讲武堂旧址	AAAA	云南	41.61	169.79	1
江西革命烈士纪念堂	其他	江西	39.58	161.30	2
盐城市新四军纪念馆	AAAA	江苏	36.36	148.65	3
新文化运动纪念馆	其他	北京	36.11	147.62	4
毛主席率领红军攻克漳州陈列馆	其他	福建	35.71	146.00	5
大同煤矿“万人坑”遗址纪念馆	AAAA	山西	35.34	143.38	6
百色市红七军军部旧址	其他	广西	34.76	142.08	7
王若飞故居	其他	贵州	34.74	141.80	8
凤阳县小岗村	AAAA	安徽	34.66	141.56	9
福建省革命历史纪念馆	其他	福建	34.34	139.53	10
宜昌市长江三峡水利枢纽工程	AAAAA	湖北	33.98	138.91	11
淮海战役双堆集烈士陵园	AAA	安徽	33.33	136.26	12
百色起义纪念园景区	其他	广西	32.93	134.48	13
黄埔陆军军官学校旧址	AAA	广东	32.91	133.81	14

续表

景区名称	景区等级	省级行政区	20—29岁占比(%)	TGI	排名
小平小道陈列馆	AAA	江西	32.24	131.15	15
红岩魂广场及陈列馆	其他	重庆	32.08	130.49	16
鸦片战争博物馆	AAAA	广东	31.72	129.67	17
永新三湾改编旧址	AAAA	江西	31.45	128.57	18
大庆油田历史陈列馆	AAA	黑龙江	31.48	128.36	19
周恩来邓颖超纪念馆	AAAA	天津	31.29	127.92	20

表2-10列出了30—39岁群体消费偏好排名前20的全国红色旅游经典景区，数据显示：所排名景区中，30—39岁消费需求占比均超过37.50%，最高达46.60%，TGI指数全部高于100，可见这些景区受到该年龄段群体青睐；其中，AAAAA景区4个，AAAA景区8个，AAA景区1个，AA景区1个，其他非A级景区6个；排名第一的景区是位于北京市的中国人民革命军事博物馆，该博物馆是我国第一个综合类军事博物馆，主要从事收藏、研究、陈列反映中国共产党领导的军事斗争历程和人民军队建设成就的文物、实物、文献、资料，以及反映中华民族五千年军事历史和世界军事史的文物、实物、文献、资料。该博物馆举办的各种专题性、时事性、纪念性展览能够很好地满足30—39岁群体的消费需求。

表2-10　全国红色旅游经典景区30—39岁群体消费偏好

景区名称	景区等级	省级行政区	30—39岁占比(%)	TGI	排名
中国人民革命军事博物馆	其他	北京	46.60	135.22	1
中国航空博物馆	AAAA	北京	42.48	123.41	2
中国人民解放军海军博物馆	AAA	山东	41.27	119.81	3
大沽口炮台遗址博物馆	AAAA	天津	41.31	119.17	4
深圳市博物馆	其他	广东	41.02	119.07	5
焦裕禄烈士陵园	AAAA	河南	40.45	117.47	6
天安门广场	其他	北京	40.24	116.62	7
北京奥林匹克公园	AAAAA	北京	40.20	116.39	8
马本斋烈士纪念馆	AA	河北	39.93	116.11	9
黄崖洞景区	AAAA	山西	39.76	115.60	10
圆明园遗址公园	AAAAA	北京	39.53	114.22	11

续表

景区名称	景区等级	省级行政区	30—39 岁占比(%)	TGI	排名
中国国家博物馆	其他	北京	39.20	113.85	12
孔繁森同志纪念馆	AAAA	山东	38.60	112.24	13
皖南事变烈士陵园	AAAA	安徽	38.28	110.86	14
刘公岛甲午海战纪念地	AAAAA	山东	37.86	109.94	15
卢沟桥	其他	北京	37.89	109.86	16
黄花岗七十二烈士墓	AAAA	广东	37.74	109.72	17
茅山新四军纪念馆	AAAAA	江苏	37.65	109.31	18
彭湃故居	AAAA	广东	37.82	109.27	19
刘胡兰纪念馆	其他	山西	37.56	108.95	20

表 2－11 列出了 40—49 岁群体消费偏好排名前 20 的全国红色旅游经典景区，数据显示：所排名景区中，40—49 岁消费需求占比均超过 23.50%，最高达 30.36%，TGI 指数全部高于 100，可见这些景区受到该年龄段群体青睐；其中，AAAAA 景区 3 个，AAAA 景区 13 个，AAA 景区 3 个，AA 景区 0 个，其他非 A 级景区 1 个；排名第一的景区是位于北京市顺义区的焦庄户地道战遗址纪念馆，该纪念馆分为三个参观区，展馆参观区、地道参观区、抗战民居参观区，另外还为游客提供吃抗战饭、住抗战民居、采摘瓜果等服务项目。北京市顺义区的焦庄户地道战遗址纪念馆满足了该年龄段群体忆苦思甜，重温红色记忆的需求。

表 2－11　全国红色旅游经典景区 40—49 岁群体消费偏好

景区名称	景区等级	省级行政区	40—49 岁占比(%)	TGI	排名
焦庄户地道战遗址纪念馆	AAA	北京	30.36	149.50	1
平型关大捷遗址	AAAA	山西	29.98	147.53	2
彭德怀故居和纪念馆	AAAA	湖南	29.23	143.96	3
任弼时故居	AAAA	湖南	29.25	143.91	4
贺龙故居和纪念馆	AAAA	湖南	29.03	143.00	5
上海四行仓库抗战纪念馆	AAA	上海	28.13	138.58	6
刘少奇故居	AAAAA	湖南	28.01	137.78	7
中共湘区委员会旧址暨毛泽东、杨开慧故居	AAAA	湖南	27.61	135.85	8
徐向前故居	AAA	山西	26.80	132.17	9

续表

景区名称	景区等级	省级行政区	40—49 岁占比(%)	TGI	排名
沂蒙山孟良崮战役遗址	AAAA	山东	26.11	128.58	10
飞虎队纪念馆	其他	湖南	25.86	127.56	11
叶挺纪念馆	AAAA	广东	26.07	127.42	12
叶剑英元帅纪念馆	AAAA	广东	25.74	126.65	13
毛泽东故居和纪念馆	AAAAA	湖南	25.37	124.91	14
北京规划展览馆	AAAA	北京	25.28	124.40	15
中国航空博物馆	AAAA	北京	25.22	124.26	16
辛亥革命武昌起义纪念馆	AAAA	湖北	24.96	122.92	17
胡耀邦故居和陈列馆	AAAA	湖南	24.64	121.33	18
周恩来故居	AAAAA	江苏	24.10	118.57	19
陈云纪念馆	AAAA	上海	23.51	115.77	20

表 2－12 列出了 50 岁及以上群体消费偏好排名前 20 的全国红色旅游经典景区，数据显示：所排名景区中，50 岁及以上消费需求占比均超过 20.80%，最高达 36.42%，TGI 指数全部高于 100，可见这些景区受到该年龄段群体青睐；其中，AAAAA 景区 5 个，AAAA 景区 11 个，AAA 景区 3 个，AA 景区 0 个，其他非 A 级景区 1 个；排名第一的景区是位于黑龙江省牡丹江市的侵华日军东宁要塞遗址。东宁日军侵华要塞是日军沿中苏、中蒙边境修筑的 17 个要塞中规模最大的一个地下军事筑垒群，是第二次世界大战的最后战场。50 岁及以上群体对日军侵华所带来的伤害有着强烈的悲愤情感，该遗址能够很好地引起 50 岁以上群体的情感共鸣，满足该年龄阶段群体缅怀革命先烈和死难同胞，铭记历史的需要。

表 2－12　全国红色旅游经典景区 50 岁及以上群体消费偏好

景区名称	景区等级	省级行政区	≥50 岁占比(%)	TGI	排名
侵华日军东宁要塞遗址	AAAA	黑龙江	36.42	307.35	1
邓小平纪念馆	AAAAA	四川	30.79	260.51	2
鸭绿江断桥景区	AAAA	辽宁	29.37	248.21	3
中共湘区委员会旧址暨毛泽东、杨开慧故居	AAAA	湖南	28.78	243.01	4
侵华日军虎头要塞遗址	AAAAA	黑龙江	28.40	240.09	5
徐向前故居	AAA	山西	25.09	212.32	6
瑞金革命遗址	AAAAA	江西	24.35	204.25	7
南太行创业精神红色旅游景区	AAAA	河南	23.88	202.07	8

续表

景区名称	景区等级	省级行政区	≥50 岁占比(%)	TGI	排名
汇川区、桐梓县娄山关景区	AAAA	贵州	23.78	200.96	9
水磨古镇	AAAAA	四川	23.27	196.92	10
狼牙山风景区	AAAA	河北	23.68	196.11	11
飞虎队纪念馆	其他	湖南	22.99	194.53	12
焦庄户地道战遗址纪念馆	AAA	北京	22.71	191.83	13
叶剑英元帅纪念馆	AAAA	广东	22.25	187.80	14
刘少奇故居	AAAAA	湖南	22.12	186.71	15
彭德怀故居和纪念馆	AAAA	湖南	21.97	185.64	16
上海鲁迅纪念馆	AAA	上海	21.85	184.29	17
陈云纪念馆	AAAA	上海	21.12	178.44	18
上饶集中营革命烈士陵园	AAAA	江西	20.96	177.06	19
长春电影制片厂	AAAA	吉林	20.86	176.24	20

第三节　全国红色旅游经典景区消费需求空间结构

一、整体消费需求空间结构

全国红色旅游经典景区全年总体消费需求达到44995375，平均消费需求为1323393，16个省级行政区域超过平均水平，占全国客源市场的73.84%。排名前五的客源地分别是广东省、北京市、江苏省、山东省和河北省，消费需求年总值累计占全国总量的31.13%。具体见表2－13所示。

表2－13　全国红色旅游经典景区消费需求空间分布

省级行政区域	年总值	占比	排名
广东省	3223315	7.16%	1
北京市	3081330	6.85%	2
江苏省	2921095	6.49%	3
山东省	2609020	5.80%	4

续表

省级行政区域	年总值	占比	排名
河北省	2174670	4.83%	5
湖南省	2145835	4.77%	6
浙江省	2095100	4.66%	7
河南省	2088530	4.64%	8
上海市	2039620	4.53%	9
四川省	1838140	4.09%	10
辽宁省	1622425	3.61%	11
安徽省	1544680	3.43%	12
湖北省	1544315	3.43%	13
江西省	1514385	3.37%	14
陕西省	1434085	3.19%	15
山西省	1347580	2.99%	16
福建省	1279690	2.84%	17
天津市	1160335	2.58%	18
广西壮族自治区	1115805	2.48%	19
重庆市	1057405	2.35%	20
黑龙江省	1019445	2.27%	21
云南省	908850	2.02%	22
贵州省	893885	1.99%	23
吉林省	885125	1.97%	24
内蒙古自治区	823075	1.83%	25
甘肃省	729270	1.62%	26
新疆维吾尔自治区	636925	1.42%	27
海南省	454060	1.01%	28
宁夏回族自治区	320470	0.71%	29
青海省	238345	0.53%	30
西藏自治区	130305	0.29%	31
香港特别行政区	87965	0.19%	32
澳门特别行政区	15695	0.03%	33
台湾省	14600	0.03%	34
全国合计	44995375	100%	

二、省域消费需求空间结构

（一）京、津、冀红色旅游经典景区消费需求空间分布

北京市红色旅游经典景区的消费需求年总值达到7613535，平均消费需求为223928，14个省级行政区域超过平均水平，占全国客源市场的67.00%。排名前五的客源地分别是北京市、广东省、山东省、江苏省和河北省，消费需求年总值累计占全国总量的34.47%。

天津市红色旅游经典景区的消费需求年总值达到527790，平均消费需求为15523，9个省级行政区域超过平均水平，占全国客源市场的73.03%。排名前五的客源地分别是天津市、北京市、河北省、山东省和江苏省，消费需求年总值累计占全国总量的57.47%。

河北省红色旅游经典景区的消费需求年总值达到4346420，平均消费需求为127836，16个省级行政区域超过平均水平，占全国客源市场的72.59%。排名前五的客源地分别是河北省、北京市、山东省、江苏省和广东省，消费需求年总值累计占全国总量的34.88%。

表2-14 京、津、冀红色旅游经典景区消费需求空间分布

省级行政区	北京市		天津市		河北省	
	年总值	占比	年总值	占比	年总值	占比
安徽	246740	3.24%	12410	2.35%	151840	3.49%
澳门	2920	0.04%	0	0.00%	730	0.02%
北京	1008860	13.25%	60955	11.55%	318280	7.32%
重庆	202940	2.67%	5840	1.11%	100375	2.31%
福建	220825	2.90%	6570	1.25%	129575	2.98%
广东	438730	5.76%	25185	4.77%	197830	4.55%
广西	177390	2.33%	5840	1.11%	92710	2.13%
甘肃	133225	1.75%	6570	1.24%	78110	1.80%
贵州	132495	1.74%	2555	0.48%	71175	1.64%
河北	380330	5.00%	35770	6.78%	558085	12.84%
黑龙江	172645	2.27%	8030	1.52%	95995	2.21%
河南	328135	4.31%	18250	3.46%	177755	4.09%
湖南	243090	3.19%	12410	2.35%	128115	2.95%

续表

省级行政区	北京市		天津市		河北省	
	年总值	占比	年总值	占比	年总值	占比
湖北	250025	3.28%	11680	2.21%	136875	3.15%
海南	89425	1.17%	1095	0.21%	52560	1.21%
吉林	156585	2.06%	5475	1.04%	92710	2.13%
江苏	397120	5.22%	29930	5.67%	201845	4.64%
江西	188705	2.48%	5475	1.04%	116435	2.68%
辽宁	256230	3.37%	22265	4.22%	140525	3.23%
内蒙古	159140	2.09%	6205	1.18%	111690	2.57%
宁夏	67160	0.88%	365	0.07%	43435	1.00%
青海	45990	0.60%	0	0.00%	29930	0.69%
上海	296380	3.89%	16425	3.11%	146365	3.37%
四川	283240	3.72%	11315	2.14%	140160	3.22%
山东	399310	5.24%	31390	5.95%	240170	5.53%
山西	213160	2.80%	10950	2.07%	147095	3.38%
陕西	236155	3.10%	8760	1.66%	128845	2.96%
天津	209145	2.75%	145270	27.52%	170820	3.93%
台湾	4745	0.06%	0	0.00%	1095	0.03%
西藏	29930	0.39%	0	0.00%	16790	0.39%
香港	18980	0.25%	0	0.00%	7300	0.17%
新疆	123735	1.63%	2190	0.41%	67525	1.55%
云南	163520	2.15%	3650	0.69%	84680	1.95%
浙江	336530	4.42%	14965	2.84%	168995	3.89%
合计	7613535	100%	527790	100%	4346420	100%

（二）吉、黑、沪红色旅游经典景区消费需求空间分布

吉林省红色旅游经典景区的消费需求年总值达到486180，平均消费需求为14299，12个省级行政区域超过平均水平，占全国客源市场的71.47%。排名前五的客源地分别是吉林省、北京市、广东省、山东省和辽宁省，消费需求年总值累计占全国总量的37.54%。

黑龙江省红色旅游经典景区的消费需求年总值达到1889240，平均消费需求为

55566，16 个省级行政区域超过平均水平，占全国客源市场的 70. 40%。排名前五的客源地分别是黑龙江省、广东省、山东省、北京市和江苏省，消费需求年总值累计占全国总量的 30. 30%。

上海市红色旅游经典景区的消费需求年总值达到 891330，平均消费需求为 26216，8 个省级行政区域超过平均水平，占全国客源市场的 72. 73%。排名前五的客源地分别是上海市、江苏省、广东省、浙江省和北京市，消费需求年总值累计占全国总量的 61. 35%。

表 2－15　吉、黑、沪红色旅游经典景区消费需求空间分布

省级行政区	吉林省		黑龙江省		上海市	
	年总值	占比	年总值	占比	年总值	占比
安徽	12410	2. 55%	57305	3. 03%	25550	2. 87%
澳门	0	0. 00%	1095	0. 06%	0	0. 00%
北京	39420	8. 11%	101470	5. 37%	52560	5. 90%
重庆	6935	1. 43%	45625	2. 41%	11680	1. 31%
福建	10950	2. 25%	52195	2. 76%	14965	1. 68%
广东	31390	6. 46%	110230	5. 84%	60955	6. 84%
广西	8030	1. 65%	47815	2. 53%	9125	1. 02%
甘肃	2920	0. 60%	40880	2. 16%	4015	0. 45%
贵州	2920	0. 60%	35040	1. 86%	5110	0. 57%
河北	25915	5. 33%	75555	4. 00%	24820	2. 79%
黑龙江	22995	4. 73%	158410	8. 38%	7665	0. 86%
河南	22265	4. 58%	75920	4. 02%	32485	3. 64%
湖南	11315	2. 33%	58400	3. 09%	17155	1. 92%
湖北	13505	2. 78%	64240	3. 40%	18250	2. 05%
海南	2920	0. 60%	27010	1. 43%	1825	0. 20%
吉林	52560	10. 81%	62780	3. 32%	10220	1. 15%
江苏	28470	5. 85%	98185	5. 20%	76285	8. 56%
江西	8395	1. 73%	49275	2. 61%	15330	1. 72%
辽宁	28835	5. 93%	78110	4. 13%	26645	2. 99%
内蒙古	9125	1. 88%	39420	2. 09%	4745	0. 53%
宁夏	1095	0. 22%	18250	0. 97%	1095	0. 12%
青海	730	0. 15%	16425	0. 87%	0	0. 00%

续表

省级行政区	吉林省		黑龙江省		上海市	
	年总值	占比	年总值	占比	年总值	占比
上海	24455	5.03%	71175	3.77%	300760	33.74%
四川	15695	3.23%	70080	3.71%	24820	2.79%
山东	30295	6.23%	104025	5.51%	42340	4.75%
山西	11680	2.40%	47085	2.49%	11315	1.27%
陕西	14235	2.93%	60225	3.19%	15330	1.72%
天津	11315	2.33%	47450	2.51%	9125	1.02%
台湾	0	0.00%	730	0.04%	0	0.00%
西藏	0	0.00%	6570	0.35%	0	0.00%
香港	365	0.07%	4015	0.21%	365	0.04%
新疆	3650	0.75%	38690	2.05%	2920	0.33%
云南	6205	1.28%	41610	2.20%	7665	0.86%
浙江	25185	5.18%	83950	4.44%	56210	6.31%
合计	486180	100%	1889240	100%	891330	100%

（三）苏、浙、皖红色旅游经典景区消费需求空间分布

江苏省红色旅游经典景区的消费需求年总值达到4398615，平均消费需求为129371，13个省级行政区域超过平均水平，占全国客源市场的68.66%。排名前五的客源地分别是江苏省、浙江省、广东省、山东省和安徽省，消费需求年总值累计占全国总量的37.67%。

浙江省红色旅游经典景区的消费需求年总值达到1006670，平均消费需求为29608，15个省级行政区域超过平均水平，占全国客源市场的73.60%。排名前五的客源地分别是浙江省、上海市、江苏省、广东省和北京市，消费需求年总值累计占全国总量的37.31%。

安徽省红色旅游经典景区的消费需求年总值达到357335，平均消费需求为10510，10个省级行政区域超过平均水平，占全国客源市场的79.06%。排名前五的客源地分别是安徽省、江苏省、广东省、浙江省和上海市，消费需求年总值累计占全国总量的57.20%。

表 2－16 苏、浙、皖红色旅游经典景区消费需求空间分布

省级行政区	江苏省		浙江省		安徽省	
	年总值	占比	年总值	占比	年总值	占比
安徽	227760	5.18%	40880	4.06%	95265	26.66%
澳门	1095	0.03%	0	0.00%	0	0.00%
北京	209875	4.77%	50735	5.04%	18615	5.21%
重庆	98915	2.25%	25550	2.54%	3650	1.02%
福建	122275	2.78%	33215	3.30%	7300	2.04%
广东	229950	5.23%	54750	5.44%	25550	7.15%
广西	100375	2.28%	26280	2.61%	4015	1.12%
甘肃	63145	1.44%	13870	1.38%	1095	0.31%
贵州	74095	1.68%	19710	1.96%	2190	0.61%
河北	159140	3.62%	33580	3.34%	12045	3.37%
黑龙江	85045	1.93%	21900	2.18%	3285	0.92%
河南	192720	4.38%	41975	4.17%	17520	4.90%
湖南	137605	3.13%	33580	3.34%	8030	2.25%
湖北	147095	3.34%	35040	3.48%	9490	2.66%
海南	37960	0.86%	6570	0.65%	730	0.21%
吉林	73365	1.67%	17155	1.70%	2920	0.82%
江苏	729270	16.58%	66065	6.56%	37230	10.42%
江西	108040	2.46%	32120	3.19%	8395	2.35%
辽宁	141985	3.23%	27375	2.72%	4745	1.33%
内蒙古	70080	1.59%	15695	1.56%	1825	0.51%
宁夏	24820	0.56%	4380	0.43%	365	0.10%
青海	19710	0.45%	3650	0.36%	0	0.00%
上海	210605	4.79%	66795	6.64%	20805	5.82%
四川	163885	3.73%	37960	3.77%	10585	2.96%
山东	228490	5.19%	46355	4.60%	19345	5.41%
山西	108040	2.46%	23725	2.36%	2555	0.72%
陕西	122275	2.78%	30660	3.04%	5475	1.53%
天津	108040	2.46%	20440	2.03%	3285	0.92%
台湾	2190	0.05%	0	0.00%	0	0.00%
西藏	5475	0.12%	730	0.07%	0	0.00%

续表

省级行政区	江苏省		浙江省		安徽省	
	年总值	占比	年总值	占比	年总值	占比
香港	7665	0.17%	1095	0.11%	0	0.00%
新疆	62050	1.41%	14965	1.49%	1460	0.41%
云南	83950	1.91%	22630	2.25%	4015	1.12%
浙江	241630	5.49%	137240	13.63%	25550	7.15%
合计	4398615	100%	1006670	100%	357335	100%

（四）闽、赣、鲁红色旅游经典景区消费需求空间分布

福建省红色旅游经典景区的消费需求年总值达到205860，平均消费需求为6055，6个省级行政区域超过平均水平，占全国客源市场的78.37%。排名前五的客源地分别是福建省、江苏省、北京市、广东省和上海市，消费需求年总值累计占全国总量的75.34%。

江西省红色旅游经典景区的消费需求年总值达到3449980，平均消费需求为101470，14个省级行政区域超过平均水平，占全国客源市场的67.94%。排名前五的客源地分别是江西省、广东省、江苏省、北京市和浙江省，消费需求年总值累计占全国总量的35.25%。

山东省红色旅游经典景区的消费需求年总值达到1574975，平均消费需求为46323，12个省级行政区域超过平均水平，占全国客源市场的71.91%。排名前五的客源地分别是山东省、江苏省、北京市、广东省和河北省，消费需求年总值累计占全国总量的47.05%。

表2-17　闽、赣、鲁红色旅游经典景区消费需求空间分布

省级行政区	福建省		江西省		山东省	
	年总值	占比	年总值	占比	年总值	占比
安徽	3650	1.77%	106215	3.08%	56940	3.61%
澳门	0	0.00%	3285	0.09%	0	0.00%
北京	9490	4.61%	170820	4.95%	93440	5.93%
重庆	1095	0.53%	78110	2.26%	28105	1.78%
福建	72635	35.28%	110230	3.20%	37960	2.41%
广东	7665	3.72%	256595	7.44%	66795	4.24%

续表

省级行政区	福建省		江西省		山东省	
	年总值	占比	年总值	占比	年总值	占比
广西	1095	0.53%	81030	2.35%	21900	1.39%
甘肃	1095	0.53%	57670	1.67%	16790	1.07%
贵州	365	0.18%	65700	1.90%	10950	0.70%
河北	2555	1.24%	125195	3.63%	66430	4.22%
黑龙江	730	0.36%	68255	1.98%	34310	2.18%
河南	4015	1.95%	129940	3.77%	58400	3.71%
湖南	2555	1.24%	125560	3.64%	37960	2.41%
湖北	4745	2.30%	116800	3.39%	42705	2.71%
海南	0	0.00%	44895	1.30%	9125	0.58%
吉林	730	0.36%	64605	1.87%	28470	1.81%
江苏	57670	28.01%	180675	5.24%	102930	6.54%
江西	4380	2.13%	439095	12.73%	31390	1.99%
辽宁	1460	0.71%	94170	2.73%	51830	3.29%
内蒙古	365	0.18%	62050	1.80%	24455	1.55%
宁夏	365	0.18%	34675	1.01%	4745	0.30%
青海	0	0.00%	31025	0.90%	6570	0.42%
上海	7665	3.72%	132495	3.84%	61320	3.89%
四川	2920	1.42%	121545	3.52%	50370	3.20%
山东	6205	3.01%	160235	4.64%	411355	26.12%
山西	2190	1.07%	83950	2.43%	36500	2.32%
陕西	2190	1.07%	97090	2.81%	48910	3.10%
天津	1095	0.53%	71175	2.06%	35405	2.25%
台湾	0	0.00%	2190	0.06%	0	0.00%
西藏	0	0.00%	22995	0.67%	2555	0.16%
香港	0	0.00%	13505	0.39%	1460	0.09%
新疆	365	0.18%	56940	1.65%	15330	0.97%
云南	1095	0.53%	72635	2.11%	15695	1.00%
浙江	5475	2.66%	168630	4.89%	63875	4.06%
合计	205860	100%	3449980	100%	1574975	100%

（五）豫、鄂、湘红色旅游经典景区消费需求空间分布

河南省红色旅游经典景区的消费需求年总值达到3434650，平均消费需求为101019，15个省级行政区域超过平均水平，占全国客源市场的68.96%。排名前五的客源地分别是河南省、山东省、江苏省、广东省和河北省，消费需求年总值累计占全国总量的34.25%。

湖北省红色旅游经典景区的消费需求年总值达到152935，平均消费需求为4498，8个省级行政区域超过平均水平，占全国客源市场的81.62%。排名前五的客源地分别是湖北省、广东省、北京市、江苏省和浙江省，消费需求年总值累计占全国总量的70.17%。

湖南省红色旅游经典景区的消费需求年总值达到5162560，平均消费需求为151840，14个省级行政区域超过平均水平，占全国客源市场的71.20%。排名前五的客源地分别是湖南省、广东省、江苏省、浙江省和湖北省，消费需求年总值累计占全国总量的39.41%。

表2-18　豫、鄂、湘红色旅游经典景区消费需求空间分布

省级行政区	河南省		湖北省		湖南省	
	年总值	占比	年总值	占比	年总值	占比
安徽	109135	3.18%	3285	2.15%	156950	3.04%
澳门	2190	0.06%	0	0.00%	2555	0.05%
北京	144175	4.20%	8395	5.49%	206225	4.00%
重庆	79205	2.31%	1095	0.71%	122640	2.38%
福建	90155	2.62%	1095	0.71%	149650	2.90%
广东	179215	5.22%	12045	7.88%	433255	8.39%
广西	78475	2.28%	1460	0.95%	163520	3.17%
甘肃	68255	1.99%	0	0.00%	79205	1.53%
贵州	67890	1.98%	365	0.24%	106580	2.06%
河北	160600	4.68%	2920	1.91%	151840	2.94%
黑龙江	69350	2.02%	730	0.48%	86140	1.67%
河南	413180	12.03%	4745	3.10%	196370	3.80%
湖南	106945	3.11%	4015	2.63%	936225	18.13%
湖北	113150	3.29%	70810	46.30%	212065	4.11%
海南	41975	1.22%	0	0.00%	69715	1.35%

续表

省级行政区	河南省		湖北省		湖南省	
	年总值	占比	年总值	占比	年总值	占比
吉林	67525	1.97%	365	0.24%	78110	1.51%
江苏	181040	5.27%	8395	5.49%	234330	4.54%
江西	101470	2.95%	2190	1.43%	189800	3.68%
辽宁	100010	2.91%	1460	0.95%	126655	2.45%
内蒙古	76285	2.22%	0	0.00%	79935	1.55%
宁夏	38690	1.13%	0	0.00%	30295	0.59%
青海	33945	0.99%	0	0.00%	19710	0.38%
上海	103295	3.01%	6570	4.30%	179215	3.47%
四川	135050	3.93%	4015	2.63%	193085	3.74%
山东	241995	7.05%	6205	4.06%	204400	3.96%
山西	119355	3.48%	1460	0.95%	114975	2.23%
陕西	113150	3.29%	2190	1.43%	130305	2.52%
天津	68255	1.99%	1095	0.72%	88695	1.72%
台湾	1825	0.05%	0	0.00%	1095	0.02%
西藏	24455	0.71%	0	0.00%	9490	0.18%
香港	11680	0.34%	0	0.00%	10220	0.20%
新疆	65335	1.90%	0	0.00%	71175	1.38%
云南	80665	2.35%	365	0.24%	109500	2.12%
浙江	146730	4.27%	7665	5.01%	218635	4.24%
合计	3434650	100%	152935	100%	5162560	100%

（六）粤、桂、渝红色旅游经典景区消费需求空间分布

广东省红色旅游经典景区的消费需求年总值达到1624615，平均消费需求为47783，11个省级行政区域超过平均水平，占全国客源市场的79.15%。排名前五的客源地分别是广东省、北京市、上海市、江苏省和四川省，消费需求年总值累计占全国总量的58.06%。

广西壮族自治区红色旅游经典景区的消费需求年总值达到215715，平均消费需求为6345，5个省级行政区域超过平均水平，占全国客源市场的69.71%。排名前五的客

源地分别是广西壮族自治区、广东省、北京市、江苏省和云南省，消费需求年总值累计占全国总量的69.71%。

重庆市红色旅游经典景区的消费需求年总值达到56210，平均消费需求为1653，5个省级行政区域超过平均水平，占全国客源市场的83.77%。排名前五的客源地分别是重庆市、四川省、北京市、广东省和江苏省，消费需求年总值累计占全国总量的83.75%。

表2－19　粤、桂、渝红色旅游经典景区消费需求空间分布

省级行政区	广东省		广西壮族自治区		重庆市	
	年总值	占比	年总值	占比	年总值	占比
安徽	28105	1.73%	2190	1.02%	365	0.65%
澳门	1825	0.11%	0	0.00%	0	0.00%
北京	94900	5.84%	13870	6.43%	2920	5.19%
重庆	20075	1.24%	2555	1.18%	34675	61.69%
福建	39785	2.45%	2190	1.01%	365	0.65%
广东	619040	38.10%	28105	13.03%	2190	3.89%
广西	46355	2.85%	93075	43.15%	365	0.65%
甘肃	8395	0.52%	365	0.17%	0	0.00%
贵州	12775	0.79%	4015	1.86%	0	0.00%
河北	34310	2.11%	365	0.17%	730	1.30%
黑龙江	12045	0.74%	1095	0.51%	365	0.65%
河南	47815	2.94%	3650	1.69%	730	1.30%
湖南	63145	3.89%	4745	2.20%	730	1.30%
湖北	54020	3.33%	6205	2.88%	1095	1.95%
海南	9125	0.56%	730	0.34%	0	0.00%
吉林	6570	0.40%	730	0.34%	365	0.65%
江苏	77745	4.79%	8395	3.89%	1825	3.24%
江西	55115	3.39%	1825	0.84%	0	0.00%
辽宁	27740	1.71%	4015	1.86%	730	1.30%
内蒙古	8395	0.52%	1095	0.51%	0	0.00%
宁夏	1460	0.09%	0	0.00%	0	0.00%
青海	0	0.00%	0	0.00%	0	0.00%

续表

省级行政区	广东省		广西壮族自治区		重庆市	
	年总值	占比	年总值	占比	年总值	占比
上海	85410	5.26%	5110	2.37%	1095	1.95%
四川	66065	4.07%	6205	2.88%	5475	9.74%
山东	58400	3.59%	4745	2.20%	730	1.30%
山西	17885	1.10%	4015	1.86%	0	0.00%
陕西	24455	1.51%	2555	1.18%	365	0.65%
天津	13870	0.85%	1095	0.51%	0	0.00%
台湾	365	0.02%	0	0.00%	0	0.00%
西藏	0	0.00%	0	0.00%	0	0.00%
香港	6205	0.38%	0	0.00%	0	0.00%
新疆	5475	0.34%	365	0.17%	0	0.00%
云南	13505	0.83%	6935	3.21%	0	0.00%
浙江	64240	3.95%	5475	2.54%	1095	1.95%
合计	1624615	100%	215715	100%	56210	100%

（七）川、贵、滇红色旅游经典景区消费需求空间分布

四川省红色旅游经典景区的消费需求年总值达到1638850，平均消费需求为48201，13个省级行政区域超过平均水平，占全国客源市场的66.04%。排名前五的客源地分别是四川省、广东省、北京市、江苏省和山东省，消费需求年总值累计占全国总量的36.39%。

贵州省红色旅游经典景区的消费需求年总值达到1585195，平均消费需求为46623，15个省级行政区域超过平均水平，占全国客源市场的68.27%。排名前五的客源地分别是贵州省、广东省、山东省、江苏省和北京市，消费需求年总值累计占全国总量的32.47%。

云南省红色旅游经典景区的消费需求年总值达到131035，平均消费需求为3854，9个省级行政区域超过平均水平，占全国客源市场的79.67%。排名前五的客源地分别是云南省、广东省、北京市、河北省和四川省，消费需求年总值累计占全国总量的63.23%。

表 2－20　川、贵、滇红色旅游经典景区消费需求空间分布

省级行政区	四川省		贵州省		云南省	
	年总值	占比	年总值	占比	年总值	占比
安徽	47815	2.92%	46720	2.95%	1460	1.11%
澳门	0	0.00%	0	0.00%	0	0.00%
北京	83585	5.10%	72635	4.58%	6935	5.29%
重庆	60955	3.72%	60955	3.85%	1460	1.11%
福建	44895	2.74%	44165	2.79%	1460	1.11%
广东	99280	6.06%	82490	5.20%	8760	6.69%
广西	37595	2.29%	41975	2.65%	1095	0.84%
甘肃	33945	2.07%	29200	1.84%	365	0.28%
贵州	33580	2.05%	204765	12.92%	2190	1.67%
河北	60590	3.70%	51465	3.25%	6935	5.29%
黑龙江	27740	1.69%	33215	2.10%	730	0.56%
河南	63510	3.88%	59495	3.75%	3650	2.79%
湖南	49275	3.01%	54750	3.45%	2555	1.95%
湖北	53290	3.25%	52560	3.32%	2555	1.95%
海南	23725	1.45%	19345	1.22%	0	0.00%
吉林	27375	1.67%	29930	1.89%	365	0.28%
江苏	79205	4.83%	74460	4.70%	5840	4.46%
江西	39420	2.40%	43800	2.76%	730	0.56%
辽宁	43435	2.65%	45625	2.88%	3650	2.79%
内蒙古	29565	1.80%	33945	2.14%	365	0.28%
宁夏	10950	0.67%	15330	0.97%	0	0.00%
青海	7665	0.47%	12045	0.76%	0	0.00%
上海	68620	4.19%	59495	3.75%	5110	3.90%
四川	256595	15.66%	71175	4.49%	6570	5.01%
山东	77745	4.74%	80300	5.07%	5110	3.90%
山西	47815	2.92%	42340	2.67%	730	0.55%
陕西	55845	3.41%	46720	2.95%	1825	1.39%
天津	32850	2.00%	35770	2.25%	1095	0.83%
台湾	365	0.02%	0	0.00%	0	0.00%

续表

省级行政区	四川省		贵州省		云南省	
	年总值	占比	年总值	占比	年总值	占比
西藏	2920	0.18%	5475	0.34%	0	0.00%
香港	1825	0.11%	1825	0.11%	0	0.00%
新疆	22630	1.38%	24820	1.56%	365	0.28%
云南	40515	2.47%	44165	2.79%	53655	40.95%
浙江	73730	4.50%	64240	4.05%	5475	4.18%
合计	1638850	100%	1585195	100%	131035	100%

（八）晋、辽红色旅游经典景区消费需求空间分布

山西省红色旅游经典景区的消费需求年总值达到689850，平均消费需求为20290，10个省级行政区域超过平均水平，占全国客源市场的76.24%。排名前五的客源地分别是山西省、北京市、河北省、广东省和山东省，消费需求年总值累计占全国总量的56.45%。

辽宁省红色旅游经典景区的消费需求年总值达到1757475，平均消费需求为51690，12个省级行政区域超过平均水平，占全国客源市场的71.03%。排名前五的客源地分别是辽宁省、北京市、广东省、山东省和江苏省，消费需求年总值累计占全国总量的43.07%。

表2-21 晋、辽红色旅游经典景区消费需求空间分布

省级行政区	山西省		辽宁省	
	年总值	占比	年总值	占比
安徽	15695	2.28%	45260	2.58%
澳门	0	0.00%	0	0.00%
北京	61320	8.89%	129210	7.35%
重庆	12410	1.80%	26280	1.50%
福建	8760	1.27%	37595	2.14%
广东	40150	5.82%	106215	6.04%
广西	10220	1.48%	32850	1.87%
甘肃	3650	0.53%	16060	0.91%

续表

省级行政区	山西省		辽宁省	
	年总值	占比	年总值	占比
贵州	2920	0.42%	16425	0.93%
河北	44895	6.51%	79935	4.55%
黑龙江	4745	0.69%	64240	3.66%
河南	33580	4.87%	73365	4.17%
湖南	13505	1.96%	40880	2.33%
湖北	14965	2.17%	49275	2.80%
海南	1095	0.16%	5840	0.33%
吉林	3285	0.48%	73000	4.15%
江苏	35770	5.19%	100010	5.69%
江西	8395	1.22%	30660	1.74%
辽宁	13505	1.96%	321200	18.28%
内蒙古	9490	1.38%	39055	2.22%
宁夏	365	0.05%	4745	0.27%
青海	0	0.00%	1825	0.10%
上海	18980	2.75%	71175	4.05%
四川	21900	3.17%	58400	3.32%
山东	39420	5.71%	100375	5.71%
山西	203670	29.52%	37230	2.12%
陕西	20805	3.01%	40150	2.29%
天津	13870	2.01%	45990	2.62%
台湾	0	0.00%	0	0.00%
西藏	0	0.00%	365	0.02%
香港	0	0.00%	730	0.04%
新疆	4015	0.58%	16790	0.96%
云南	4015	0.58%	21170	1.21%
浙江	24455	3.54%	71175	4.05%
合计	689850	100%	1757475	100%

（九）陕甘红色旅游经典景区消费需求空间分布

陕西省红色旅游经典景区的消费需求年总值达到1361815，平均消费需求为40053，15个省级行政区域超过平均水平，占全国客源市场的76.07%。排名前五的客源地分别是陕西省、北京市、江苏省、广东省和河南省，消费需求年总值累计占全国总量的37.76%。

甘肃省红色旅游经典景区的消费需求年总值达到436540，平均消费需求为12839，15个省级行政区域超过平均水平，占全国客源市场的79.93%。排名前五的客源地分别是甘肃省、北京市、广东省、山东省和陕西省，消费需求年总值累计占全国总量的36.46%。

表2-22　陕、甘红色旅游经典景区消费需求空间分布

省级行政区	陕西省		甘肃省	
	年总值	占比	年总值	占比
安徽	41610	3.05%	9125	2.09%
澳门	0	0.00%	0	0.00%
北京	86870	6.38%	35770	8.19%
重庆	18615	1.37%	7665	1.76%
福建	32850	2.41%	8030	1.84%
广东	79205	5.82%	27740	6.36%
广西	28105	2.06%	5110	1.17%
甘肃	29930	2.20%	40515	9.28%
贵州	18250	1.34%	1825	0.42%
河北	63145	4.64%	17520	4.01%
黑龙江	24090	1.77%	15695	3.60%
河南	66795	4.90%	22265	5.10%
湖南	44530	3.27%	8760	2.01%
湖北	48910	3.59%	14965	3.43%
海南	6935	0.51%	1460	0.33%
吉林	24820	1.82%	5110	1.17%
江苏	83220	6.11%	25185	5.77%
江西	28835	2.12%	5110	1.17%
辽宁	45625	3.35%	14600	3.34%

续表

省级行政区	陕西省		甘肃省	
	年总值	占比	年总值	占比
内蒙古	34675	2.55%	5475	1.25%
宁夏	14235	1.04%	3650	0.84%
青海	5840	0.43%	3285	0.75%
上海	61685	4.53%	18615	4.26%
四川	56940	4.18%	24090	5.52%
山东	42340	3.11%	27740	6.36%
山西	52925	3.89%	6935	1.59%
陕西	198195	14.55%	27375	6.27%
天津	14965	1.10%	10220	2.34%
台湾	0	0.00%	0	0.00%
西藏	2190	0.16%	365	0.08%
香港	365	0.03%	365	0.08%
新疆	19345	1.42%	16790	3.85%
云南	21900	1.61%	5110	1.17%
浙江	63875	4.69%	20075	4.60%
合计	1361815	100%	436540	100%

第三章　旅游景区消费需求影响因素及提升建议

2022年度全国AAAAA级旅游景区和红色旅游经典景区消费需求数据分析是探讨其影响因素及发展建议的基础。数据分析包括：AAAAA级旅游景区和红色旅游经典景区的全年、春节假期、十一假期消费需求排名，消费群体性别分布、年龄分布，和全国整体、省域两个维度的消费需求空间结构等。

以上数据区分地理尺度、时间尺度、多种特征，支撑旅游景区消费需求的系统性分析。基于以上分析结果，揭示了我国公众对AAAAA级旅游景区和红色旅游经典景区的认知、了解、喜爱程度，将直接影响各个景区的游客接待情况、不同区域的旅游发展水平、全国旅游高质量发展进程。因此，研究团队认真梳理数据结果，全面思考其影响因素，并提出进一步的发展建议。

第一节　旅游景区消费需求影响因素

一、政策支持力度

旅游业是我国第三产业中极为关键的组成部分，是推动国民经济稳定发展的重要产业，旅游业已经成为名副其实的“幸福产业”，成为小康社会标配，美好生活必备。我国十分重视旅游发展，国家先后出台多项政策意见推动旅游发展，激发公众对旅游业的关注。为进一步发展旅游扩大旅游影响力，国家公布AAAAA级旅游景区名录和红色旅游经典景区名录，高度鼓励和支持AAAAA级景区及红色旅游经典景区的发展与建设。党的二十大报告中对文化和旅游工作做出重要部署，提出“坚持以文塑旅，以旅彰文”，为我国新时代文旅融合高质量发展提供了重要遵循、指明了发展方向。

政策支持力度越大，资金、智力、技术投入越多，景区消费需求排名相对靠前。参照全年消费需求排名可以发现，广东、北京、江苏等多个省级行政区的旅游景区深受游客欢迎，这与政府政策支持有很大关系。2022 年，北京出台《北京市扩大文化和旅游新消费奖励办法》，打造“漫步北京”品牌，持续推进三条文化带建设，在全国率先推出 400 公里“京畿长城”国家风景道主线；并印发《关于促进文化和旅游业恢复发展的若干措施》，推出十二方面的措施助企业脱困纾困，为 2614 家旅行社暂退旅游服务质量保证金约 13.12 亿元。2022 年 3 月，广东省发布《广东省促进服务业领域困难行业恢复发展的若干措施》，对旅游业提出了针对性措施，包括加强旅游企业融资、支持旅行社承接党政机关企事业单位社会团体业务、加强旅游企业保险支持、支持文旅产业投融资对接等多项政策，促进旅游业的发展；此外，广东省持续推进旅游业十四五发展规划实施方案，优化旅游发展布局，丰富旅游产品供给，推进文化和旅游深度融合，努力建成更高水平的旅游强省。

二、经济社会发展水平

经济发展水平与旅游业发展存在着密不可分的联系，经济是旅游业发展的产业基础和供给保障，直接影响到人们的消费水平和购买能力。一般来说，GDP 可以反映出一个地区的经济发展水平以及人民生活消费的水平，经济发展水平越高的地区，人们的可支配收入越高，人均 GDP 也越高，城市的发展和基础设施也会更为完善和齐全，各种信息交流也更加便捷，人们出行的意愿也就越强，对相关信息的关注度也就越高；相反，如果经济发展水平较低，则人们通过搜索引擎可获取的信息就少，信息可获取性越低。由于我国各地区发展水平、资源禀赋、基础设施和市场规模等旅游业发展条件存在不同程度的异质性，导致地区旅游发展呈现出明显的非均衡性特征。

经济发展水平越高，景区消费需求排名相对靠前。参照 2022 年人均 GDP 与消费需求排名关系可以发现，北京（人均 GDP 19.00 万元）、上海（人均 GDP 18.04 万元）、广东（人均 GDP 10.19 万元）位列前茅，其消费需求排名也位居前列，其中，在全国 AAAAA 级旅游景区消费需求排名中，分为位列第 5、1、8 位，在红色旅游经典景区消费需求排名中，分别位列第 2、9、1 位；江苏（人均 GDP 第 4，消费需求分别位列第 2、3 位）、浙江（人均 GDP 第 7，消费需求分别位列第 3、7 位）、湖北（人均 GDP 第 9，消费需求分别位列第 11、13 位）、安徽（人均 GDP 第 14，消费需求排名分别位列第 10、12 位）等省级行政区的人均 GDP 排名与消费需求排名亦呈正相关关系。所以，总体来看客源地经济发展水平和检索总量具有相关性，即经济发展水平越高，旅游景区网络热度越高；相反，区域内经济发展水平越低，旅游景区网络热度越低。

三、交通条件

交通是旅游业发展的基础和先决条件，是影响旅游者空间行为的重要因素，由于旅游资源具有不可移动性，因此，旅游流的空间位移对区域交通系统有高度依赖性。交通便利程度和景区可进入性都深刻影响着旅游业的发展，如交通线路里程会限制旅游者出游半径的大小，交通运输质量则深刻影响旅游者的旅游体验。

交通运输条件越好，目的地通达性越高，景区消费需求排名相对靠前。参照2022年全年消费需求分布可以发现，东部地区景区消费需求远高于中西部地区，这与我国东西部交通发展格局是分不开的。我国交通运输发展的地区差异较为明显，东部地区的线路长度、路网密度等明显高于中西部地区。具体而言，在全年消费需求名列前茅的省级行政区域中，广东、北京、江苏等省的交通运输条件为其提供良好助力，而新疆、云南、甘肃等位于西部的省级行政区则排名靠后。以广东省为例，2018—2022年，全省公路水路交通基本建设完成投资9741.6亿元，公路方面，建成港珠澳大桥、南沙大桥和汕昆、汕湛、广连等高速公路项目82个，至2022年底高速公路通车总里程达11211公里，连续9年居全国第一。铁路方面，新开通珠机城际铁路珠海至珠海长隆段、广清、广州东环等城际铁路，全省铁路运营里程达5328公里，实现“市市通高铁”。机场方面，新建成韶关丹霞机场、湛江吴川机场，至2022年底全省已建成9个机场。目前，全省总体建成全国领先的高速公路网、完善的国省干线网和广覆盖的农村公路网，初步建成世界级港口群，高速铁路、机场等基础设施发展水平走在全国前列。由此可见，交通条件与旅游景区消费需求呈现较为显著的相关性，交通基础设施越完善，可达性越高，游客出游意愿越容易被激发，更有可能产生旅游消费行为。

四、节事活动与闲暇时间

节事活动以旅游资源或旅游活动为依托，以喜闻乐见的节日庆典、特色美食物产、地方民俗文化等形式，满足了人们对物质和精神文化的需求，增强了与游客的互动性与体验感。结合百度指数数据，可以发现，用户关注度数据呈现不均衡性，高峰期一般在重大历史纪念日前后和“五一”、“十一”黄金周，即旅游消费需求总是在一个特殊的时间点呈现爆发式增长。如2022年2月4日，随着在冬奥会的影响和“带动三亿人参与冰雪运动”、“南展西扩东进”战略的号召下，我国冰雪运动的整体行业规模呈稳定增长态势，2020—2021 雪季冰雪旅游人数 2.3 亿人次，冰雪旅游收入 3900 亿元，真正实现了 3 亿人上冰雪的目标。以冬奥会为契机，北京、河北成了冰雪产业的新晋“胜地”；南方的室内滑雪场产业也“更上一层楼”。可见冬奥的东风给我国冰雪旅游带来的强大的助力，使得相关消费需求迅速上升。

随着经济和社会的日益发展，旅游已经成为人们日常生活中不可或缺的休闲活动，我国旅游需求长期受到休假时间的限制而不能得到满足，节假日则为人们提供了出游的契机。2022 年全国 AAAAA 级旅游景区整体消费年均值为 37889，计算得到日均值 104，十一假期整体消费需求期均值为 7111，计算得到日均值 1016；全国红色旅游经典景区整体消费年均值为 114529，计算得到日均值 314，十一假期整体消费需求期均值 2969，计算得到日均值 424。由此可见在全国 AAAAA 级旅游景区和红色旅游经典景区的消费需求中，国庆期间日均值均高于全国平均水平，充分说明了国庆黄金周对于旅游出行的拉动作用。可见，闲暇时间在很大程度上影响人们的出游意愿，同时也会影响旅游景区消费需求。

五、旅游产业发展和资源禀赋

区域旅游业发展为旅游者开展旅游活动提供全方位的服务，旅游业越发达的地区，其经济社会环境对居民外出旅游愿望的激发越大，实现的可能性较大，相关人群对旅游信息关注度就越高，消费需求因此也会受到影响。我国各省级行政区域的旅游产业效应发挥并不完全同步，因此带来了差异化的发展环境。以湖南省为例，湖南旅游资源较为丰富，旅游产业发展也较为成熟，2022 年，湖南全省接待国内外游客 4.35 亿人次，同比增长 0.97%，恢复到 2019 年的 90.00%，实现旅游收入 6487.96 亿元，恢复到 2019 年的 85.40%。出台《关于加快建设世界一流旅游目的地的意见》，提出大力实施全域旅游战略，加快建设世界旅游目的地，推动全省经济社会高质量发展，提出打造以张家界等为代表的奇秀山水名片、以韶山等为代表的经典红色名片、以长沙等为代表的城市文化和都市休闲名片、以南岳衡山等为代表的历史文化名片和以城头山古文化遗址等为代表的农耕文化名片等五张名片的建设，推动湖南旅游业发展走向更高的发展阶段；同年举办首届全省旅游发展大会，推动旅游产业持续向好发展。旅游产业高水平发展为湖南省带来价值提升效应、品牌效应、生态效应，其景区消费需求也名列前茅。

旅游资源禀赋衡量各地区旅游资源的类型、数量、质量、特点及其分布规律，旅游资源是景区产生吸引力的核心价值所在，旅游资源丰富、独特、质量评价高的景区，其知名度和美誉度越高，相关消费需求越大。由于各景区旅游资源禀赋省际差异明显，由此引起消费需求的高低。如在2022年全国AAAAA级旅游景区消费需求年总值前五的省级行政区分别是广东、江苏、浙江、山东和北京，其值分别为18255475（消费需求占比6.49%）、16891105（占比6.00%）、15066470（占比5.35%）、14916090（占比5.30%）、14500355（占比5.15%）。全国红色旅游经典景区消费需求年总值前五的省级行政区分别是广东、北京、山东、江苏和河北，其值分别为3223315（消费需求占比7.16%）、3081330（占比6.85%）、2921095（占比6.49%）、2609020（占比5.80%）、2174670（占比4.83%）。相对来说，宁夏、青海、西藏等地消费需求年总值较小，消费需求占比不足1%，居于末位水平，省际差异较为明显。消费需求较高的省级行政区一方面由于其辖区内景区数量较多，另一方面归功于需求量较高的典型景区，旅游景区的数量、等级、空间分布将决定景区、省际、区域旅游知名度与影响力，造成景区间消费需求的显著差异。

六、网络发达程度

在全球信息化的飞速发展背景下，旅游目的地不再仅仅依靠当地的资源禀赋，除了本身资源的开发和基础设施的建设，网络发达程度也成为重要的影响因素。现代通信信息技术的快速发展对景区消费需求产生重要影响，互联网发展水平越高，普及率越高，人们获取信息业相对便捷，它影响着潜在游客的日常生活习惯和获取信息的方式，现在人们多偏向于使用互联网平台寻找信息，订购出行票务，预订酒店和民宿等，各个OTA平台也会提供给游客更加完善和便捷选择，网络已经成为人们出游决策中最重要的一环。据《中国互联网发展状况统计报告（第51次）》，截至2022年12月，我国网民规模达10.67亿，较2021年12月增长3549万，互联网普及率达75.6%，可见我国信息网络发展速度较为迅速。参照2022年旅游景区全年消费需求分布表可以看出，全国AAAAA级旅游景区和红色旅游经典景区消费需求分布空间不均衡性较为明显，说明不同客源市场对目的地及景区信息接受、关注和出游意向存在着差异，东部地区的网络信息的发展相较于中西部地区更加完善，也给游客提供了更多的信息选择，游客与游客之间的网络互动也更加频繁，中西部地区特别是西部地区互联网普及率较低，在一定程度上制约着旅游业的发展。

一般来说，互联网普及率越高的地区网络搜索量也会越大。参照2022年旅游景区消费需求空间分布，发现消费需求总量排名前列的省级行政区，如北上广地区，互联网建设也较为发达。北京市2022年固定互联网宽带接入用户数达到877.3万户，增长

8.8%。广州年末（固定）互联网宽带用户 4628.72 万户，年末移动互联网用户 15097.28 万户。上海市千兆光网接入能力已覆盖 961 万户家庭 5G 用户数 1523.88 万户，比上年末增加 495.47 万户，实现全市域 5G 网络基本覆盖。可见互联网的发展程度与消费需求存在密切联系。

第二节　旅游景区消费需求提升建议

一、加强政策引导，提升旅游影响

政府的政策扶持和导向，为旅游发展提供了强大助力，旅游景区消费需求受到政治因素的影响和作用。因此为提高 AAAAA 级旅游景区和红色旅游经典景区的受关注程度，可以通过政府层面出台相应的利好政策予以实现。可基于以下三个角度为旅游增添助力：第一，加强财政支持力度，中央和地方政府可以通过专项拨款、财政补贴、税收优惠等方面的政策促进旅游景区完善基础设施建设，进而提升吸引力和游客满意度；第二，加强政策指引，通过定期发布指导性文件实现旅游市场的动态更新和持续拓展，促进旅游影响力的提升；第三，加大对中西部地区的政策倾斜力度，加强偏远地区旅游相关政策的贯彻落实，更加科学地规划的旅游资源，积极线上线下宣传旅游的相关政策和活动，实现旅游消费需求的均衡增长和发展，进而加快旅游经济的增长。

二、推动经济发展，实现区域联动

区域经济发展可以更好地挖掘和保护旅游景区，更有利于旅游景区的建设与发展，有助于推动和完善旅游基础设施建设，提升游客满意度，增强景区吸引力。我国区域经济发展不平衡状况在相当长的一段时间仍将存在，东部地区经济发展水平远高于中西部地区，各地区之间发展差距较大。鉴于此，其一，要继续推进协同发展战略，通过区域内共同谋划旅游空间布局、共同分享城乡公共服务等措施，将各地区有效串联，建立区域经济活跃繁荣、旅游产业特色鲜明的发展圈层。通过让高知名度景区与周围冷门景区进行协同发展，最大程度地发挥各景区的优势效应，形成良性的互动响应，让各地资源合理有效地发挥作用，最终形成良好的竞争和互利双赢的旅游生态系统；其二，要积极推行“以点带区、以轴带面”的发展战略，充分发挥东部地区辐射带动作用，同时加大对中西部地区的政策、资金扶持力度，形成区域分工协作、和谐共生、相互促进的发展格局，多举措并举全面助推区域经济与旅游业的稳步协同发展。

三、完善交通体系，提高可进入性

交通运输条件是地区发展十分重要的基础设施，应加快建立综合型的交通体系，提高景区可进入性。要基于各地区旅游资源分布不均衡的客观特征，完善区域交通规划体系，加强地区基础设施建设力度与资金投入力度，构筑立体化、多层次的综合交通网络，缩小区域发展差异，促进交通运输方式改善，提高可达性与灵活性；同时要注意因地制宜布点，充分依托交通运输的线路状况，结合本地景观、历史、民俗文化等特色，沿线布点旅游景点与设施，推动交通线路与旅游业态的有机融合；最后，要合理规划交通线路，在旅游旺季时，可以通过提高航线、高铁、公路、城市轨道交通等交通运输能力，缓解拥堵，提升游客流转速度，尤其对于旅游景区集聚程度高的区域，要注重景区间的交通衔接，节省游客的交通时间，提升游客旅游体验，提高游客满意度。

四、开展节事营销，优化产品体系

开发多样性的旅游新型产品，提高消费需求时间上的均衡性。结合文化与旅游相融合的属性，发展旅游应将其与节庆日和重大事件相结合，利用旅游目的地民俗、节庆等特色旅游要素进行产品设计，以重大事件纪念日等关键节点为契机加大对旅游文化的宣传力度，提升淡季目的地的吸引力。除节庆日和重大历史事件纪念日举办活动外，可常年开展主题报告会、理论研讨、知识竞赛、实景演出等群众参与面大的专题活动，让游客四季适游、常年关注，以提升景区旅游品牌的感染力、关注度和知名度。消费需求高的旅游景区应合理调整和优化旅游产品体系，不断提升旅游景区品质，从而实现可持续发展。消费需求低的旅游景区更应加强宣传营销，采用小红书、微博、抖音等线上宣传与节庆活动等线下营销结合的方式，提高知名度，同时，依托高用户关注度景区的高知名度，积极与其开展合作。

五、促进资源整合，创新旅游发展模式

充分挖掘整合区域旅游资源，加强区域内旅游景区联动。以旅游全域化为理念，发挥高关注度和高知名度景区的极化核心带动作用，加大与邻近景区的整合力度，以点带线从而实现全域旅游发展，进而达到区域内资源有效整合、产业深度融合，最终实现以旅游业发展带动地方经济社会协调发展。需要从以下三个方面展开：其一，要

积极推进旅游资源整合。注意旅游文化主题与历史人文、秀美山水等元素的深度融合，将旅游形式与绿色生态游、历史人文游、康养休闲游、研学观光游等旅游形式相结合，将红色旅游景区与其他国家A级景区、森林公园等景区类型相结合，构建具有地方特色的全域旅游产品体系，打造综合性旅游目的地。其二，必须加强区域合作。要打破行政区域间的壁垒和地区限制，在大力发展旅游的同时，整合开发其周边的旅游资源，通过发挥资源互补优势和近邻效应值的最大化，实现区域内旅游产品的优化组合，打造凸显区域旅游特色的综合旅游产品。其三，要充分发挥“旅游+”的优势和融合带动功能，全面实施“旅游+”战略，积极促进旅游产业与其他产业深度融合，形成一系列复合型文化旅游线路及产品，延长旅游的产业链，从而实现旅游的可持续性发展。

六、畅通信息渠道，提升互联网普及率

互联网的快速发展，使得人们在进行信息搜索时不再局限于单一渠道，这为各景区的网络宣传提供了新思路。要建立服务于游客信息获取、传递的多维通道服务体系，以实现目的地及景区与游客出游意向的有效交流和快速传递。景区在互联网平台进行宣传时，应注意宣传方式，多元化展示景区特色，利用图片、视频等方式进行景区旅游形象的塑造，在选择营销平台时，可以多个平台共同营销，根据平台用户特征有侧重点地进行景区营销，通过现代信息技术与新媒体技术融合，整合资讯平台和宣传营销平台，建立广播、电视、报刊、读物等传统渠道和互联网平台、微博、微信、抖音等新媒体融合的信息推送渠道体系，扩大旅游信息宣传的受众面和信息传递的及时性、有效性，实行线上线下统一营销，扩大知名景区影响力，提高其他旅游景区人气与热度。同时要借助旅游资讯网、App、移动客户终端、电子商务平台等形式，加强对东北、西北等消费需求较低的远程地区信息推送和市场营销，提升旅游市场需求空间上的均衡度。

下篇　专项旅游消费需求报告

第一章　乡村旅游消费需求报告

第一节　乡村旅游发展概述

一、概念界定

近几年随着乡村旅游快速发展，各种旅游产品层出不穷，乡村旅游的概念日益具体化。2010 年，《农业部 国家旅游局关于开展全国休闲农业与乡村旅游示范县和全国休闲农业示范点创建活动的意见》（农企发〔2010〕2 号），将乡村旅游定义为“以农业生产、农民生活、农村风貌以及人文遗迹、民俗风情为旅游吸引物，以城市居民为主要客源市场，以满足旅游者乡村观光、度假、休闲等需求的旅游产业形态”。2017 年 9 月 29 日，《中华人民共和国国家标准旅游业基础术语》（GB/T 16766—2017）对乡村旅游做出如下界定：以乡村自然景观、民俗和农事活动为吸引物的旅游。

二、政策背景

党的十八大以来，党中央和国务院将乡村旅游纳入“三农”工作和乡村振兴战略总体布局之中，历年“中央一号文件”均对乡村旅游发展做出安排。2017 年 10 月 19 日，习近平总书记参加党的十九大贵州省代表团讨论时指出“脱贫攻坚，发展乡村旅游是一个重要渠道，要抓住乡村旅游兴起的时机，把资源变资产，实践好绿水青山就是金山银山的理念”。2022 年 10 月 16 日，习近平总书记在二十大报告中强调“要发展乡村特色产业，拓宽农民增收致富渠道，统筹乡村基础设施和公共服务布局，建设宜居宜业和美乡村”。

各相关部门积极响应党中央和国务院的号召，协调推进乡村旅游在乡村振兴中发挥的作用，为实现乡村脱贫和巩固拓展脱贫成果提供了一条发展道路，这些成就离不开历年国家政策文件对乡村旅游的支持。2014 年 11 月，国家发展改革委、原国家旅游局等 7 部门发布《关于实施乡村旅游富民工程推进旅游扶贫工作的通知》（发改社会〔2014〕2344 号），安排中央预算内投资支持重点村旅游基础设施建设，将贫困村周边旅游扶贫项目列入“十三五”旅游基础设施和公共服务设施建设专项规划储备项目；2016 年 9 月，国家旅游局、国家发展改革委等 12 部门发布《关于印发乡村旅游扶贫工程行动方案的通知》（旅发〔2016〕121 号），该方案确定了乡村旅游扶贫工程的五大任务：一是科学编制乡村旅游扶贫规划，二是加强旅游基础设施建设，三是大力开发乡村旅游产品，四是加强旅游宣传营销，五是加强乡村旅游扶贫人才培训。

2017 年，国家发展改革委会同有关部门共同研究制定了《促进乡村旅游发展提质升级行动方案（2017 年）》（发改社会〔2017〕1292 号），通过组织落实各项行动任务，推动形成体系完善、布局合理、品质优良、百花齐放的乡村旅游发展格局，争取 2017 年全国乡村旅游实际完成投资达到约 5500 亿元，年接待人数超过 25 亿人次，乡村旅游消费规模增至 1.4 万亿元，带动约 900 万户农民受益；2018 年 11 月，文化和旅游部、国家发展改革委等 17 部门发布《关于促进乡村旅游可持续发展的指导意见》（文旅资源发〔2018〕98 号），一系列政策措施对促进乡村旅游发展发挥了重要作用，强调要“加快乡村旅游与农业、教育、科技、体育、健康、养老、文化创意、文物保护等领域深度融合，培育乡村旅游新产品新业态新模式”。

2020 年初，突如其来的新型冠状病毒感染限制了国内民众的出行，对旅游业的发展造成影响。中华人民共和国文化和旅游部在《乡村旅游提质升级 助力乡村全面振兴——党的十八大以来旅游业高质量发展系列报道之五》中指出在常态化疫情防控背景下，长线旅游恢复较慢，而近郊游、乡村游愈发受到游客的青睐。当年 7 月，文化和旅游部办公厅发布《关于统筹做好乡村旅游常态化疫情防控和加快市场复苏有关工作的通知》（办资源发〔2020〕81 号），推动乡村旅游市场持续复苏发展。2022 年，文化和旅游部、教育部、自然资源部、农业农村部、国家乡村振兴局、国家开发银行联合印发《关于推动文化产业赋能乡村振兴的意见》（文旅产业发〔2022〕33 号），该意见提出实施乡村旅游艺术提升行动，培育乡村非物质文化遗产旅游体验基地，依托“中国民间文化艺术之乡”发展民间文化艺术研学游、体验游，支持有条件的中国重要农业文化遗产地建设农耕文化体验场所，全面推进“创意下乡”等。2023 年 6 月 30

日，《文化和旅游部办公厅 中国银行关于金融支持乡村旅游高质量发展的通知》（办资源发〔2023〕121 号），提出金融支持乡村旅游高质量发展的相关措施，要高度重视乡村旅游业务合作，共同推动乡村旅游业务落地，畅通乡村旅游业务信息渠道。

三、发展现状

随着城市化的发展和人民收入水平的提高，人们对休闲、文化、度假等生活方式的追求越来越高，而传统的城市旅游方式已经无法满足人们的需求，此时休闲旅游和乡村旅游成为一种新的选择。我国乡村旅游目的地主要分布在大城市的近郊，乡村旅游的主体游客是城市居民，呈现出市民举家出游增加、外地游客专程出游增加的特点①。

近几年，我国乡村旅游快速发展，中华人民共和国文化和旅游部在《乡村旅游提质升级 助力乡村全面振兴——党的十八大以来旅游业高质量发展系列报道之五》中指出，2012 年至 2019 年，全国乡村旅游人次从近 8 亿跃升到 30 亿，年均增速超过 20%。《全国乡村产业发展规划（2020—2025 年）》（农产发〔2020〕4 号）提出，2019 年，休闲农业接待游客 32 亿人次，营业收入超过 8500 亿元。到 2025 年，乡村产业体系健全完备，乡村产业质量效益明显提升，乡村休闲旅游业年接待游客人数超过 40 亿人次，经营收入超过 1.2 万亿元。

乡村旅游不仅是我国旅游产业的新兴业态，而且是驱动农村经济转型和产业升级的重要抓手。文化和旅游部等相关部门对乡村旅游的发展高度重视，在《文化和旅游部对十三届全国人大五次会议第 4358 号建议的答复》（文旅资源函〔2022〕412 号）中写到，据初步统计，各地文化和旅游部门组织编制了 2000 多个乡村旅游规划，指导乡村地区科学推进旅游资源开发和项目建设。2019 年以来，文化和旅游部会同国家发展改革委开展了全国乡村旅游重点村镇名录建设工作，先后推出 1199 个全国乡村旅游重点村和 100 个全国乡村旅游重点镇。

我国乡村旅游从 20 世纪 80 年代的农民自发开办“农家乐”的初步形态，逐渐发展演变为融乡村景区、特色民宿、文化体验等多种业态，涵盖观光、休闲、度假、康养等多种功能的复合形态，成为国内旅游的重要板块②。一方面，随着乡村旅游经济持续走高，面临着发展模式功能单一、旅游同质竞争、整体品质不高等现实困境；另一方面，当地政府、旅游企业、当地居民之间存在着利益冲突。因此，理清乡村旅游发

---

① 周玲强，黄祖辉．我国乡村旅游可持续发展问题与对策研究［J］．经济地理，2004（4）：572－576.

② 银元．乡村旅游数字化发展：动力机制、逻辑维度与矛盾纾解［J］．西安财经大学学报，2023，36（1）：29－40.

展概况及消费需求特征利于引导乡村旅游差异化发展。

第二节　乡村旅游消费需求年际变化趋势

一、消费需求数值年际变化

乡村旅游消费需求数值的年际变化如表 1－1 所示，年度间呈现不规则波动。最小整体日均值（215）出现在 2011 年，最大整体日均值（442）出现在 2016 年，两数值相差约 2 倍，相应消费需求年总值为最小值 78475，最大值 161330。最小移动日均值（63）出现在 2011 年，最大移动日均值（198）出现在 2022 年，二者相差 3 倍，相应消费需求年总值为最小值 22995，最大值 72270。显然，12 年时间里，乡村旅游所受关注大幅增长，互联网大数据所展现的整体消费需求年总值累计突破 145 万，移动消费需求年总值突破 60 万。

表 1－1　2011—2022 年乡村旅游消费需求日均值与年总值

年度	整体日均值	整体年总值	移动日均值	移动年总值
2011	215	78475	63	22995
2012	220	80300	69	25185
2013	220	80300	77	28105
2014	253	92345	90	32850
2015	400	146000	138	50370
2016	442	161330	166	60590
2017	393	143445	165	60225
2018	404	147460	193	70445
2019	362	132130	188	68620
2020	352	128480	177	64605
2021	369	134685	195	71175
2022	359	131035	198	72270
合计	3989	1455985	1719	627435

注：乡村旅游消费需求日均值由百度指数所收录“乡村旅游”关键词的用户关注度表征，此单一关键词将造成对乡村旅游消费需求的低估，但同一标准下的数值仍具有研究价值，年际变化趋势分析能有效反映乡村旅游发展动态。

图 1-1 更为形象地展示了乡村旅游消费需求规模的年际变化：2011—2014 年公众对于乡村旅游的关注及相应产生的需求变化幅度较小；2015 年整体与移动消费需求年总值均呈现显著增长，综合分析近几年影响变化的因素，2014—2015 政策因素发挥的作用最大，可见 2014 年 11 月，发展改革委联合 7 部门发布的《关于实施乡村旅游富民工程推进旅游扶贫工作的通知》具有突出的政策影响，该通知指出安排中央预算内投资支持重点村旅游基础设施建设，将贫困村周边旅游扶贫项目列入“十三五”旅游基础设施和公共服务设施建设专项规划储备项目；2015 年下半年国家将旅游项目纳入专项建设基金支持领域，重点支持休闲度假旅游、乡村旅游等，因此在 2016 年达到乡村旅游消费需求的顶峰；2017—2022 年乡村旅游消费需求略有回落但整体趋势变化稳定；2019 年底新型冠状病毒感染的出现引起了国家和民众的注意，2020 年疫情全面暴发，对人们的日常出行造成了较大的冲击，乡村旅游消费需求在 2019 年开始下降，在 2020 年出现相对低峰；但乡村旅游出行便捷、亲近自然、人员密度低，因此 2020 年相较于 2018 年消费需求下降幅度较小，且相较于其它旅游业，乡村旅游实现率先复苏并持续稳步增长；2021、2022 年消费需求有小幅度回升但总体没有达到疫情前的水平。

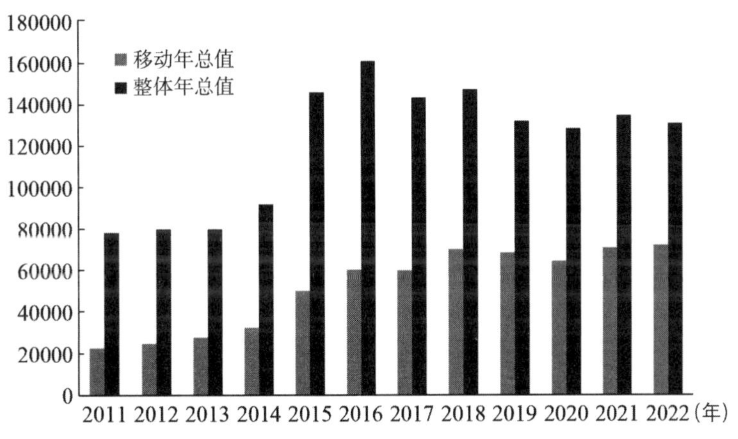

图 1-1　2011—2022 年乡村旅游消费需求年总值

二、消费需求增长年际变化

乡村旅游消费需求增长的年际变化如图 1-2 所示。2012—2022 年整体与移动消费需求均存在正、负双向增长，幅度 0%—58.10% 不等，移动消费需求变化率普遍高于整体变化率，可见移动端发展速度十分突出。

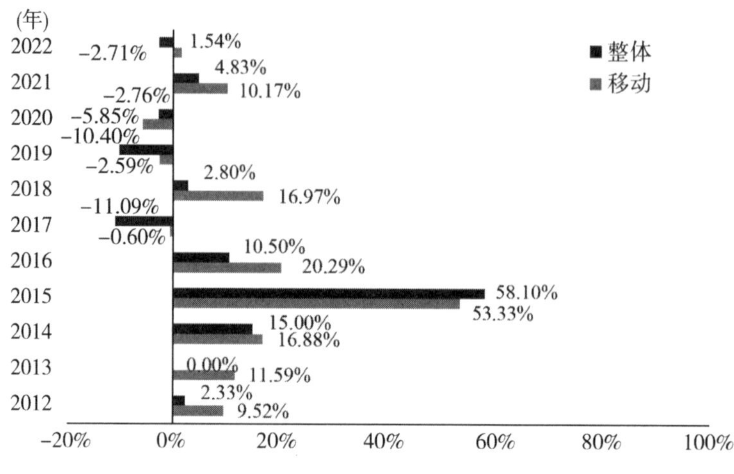

图 1－2　2012—2022 年乡村旅游消费需求增长率

整体消费需求增长显示：2012—2014 年变化率小于 20%，2015 年在国家政策的支持下实现 58.10% 增长，年总值超 14 万；2016 年在前一年增长的基础上进一步增长 10.50%，年总值超 16 万；2017 年消费需求出现小幅度的负增长，2018 年消费需求略有回升；2019—2020 年受到新型冠状病毒感染疫情的影响，连续两年出现负增长；2021 年消费需求略有回升，2022 年消费需求小幅度下降；总体来说，2019—2022 乡村旅游消费需求变化不明显。

移动消费需求增长显示：移动搜索引致的消费需求在 2011—2016 均为正向增长，由于政策的推动作用，在 2014—2015 年涨幅最大，超过 50%；2017 年移动消费需求与 2016 年移动消费需求基本持平；2017—2018 年涨幅为 16.97%，是 2011 年移动年总值的三倍；2019—2020 年受到新型冠状病毒感染疫情对出行带来的影响，导致移动端消费需求连续两年出现负向增长；我国科学的防控政策以及乡村旅游的就近性，使 2020—2022 年乡村旅游移动消费需求出现正向波动，增幅超 10%。

三、移动端需求占比年际变化

乡村旅游移动搜索引致的消费需求占比年际变化如图 1－3 所示。

互联网搜索呈现的消费需求主要源自移动端和 PC（personal computer，个人计算机）端，移动端需求在整体消费需求的占比能一定程度上显示公众信息来源与搜索偏好。由图可知，2011—2022 年移动端需求占比总体呈现稳步增长趋势，其中 2011—2015 年乡村旅游移动消费需求占比仅呈现小幅度地增长，总增幅约为 5%；2015—2019 年得益于互联网和通信设备的快速发展，移动端需求快速增长，实现约 20% 的增幅；

2019—2020 年乡村旅游受到新型冠状病毒感染疫情的冲击，移动端需求略微下降，但总体上不影响乡村旅游移动端消费需求的上升趋势；2020—2022 年，在国家做出的一系列努力与民众的配合下，疫情得到有效控制，在一定程度上保障了人们近距离出游的安全性，因此，这两年中乡村旅游移动端需求仍稳步上升，增幅约 5%。

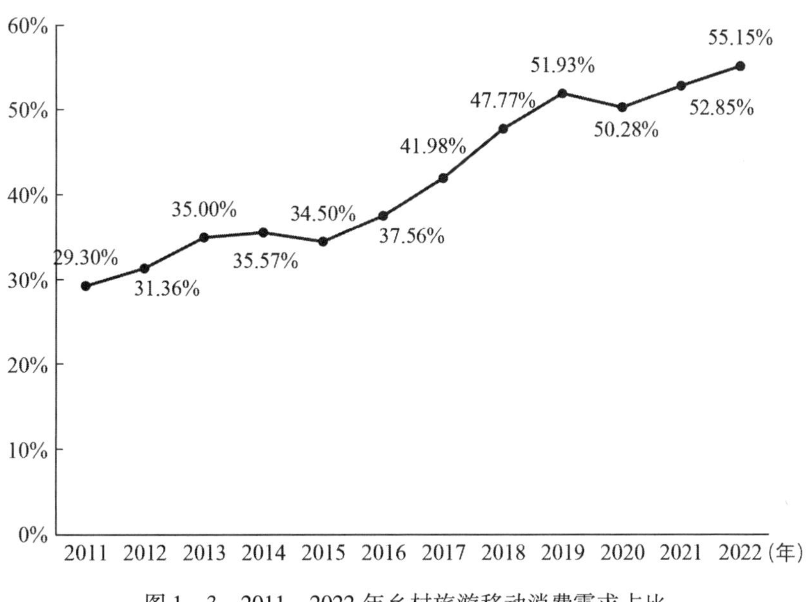

图 1－3　2011—2022 年乡村旅游移动消费需求占比

第三节　2022 年乡村旅游消费需求分析

一、消费群体分析

（一）性别分布

2022 年乡村旅游消费群体性别分布如图 1－4 所示：男性占比 35. 40%，TGI 指数为 70. 55，表明男性对乡村旅游的关注程度低于平均水平；女性占比 64. 60%，TGI 指数为 129. 68，可见女性对乡村旅游的关注程度高于平均水平。这一偏差可能是由于女性在旅游决策中处于主导地位，乡村旅游目的地距离较近，且其山清水秀的原生态环境对女性有更大的吸引力，因此女性更加关注乡村旅游及其所能带来的美好体验和积极情感。

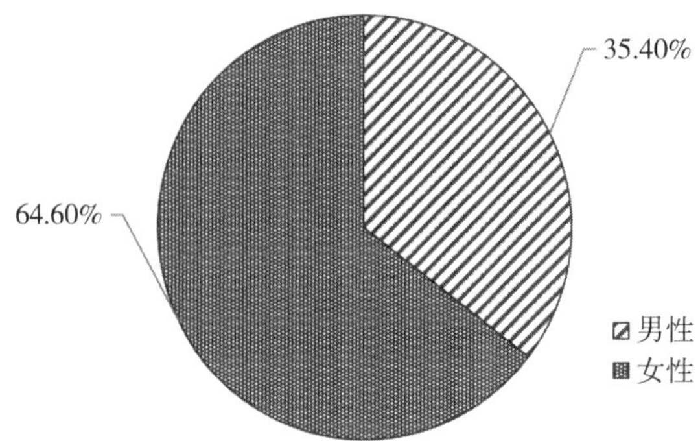

图 1-4　2022 年乡村旅游消费群体性别分布

（二）年龄分布

2022 年乡村旅游消费群体年龄分布如图 1-5 所示。19 岁及以下占比 14.15%，TGI 指数为 187.07，尽管该年龄段人群占比低于另外两个年龄段，但其对乡村旅游的关注程度显著高于平均水平，足以证明中小学生消费需求的旺盛，家庭旅游、春游、体验生活通常是这类群体关注乡村旅游的理由。20—29 岁占比 52.92%，TGI 指数为 201.57，该年龄段人群对乡村旅游的关注程度远高于平均水平，可见这个年龄段人群是乡村旅游的主要群体，其个人可支配收入和闲暇时间较为充足，具有一定经济基础，周末时间较为自由，那么距离近、消费低、能休闲放松的乡村旅游是他们的首选。30—39 岁占比 20.55%，TGI 指数为 59.51，表现出低于平均水平的关注程度，可能的原因是近年来初婚年龄不断增大，处于该年龄段的群体刚建立家庭、养育孩子，他们的关注点更多放在家庭上。40—49 岁占比 8.56%，TGI 指数为 44.13，50 岁及以上占比 3.82%，TGI 指数为 31.60，这两个年龄段人群对乡村旅游的关注程度远低于平均水平。

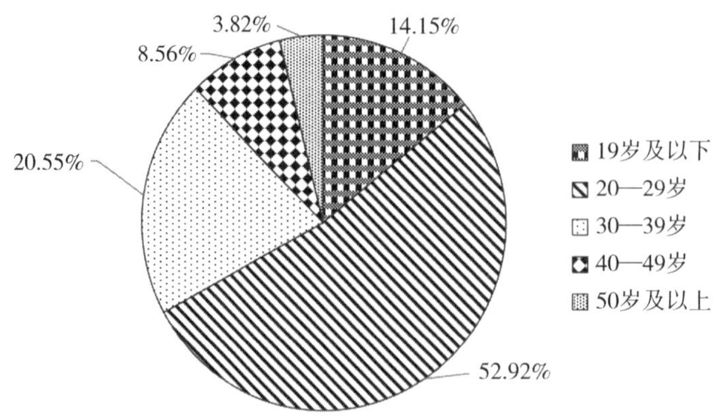

图 1-5　2022 年乡村旅游消费群体年龄分布

通过观察各年龄段及其 TGI 指数，可以发现 30 岁以下的群体 TGI 指数高于平均水平，而 30 岁以上的群体 TGI 指数低于平均水平。30 岁以上的三个年龄段群体尽管 TGI 指数低，但不能代表其不喜欢、不关注乡村旅游，这需要考虑一个重要因素，即乡村旅游的口碑传播效应十分显著，不论面对面还是通过社交媒体。这三个年龄段的群体可能非常依赖于口口相传而较少依赖网上攻略，因此 TGI 指数低。而 30 岁以下的群体偏爱查找攻略，因而其百度指数数据较为突出。

二、消费需求分析

（一）时间分布

2022 年乡村旅游消费需求量的月度分布如表 1－2 所示。最小日均值出现在 1 月（271），最大值出现于 5 月（473），相差幅度 74.54%，相应月总值分别为 8401、14663，变化幅度 74.54%。

表 1－2　2022 年乡村旅游消费需求时间特征

月度	日均值	月总值	月总值占比
1	271	8401	6.40%
2	301	8428	6.42%
3	453	14043	10.70%
4	442	13260	10.10%
5	473	14663	11.17%
6	380	11400	8.69%
7	299	9269	7.06%
8	294	9114	6.95%
9	321	9630	7.34%
10	360	11160	8.50%
11	396	11880	9.05%
12	322	9982	7.61%

各月消费需求日均值跨度显示：1 月、7 月、8 月日均值介于 270—300 之间，2 月、9 月、12 月日均值介于 300—350 之间，6 月、10 月、11 月日均值介于 350—400 之间，3 月、4 月、5 月日均值超过 400。

各月消费需求总值跨度显示：1 月、2 月消费需求总值低于 0.9 万，7 月、8 月、9

月、12 月消费需求总值介于 0. 9 万—1. 1 万之间，4 月、6 月、10 月、11 月消费需求总值介于 1. 1 万—1. 4 万之间，3 月、5 月消费需求总值高于 1. 4 万。

2022 年 1—12 月乡村旅游消费需求每月总值占比如表 1 - 2 所示。结合分布图 1 - 6，不难发现，12 个月的月总值占比呈现上下波动，但占比最高的月份为 11. 17%，最低占比为 6. 40%，说明整体相差幅度在 5% 以内，月度差异不大。

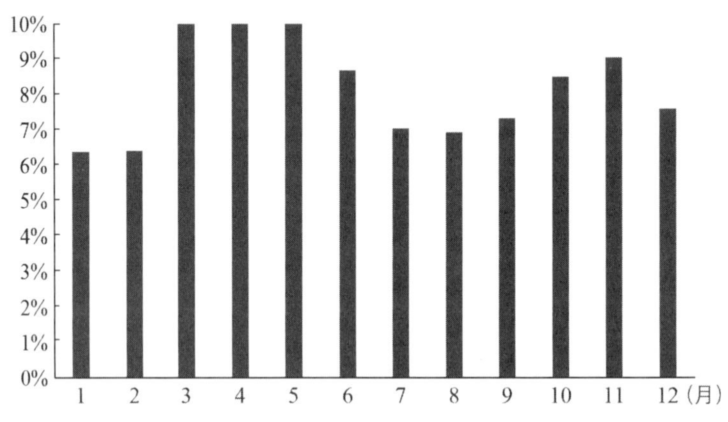

图 1 - 6　2022 年 1—12 月乡村旅游消费需求月总值占比

从季节分布来看（如图 1 - 7），春季（3—5 月）消费需求总值合计 41966，在本年度占比 31. 98%，夏季（6—8 月）消费需求总值为 29783，占比 22. 69%，秋季（9—11 月）消费需求总值为 32670，占比 24. 90%，冬季（1—2 月，12 月）消费需求总值合计 26811，在本年度占比 20. 43%。显然，乡村旅游消费需求季节占比由高到低分别为春季、秋季、夏季、冬季，消费需求规模的最大季节差达到 15155，春、秋两季需求值都高于 30000，占比均超过四分之一，合计 56. 87%，夏、冬季占比略小于 23%，春夏秋三季占比近八成，冬季表现最为平淡。

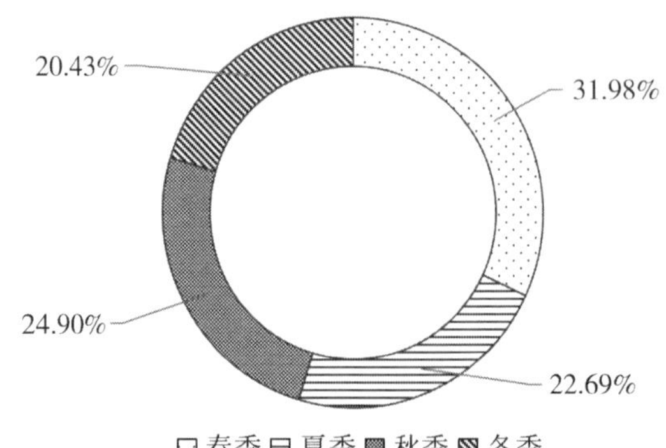

图 1 - 7　2022 年乡村旅游消费需求季节占比

2022 年乡村旅游消费需求的月度变化如图 1-8 所示。年内月度呈现“三峰”型特征分布：5 月为最高峰，需求值达到 14663，3 月、11 月为次高峰，需求值分别为 14043、11880，峰值间的差距并不大。乡村旅游的发展主要以自然风光为依托，而这三个月是我国气温适宜、乡村风光最好、游客可体验互动项目最多的时间段，因此这 3 个月的乡村旅游消费需求达到峰值。2022 年最低值出现在 1 月，为 8401，这是由于 1 月份天气寒冷，乡村花草树木凋零，很大程度上影响了乡村旅游景观的可观赏性；并且 1 月份有春节假日，全国各地人员流动大，出现返乡与家人团聚的高峰，因此对乡村旅游的关注度最小。同理，2 月份乡村旅游需求仅为 8428，与 1 月份的旅游需求并无明显差异。到 3 月份乡村旅游消费需求急剧攀升至 14043。4 月份旅游需求较小程度地下降至 13260。5 月达到全年的峰值 14663。6 月、7 月、8 月乡村旅游消费需求逐月下降至 8 月最低点 9114，这与夏天炎热的天气有关，温度高影响了人们出行的欲望，且乡村景观注重自然观光，因此没有准备充分的降温设备，在一定程度上抑制了人们乡村旅游的需求。9 月、10 月、11 月消费需求明显上升至 11 月峰值 11880。由于气温的下降，12 月份旅游消费呈现下降趋势。

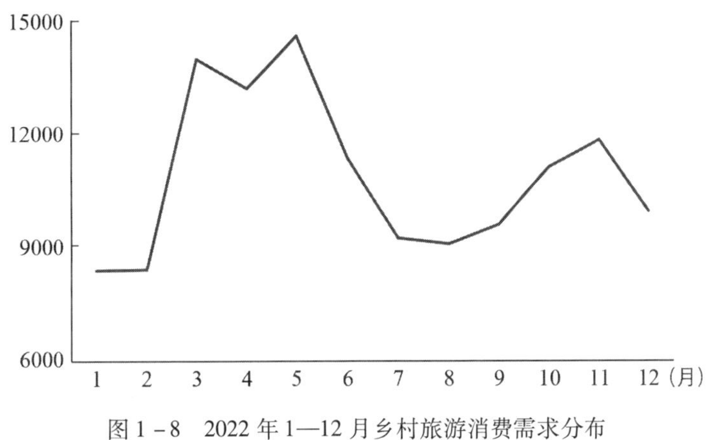

图 1-8　2022 年 1—12 月乡村旅游消费需求分布

（二）空间分布

2022 年乡村旅游消费需求空间分布如表 1-3 所示，分别呈现 34 个省级行政区的年度日均值及其占比。其中，消费需求日均值最高的是四川省，达到 125，最低的是台湾省，日均值为 0，空间分布十分不均衡。

表 1－3　2022 年乡村旅游消费需求空间分布

省级行政区	日均值	占比	省级行政区	日均值	占比
安徽	98	3.96%	江西	89	3.60%
澳门特别行政区	1	0.04%	辽宁	67	2.70%
北京	90	3.63%	内蒙古自治区	58	2.34%
重庆	102	4.12%	宁夏回族自治区	32	1.30%
福建	84	3.40%	青海	21	0.85%
广东	121	5.30%	上海	59	2.38%
广西壮族自治区	87	3.51%	四川	125	5.05%
甘肃	75	3.02%	山东	115	4.64%
贵州	90	3.63%	山西	77	3.11%
河北	87	3.51%	陕西	84	3.40%
黑龙江	50	2.02%	天津	32	1.30%
河南	111	4.49%	台湾	0	0.00%
湖南	102	4.12%	西藏自治区	8	0.32%
湖北	99	4.00%	香港特别行政区	2	0.08%
海南	48	1.94%	新疆维吾尔自治区	61	2.46%
吉林	59	2.38%	云南	99	4.00%
江苏	115	4.64%	浙江	118	4.76%

各省级行政区乡村旅游消费需求 2022 年度日均值跨度显示：四川、广东、浙江、山东、江苏、河南 6 个省级行政区日均值高于 110，占比合计 28.88%，超四分之一，表明这是乡村旅游消费需求最为集中的省域；湖南、重庆、湖北、云南、安徽、北京、贵州日均值介于 90—110 之间，这 7 个省级行政区的日均值占比合计 27.46%，以上 13 个省级行政区占比超过一半，可见这是乡村旅游的主要消费市场；江西、河北、广西壮族自治区、福建、陕西、山西、甘肃日均值介于 70—90 之间，这 7 个省级行政区的日均值占比合计 23.55%；辽宁、新疆维吾尔自治区、上海、吉林、内蒙古自治区、黑龙江的日均值介于 50—70 之间，占比合计 14.28%；余下 8 个省级行政区的日均值占比合计 5.83%，海南、天津、宁夏回族自治区、青海、西藏自治区、香港特别行政区、澳门特别行政区、台湾的日均值均低于 50。

第四节　乡村旅游消费需求特征及影响因素

一、消费需求特征分析

（一）消费群体特征

女性对乡村旅游的关注程度显著高于男性。这一特征反映于2022年乡村旅游消费群体性别分布数据。相较于男性，女性更加注重查询网上攻略，对乡村旅游目的地的生态环境与住宿饮食等有着更高的要求，且女性在旅游决策中往往处于主导地位。

年轻群体对乡村旅游的关注程度较高。这一特征反映于2022年乡村旅游消费群体年龄分布数据。30岁以下两个年龄段群体闲暇时间与经济条件较为宽裕，且更多地依赖于网上攻略，因此数据显示对乡村旅游的关注程度显著高于平均水平，乡村旅游消费者占比超67%。而30岁以上年龄段群体参与乡村旅游消费需求理论上应高于平均水平，但在数据上显示不明显，这可能是因为他们非常依赖于口口相传的方式，因此他们的百度指数较低。

（二）时间分布特征

乡村旅游消费需求呈增长趋势。这一特征反映于2011—2022乡村旅游消费需求日均值与年总值数据。乡村旅游消费需求自2012年起稳步上升，年总值相应从7万增长至16万，移动端消费总需求从2万增至7万。移动消费需求变化率普遍高于整体变化率，可见移动端发展速度十分突出。

乡村旅游消费需求的季节性明显。这一特征反映于2022年乡村旅游消费需求季节占比数据。乡村旅游的景观和产品受季节变化的影响较大，造成我国居民对乡村旅游的需求有很强的季节性，时间指向性明显。乡村旅游消费需求季节最高的是春季，最低的是冬季，消费需求规模的最大季节差达到15155，春夏秋三季占比近八成，冬季表现最为平淡。

（三）空间分布特征

乡村旅游消费需求省级行政区分布不均衡。这一特征反映于2022年乡村旅游消费需求省级行政区构成数据。受自然环境影响，我国人口主要分布于中东部的平原地区，而西北地区、西南地区、东北地区由于气候与地形等原因，居住人口较少。受经济发展影响，我国沿海地区与中部大省因发达的经济吸引着许多人前来务工。因此，受自然环境和经济发展的影响，乡村旅游消费需求主要集中在中东部经济发展水平较高、人口较多的省区，南方高于北方，东南部高于西北部。

乡村旅游消费需求呈片状分布。我国东南部地区经济发达，人口较多，且居民有更多的可支配收入；中部地区，幅员辽阔，气候适宜，人口较多；其他地区受地形与气候的制约，人口较少，经济相对落后。因此，乡村旅游消费需求最高的地区主要集中于东南部，中部其次，再次是西北和东北部，最低的是西南部。

二、消费需求影响因素

乡村旅游的消费需求主要受消费群体、时间分布、空间分布的影响，具体分析如下：

（一）消费群体影响

1. 人口特征

旅游者的性别结构、年龄结构、职业等都对乡村旅游的消费需求有一定影响。乡村旅游消费需求的群体特征表明，女性对乡村旅游的关注程度高于男性，20—29 岁年龄段的乡村旅游消费者占比超 50%。一方面，乡村山清水秀的原生态环境对女性有更大的吸引力；另一方面，乡村旅游的群体正向年轻化的方向发展。此外，职业类型决定了人们的收入和带薪假日，进而影响了乡村旅游需求的产生。

2. 居民闲暇时间

乡村旅游消费需求与闲暇时间呈正相关。数据显示 20—29 岁这一年龄段人群是乡村旅游的主要群体，因为相较于其他年龄段，这一年龄段的闲暇时间较为充足。

3. 人均可支配收入

随着近年来中国经济的快速发展，居民人均可支配收入增加，我国居民对乡村旅游的需求呈增加趋势。经济发达的地区可支配收入相对来说更高，因此乡村旅游消费需求主要集中在中东部经济发展水平较高、人口较多的省区。

4. 消费动机

旅游者不同的动机会影响他们对乡村旅游的消费需求。一方面，旅游者出于春游、秋游等需要，使乡村旅游消费需求在 3 月、5 月、11 月达到高峰；另一方面，当代居民受区域、环境、交通、职业工种等多种原因的影响，工作压力较大，而乡村旅游可以帮助居民远离都市生活、逃离压力和放松身心，因此，近年来，乡村旅游的消费需求呈稳步上升趋势。

（二）时间分布影响因素

1. 政策引导与支持

乡村旅游年消费趋势与政策引导与支持呈正相关。从党的十八大以来，历年“中央一号文件”均对乡村旅游发展做出安排，国家对推动乡村旅游持积极态度，乡村旅游消费需求自 2012 年起稳步上升。

2. 互联网技术演进

乡村旅游年消费趋势与互联网技术演进呈正相关。近十年来互联网的发展，特别是微信朋友圈、微博、短视频等即时通信技术和应用平台的出现，可以精准推送和传播乡村旅游消费主体对乡村旅游目的地、产品、服务的即时评价，因此，2011—2022 年乡村旅游移动端需求占比总体呈现稳步增长趋势。

3. 突发公共事件冲击

乡村旅游年消费趋势与突发公共事件冲击呈负相关。公共卫生事件如新型冠状病毒感染疫情，限制了人们的日常出行，进而降低了乡村旅游消费需求。

（三）空间分布影响因素

1. 地形分布与气候特征

地形和气候在乡村旅游的发展中起到关键作用。一方面，平原地区交通便捷，能吸引更多游客，且平原地区适合农业的发展，提供的农产品种类丰富；另一方面，夏季暖热多雨，有利于农作物的生长。因此，四川、广东、浙江、山东、江苏这五个省级行政区乡村旅游消费需求较高。

2. 人口密度

人口密集的地区对乡村旅游产品或服务的需求量相对较大，而人口稀少的地区需求量则相对较小。乡村旅游消费需求排名前列的省级行政区都是人口大省，人口众多，因此消费需求较高。

3. 经济发展与基础设施

基础设施条件对乡村旅游的发展有着重要影响。根据我国现状，东部地区的基础设施发展渐趋成熟，中部地区相对东部地区而言没有东部地区发达，但也呈迅速发展的趋势，而西部地区基础设施发展仍不容乐观。因此，我国东中部地区的乡村旅游消费需求显著高于西部地区。

4. 地方政策与文旅宣传

政策对乡村旅游的消费需求有显著的推动作用。一方面，当地政府的政策支持能有效促进当地乡村旅游的发展；另一方面，在视频号、微博、地铁广告上的文旅宣传能吸引潜在消费者，促进乡村旅游消费需求的增长。而四川、广东、浙江、山东、江苏等地有地方政策的大力支持，且在当地落实了各个线上和线下平台的文旅宣传营销推广工作，因此乡村旅游消费需求较高。

第五节　乡村旅游消费需求提升建议

一、政策支持

（一）加强政策引导

健全指导体系以解决消费需求空间分布不均的问题。文化和旅游部应在政策制定中起带头作用，为乡村旅游消费需求较低的地区提供政策、人员和经济上的保障。具体来说，应出台针对乡村旅游消费需求较低地区的帮扶政策，加强省级行政区之间交流，鼓励乡村旅游发展好的省级行政区向乡村旅游发展较差的省级行政区提出建议，为乡村旅游发展较落后的地区提供经济支持，解决乡村旅游发展遇到的融资难、用地难等问题，以及注重乡村旅游潜在发展地人才的培养与输入。

出台乡村旅游高质量发展政策以实现乡村旅游特色化的发展。地方政府应深入分析乡村旅游发展较好省级行政区的内在原因，识别当地有潜力发展乡村旅游的乡村，由当地乡镇政府带动该地向乡村旅游示范村进行学习与交流，并通过制定补贴等相应政策为当地带来关注度。对乡村旅游发展中存在的盲目跟风、同质化竞争严重等问题，地方政府出台乡村旅游高质量发展的相关政策，鼓励有潜力发展乡村旅游的地区抓住本地特色，充分发掘、保护和传承传统村落文化，以乡村文化为吸引物因地制宜地发展具有当地特色的乡村旅游。

（二）加强政策落实

地方政府要加强监督管理，提升乡村旅游品质，培养忠诚的顾客，带动乡村产业发展，提高乡村经济效益。要切实把政策、宣传、人才和资金技术等支持落实到位，对于不同类型的乡村旅游地应该采取差异性的支持战略，学习乡村旅游示范地区的实践，并将相应措施落实到乡镇政府的具体工作中去。

基层组织如党支部、村小组等在县乡（镇）正式组织编制规划、协调与审核项目、组织实施项目、招商引资、品牌建设工作等之下，应引领群众发展生产，组建相应的乡村组织，带领乡村居民对村情民意、产业状况、风土人情、自然资源、区位优势等进行全面盘点分析，按照当地村庄的特点进行乡村旅游的规划。

（三）深化部门联动

文化和旅游部应会同发展改革委，持续推出若干符合国家文化和旅游发展方向、资源开发和产品建设水平高的全国乡村旅游重点村镇，以镇带村、以村促镇，推动镇村联动发展，打造有影响力的乡村旅游目的地，构建全方位、多层次的乡村旅游品牌体系。乡村振兴局应配合财政部指导脱贫地区整合涉农资金投入旅游帮扶项目，支持相关乡村旅游重点村基础设施建设，为脱贫户继续提供免抵押、免担保的小额信贷支持，财政资金给予贴息。农业农村部应积极配合自然资源部等部门，在依法维护农民宅基地合法权益和严格规范宅基地管理的基础上，鼓励村集体和农民通过自主经营、合作经营等方式，依法依规发展乡村旅游。

二、产业升级

（一）产业融合发展

融合发展是乡村产业升级的趋势。政府、企业、当地居民等应把握乡村旅游涉及和能够衍生的产业需求，引导乡村旅游与三产的融合。乡村旅游在促进三产融合时应借助互联网和大数据等数字技术发展，重点带动与农业的融合发展，将乡村的特色农产品通过旅游视频宣传展示给全国各地的游客，拉动其农业的发展，通过乡村旅游带动农副产品的盛销进而衍生出各类特色农副产品加工产业，促使农产品加工在农业生产和农产品市场服务业之间有机地整合在一起。

（二）培养乡村人才

乡村旅游产业发展的重要途径之一就是引进和培养符合当代旅游发展需求的复合型人才。第一，市政府可以依托各类人才计划和项目以引聚文旅产业的高层次人才，可以依托各级各类教育资源和研究机构来建立文旅人才的培养机制，并强化农村人才培育、选拔、激励等措施，激励年轻人返乡创业创新。第二，乡镇政府可以整合中央部委和地方培训渠道，通过课堂教学、案例教学、现场调研等多种形式，指导学习先进典型地区的经验做法，并创新乡村旅游人才培训形式，依托线上培训平台，开展多层次、多渠道的乡村旅游培训，加大对乡村旅游的管理人员、服务人员的技能培训，培养一支懂市场、懂旅游的新型职业农民队伍。

（三）加强基础设施建设

基础设施的完备是乡村旅游产业稳步发展的重要保障。为了提高乡村旅游目的地对游客的吸引力，应保证主要交通道路的畅通、增加旅游厕所的数量并保证其卫生条件、提供特色民宿和农家乐、保障网络通畅等，以此来满足游客住宿、吃饭、通行、购物的基本需求。

（四）全产业链发展

乡村旅游的全产业链发展是乡村旅游产业发展的方向。乡村旅游应围绕旅游、休闲、全域等主题，把休闲养生、文化之旅、商品直销、商业联盟等各类产业充分整合到乡村旅游的产业链里来，巩固壮大乡村旅游综合体、特色小镇、养生基地、旅游民宿等发展。

三、产品营销

（一）深挖乡村旅游文化内涵

深入挖掘乡村手工艺、民居、餐饮、服饰、节庆等特色资源，融入创意、艺术和现代化运用，形成一批具有乡村特色的创意产品与活动；对乡村文化再认识、再传承和再创造，挖掘和传播乡村文化多元价值，营造治理有效、乡风文明、团结和睦的乡村人文氛围，有效促进乡村旅游提质增效。

（二）乡村旅游产品的差异化发展

以文化为导向促进乡村旅游业发展，具有典型的地域指向性特征，在乡村旅游产品开发的过程中应尊重乡土风情、区域特色，充分挖掘地方文化特色，并根据不同的地方特色和不同的消费群体开发差异化的产品。

根据不同的地方特色，乡村旅游目的地应立足当地文化，借助其文化资源结合时尚元素优化周边产品设计，通过手工艺品、包装设计、建筑设施、餐饮住宿等内容渗透乡村文化，丰富旅游体验，满足游客对乡村文化的精神需求。

根据不同的消费群体，据消费需求数据显示，女性对乡村旅游的关注程度高于男性，20—29 岁年龄段的乡村旅游消费者占比超 50%。因此，乡村旅游目的地应重视女性群体与年轻消费群体的消费需求，对他们加以照顾，例如乡村旅游目的地可以在风景较为优美的地区增加拍摄项目、提供性价比更高的产品和服务等。

（三）加强乡村旅游的营销宣传

近十年来随着互联网的发展，乡村旅游移动端需求占比总体呈现稳步增长趋势。因此，乡村旅游目的地应加强公众号、抖音短视频等新媒体的运营或者利用“朋友圈”这种独特的社交方式加以宣传，吸引潜在消费者。

在乡村旅游营销宣传过程中，要重点关注主要群体与主要客源市场（城市居民）的旅游动机和消费特征，针对不同群体的出游动机、消费习惯、消费能力与个性特征加强精准宣传营销；要了解城市居民乡村旅游偏好，重点关注休闲放松、农事体验、文化教育与民俗传承等方面的内容，以满足消费者的需要。

第二章　工业旅游消费需求报告

第一节　工业旅游发展概述

一、概念界定

工业旅游的兴起，最早是在欧洲的法国，20 世纪 50 年代，雪铁龙汽车公司就组织客人参观生产流水线，引起许多厂家效仿，一些厂家开始收费，逐步演化为工业旅游项目。而我国的工业旅游起步于20 世纪90 年代后半期，开展工业旅游的主体主要是一些知名企业。例如长虹于1997 年开始开展工业旅游；青岛啤酒厂于1998 年正式向国内公众开放，推出了“玉液琼浆青岛啤酒欢迎您”工业旅游项目；海尔集团 1999 年初推出“海尔工业游”项目；首钢集团2000 年正式开展“钢铁是这样炼成的”工业旅游项目等①。

早期，由于研究视角的差异，国内外学者对工业旅游的概念尚未形成统一的看法。比如，阎友兵和裴泽生在国内最早从旅游需求的角度定义工业旅游是“人们通过有组织地参观工业、科技、手工业、服务业等各类企业，了解到某些产品的生产制作过程，并能从厂家以低于市场价的价格购买产品②。”而 Mark 和 Sheila 从旅游供给的角度提出运用工业本身独特的机能，如制造过程、产品特色、发展文化历史等，作为旅游元素

① 彭新沙. 试论中国工业旅游的发展现状和推进对策 [J]. 湖南社会科学，2005 (01)：129 -131.

② 阎友兵，裴泽生. 工业旅游开发漫议 [J]. 社会科学家，1997 (05)：57 -60.

与吸引力的工业活动，即为“工业旅游”①。

2017 年 9 月 29 日，《中华人民共和国国家标准旅游业基础术语》（GB/T 16766—2017）对工业旅游做出如下界定：以运营中的工厂、企业、工程等为主要吸引物的旅游。

二、政策背景

习近平总书记高度重视旅游业发展，围绕如何通过发展旅游满足人民美好生活需要多次发表重要论述，强调推进旅游与其他产业跨界融合、协同发展，催生新业态、延伸产业链、创造新价值。近些年来，为了大力推进工业文化与工业旅游深度融合发展，我国陆续发布了许多政策。

早在 2016 年，《“十三五”旅游业发展规划》（国发〔2016〕70 号）中就提出必须创新发展理念，转变发展思路，实现旅游业发展战略提升。为推动业态创新，拓展旅游发展新领域，规划提出实施“旅游 +”战略，推动旅游与新型工业化等其他行业的融合发展。在旅游 + 新型工业化方面，鼓励工业企业因地制宜发展工业旅游，促进转型升级。支持老工业城市和资源型城市通过发展工业遗产旅游助力城市转型发展。推出一批工业旅游示范基地。大力发展旅游用品、户外休闲用品、特色旅游商品制造业。培育一批旅游装备制造业基地，鼓励企业自主研发，并按规定享受国家鼓励科技创新政策。2018 年，国务院印发了《关于促进全域旅游发展的指导意见》（国办发〔2018〕15 号），其中包括利用工业园区、工业展示区、工业历史遗迹等开展工业旅游，发展旅游用品、户外休闲用品和旅游装备制造业。2019 年 7 月，工业和信息化部工业文化发展中心创新工作机制，牵头发起成立全国工业旅游联盟，会员涉及煤炭、电力、钢铁、机械、家电、服装、食品、酒等工业重要行业。

2021 年 4 月，文化和旅游部发布了《“十四五”文化和旅游发展规划》（文旅政法发〔2021〕40 号），强调要发展工业旅游，活化利用工业遗产，培育旅游用品、特色旅游商品、旅游装备制造业。同年 9 月，文化和旅游部发布《关于推进旅游商品创意提升工作的通知》（办资源发〔2021〕124 号），指出围绕工业旅游等主题，推动开发工业旅游纪念品，进一步丰富旅游商品供给。2022 年 1 月，国务院印发《“十四五”旅游业发展规划》（国发〔2021〕32 号），提出要立足健全现代旅游业体系，加快旅游

① Mitchell M，Mitchell S. Showing Off What You Do (and How You Do It)［J］. Journal of Hospitality Marketing & Management，2001，7 (4)：61 –77.

业供给侧结构性改革，加大优质旅游产品供给力度，激发各类旅游市场主体活力，推动“旅游+”和“+旅游”，形成多产业融合发展新局面。要发挥旅游市场优势，推进旅游与工业等领域相加相融、协同发展，延伸产业链、创造新价值、催生新业态，形成多产业融合发展新局面。规划鼓励依托工业生产场所、生产工艺和工业遗产开展工业旅游，建设一批国家工业旅游示范基地。同年，工业和信息化部等八部门联合发布《推进工业文化发展实施方案（2021—2025年）》（工信部联政法〔2021〕54号），提出要大力发展工业旅游，推动工业旅游创新发展，并明确通过5年努力，打造一批具有工业文化特色的旅游示范基地和精品线路，建立一批工业文化教育实践基地，传承弘扬工业精神。

自此，我国迎来工业旅游全面加速发展的重要机遇期，越来越多的现代化企业开始注重工业旅游，全国工业旅游示范点逐渐进入人们视野。

三、发展现状

我国工业旅游的发展历程主要分为三个阶段。第一阶段：中国工业旅游的产生（1949—1978年），这一阶段在工业企业参观的对象大多是官方和业界人士。第二阶段：改革开放后中国工业旅游的初创（1978—2000年），这一阶段部分工业企业开始实践打造我国工业旅游项目，我国真正的工业旅游出现。第三阶段：新世纪以来中国工业旅游的发展（2000年至今），这一阶段高新技术产业大量涌现，工业发展由劳动密集型转向资源密集型，过去的粗放型发展模式被集约型理念所取代。受高新技术开发区兴起的影响，我国工业旅游产业蓬勃发展。

工业旅游缩短了产销距离，更好地满足了旅游者的购物需求，为企业带来的不仅是经济收益，还有助于带来社会效益，促进企业经营管理水平的提高，树立良好的企业和产品形象，推广优势企业的管理经验，优化企业资源配置增强企业的环保意识，成为企业文化建设的新形式。2001年国家旅游局把推进工业旅游列入工作要点，2004年国家旅游局对各省市上报的工业旅游示范点进行验收，最终有103家企业被授予首批“全国工业旅游示范点”称号，成为全国发展工业旅游的样板。2005年公布了第二批77家全国工业旅游示范点，2006年公布第三批91家全国工业旅游示范点，2007年公布了第四批74家全国工业旅游示范点①。《全国工业旅游发展纲要（2016—2025年）（征求意见稿）》中明确提出，在全国创建1000个以企业为依托的国家工业旅游示范

① 王德刚，田芸．工业旅游开发研究［M］．济南：山东大学出版社，2008.04.

点，100 个以专业工业城镇和产业园区为依托的工业旅游基地，10 个以传统老工业基地为依托的工业旅游城市。截至 2023 年 1 月 3 日，我国共有 354 家全国工业旅游示范点，省级工业旅游示范点预计有 1000 家左右。

现阶段，我国的工业旅游点在地域分布上与工业发展状况基本吻合，即在老工业基地和新兴工业城市发展较快。从整体布局看，我国工业旅游主要集中分布在华东地区，其次是华北、中南地区，呈现出明显的阶梯性分布状态。工业旅游示范点较为集中的东部地区经济实力雄厚、工业体系完善、企业管理先进、区域交通便利、人力资源丰富、客源市场充足，这些都是发展工业旅游必不可少的条件。从企业、行业类型看，排在榜首的是工业园区和酿造业，其次是水力、发电类、食品、饮料类，汽车、机车、船舶、飞机制造类排行第三，另外还涉及石油、煤炭、港口类等数十类行业。可以看出，第一，我国开展工业旅游的企业类型广泛；第二，食品工业开展工业旅游优势明显；第三，基于工业园区开展起来的工业旅游企业较多；第四，各行业均有各自发展领先的国际或国内知名企业。

第二节 工业旅游消费需求年际变化趋势

一、消费需求数值年际变化

工业旅游消费需求数值的年际变化如表 2－1 所示，年度间整体呈现先上涨后回落的波动趋势，最小整体日均值（120）出现在 2011 年，最大整体日均值（187）出现于 2018 年，两数值相差超 1.5 倍，相应消费需求年总值为最小值 43800，最大值 68255。最小移动日均值（25）出现在 2011 年，最大移动日均值（85）出现在 2020 年，二者相差 3.4 倍，相应消费需求年总值为最小值 9125，最大值 31025。显然，12 年时间里，工业旅游所受关注有所增长，互联网大数据所展现的消费需求年总值累计突破 70 万，移动消费需求年总值累计超 29 万。

表 2-1 2011—2022 年工业旅游消费需求日均值与年总值

年度	整体日均值	整体年总值	移动日均值	移动年总值
2011	120	43800	25	9125
2012	140	51100	45	16425
2013	142	51830	55	20075
2014	138	50370	55	20075
2015	150	54750	61	22265
2016	164	59860	66	24090
2017	185	67525	78	28470
2018	187	68255	83	30295
2019	183	66795	83	30295
2020	183	66795	85	31025
2021	170	62050	83	30295
2022	167	60955	82	29930
合计	1929	704085	801	292365

注：工业旅游消费需求日均值由百度指数所收录“工业旅游”关键词的用户关注度表征，此单一关键词将造成对工业旅游消费需求的低估，但同一标准下的数值仍具有研究价值，年际变化趋势分析能有效反映工业旅游发展动态。

工业旅游消费需求规模的年际变化在图 2-1 上展示得更为形象：2011—2015 年公众对于工业旅游的关注及相应产生的需求变化幅度较小；2016 年开始，整体与移动消费需求年总值均呈现稳步增长，国家政策具有突出影响，2016 年末国家旅游局公布的《全国工业旅游发展纲要（2016—2025 年）》提出，在全国创建 1000 个以企业为依托的国家工业旅游示范点，100 个以专业工业城镇和产业园区为依托的工业旅游基地，10 个以传统老工业基地为依托的工业旅游城市，初步构建协调发展的产品格局，成为我国城乡旅游业升级转型重要战略支点；随着 2017 年年中《“十三五”全国旅游业发展规划》的发布，工业旅游消费需求规模大幅上升，于 2018 年达到峰值；2019 年，工信部工业文化发展中心牵头成立全国工业旅游联盟，受政府推动，工业旅游发展态势良好，直至 2020 年，消费需求年总值变动幅度较小；但受新型冠状病毒疫情影响，居民消费力度减小、出行难度增加，从而影响工业旅游的消费需求，2021—2022 年，消费需求年总值递减。

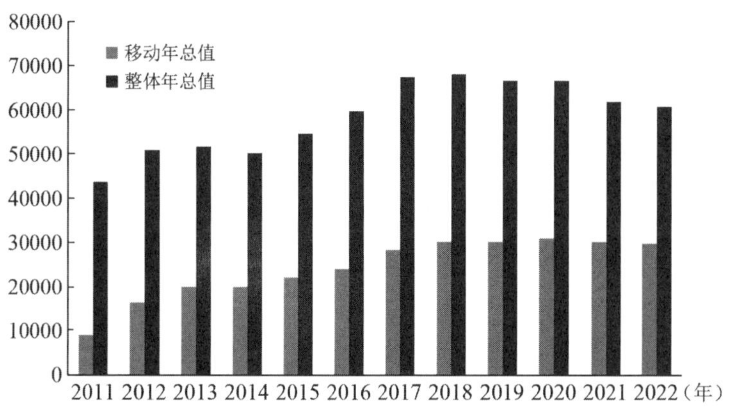

图 2 - 1　2011—2022 年工业旅游消费需求年总值

二、消费需求增长年际变化

工业旅游消费需求增长的年际变化如图 2 - 2 所示。2012—2022 年整体与移动消费需求年总值均存在正、负双向增长，幅度 0% 至 80% 不等，移动消费需求变化率大都高于整体变化率，可见移动端发展速度十分突出。

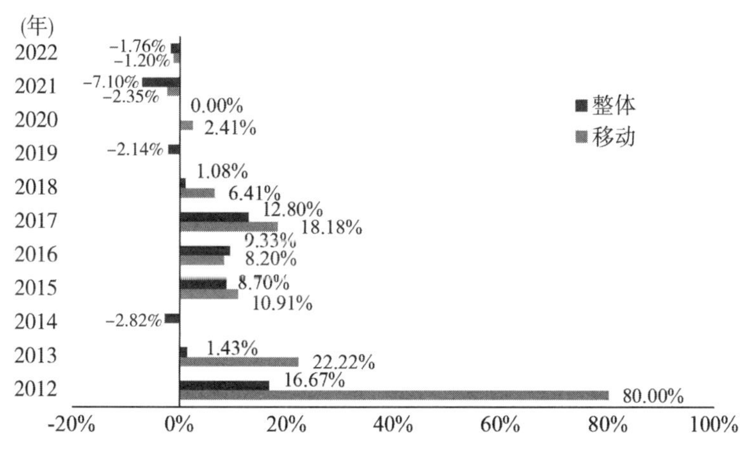

图 2 - 2　2012—2022 年工业旅游消费需求增长率

整体消费需求年总值增长显示：2012—2022 年的增长比例均小于 20%，前两年均有所增幅；2014 年出现负增长，但需求增长率仅减少 2. 82%；2015—2018 年消费需求在国家政策的引导下持续正向增长，2018 年消费需求年总值超 6. 8 万；在政府的持续助力下，2019 年消费需求年总值超 6. 6 万，但与 2018 年峰值相比，消费需求呈小幅下降；2020 年受新型冠状病毒感染疫情影响，工业旅游消费需求与上一年勉强持平；疫情持续影响出行意愿，2021—2022 年再次出现负增长，需求量分别减少 7.1% 和 1.76%，这体现了公共卫生事件的不可抗性与随机事件的不确定性。

移动消费需求年总值增长显示：移动搜索引发的消费需求在 2012 年即呈现正向增长，增幅高达 80%，主要因基数较小而实现占比的高速增长，之后增幅未有如此显著的变化；2013—2016 年，随着智能手机逐渐普及，移动消费需求呈正向增长。《第 40 次中国互联网络发展状况统计报告》显示，截至 2017 年 6 月，我国手机网民规模达 7.24 亿，网民中使用手机上网的比例已达 96.3%，手机上网比例持续提升。受国家政策与移动互联网发展的影响，2017 年在前一年的基础上有 18.18% 的增幅；随后两年，这项优势在移动消费需求上不再显著，未能有很大涨幅；2020—2022 年，新型冠状病毒感染给出行带来的限制导致移动端消费需求降低，但 5G 网络的广泛覆盖抵消了一部分负向影响，使得移动消费需求波动小于整体消费需求。

三、移动端需求占比年际变化

工业旅游移动搜索引致的消费需求占比年际变化如图 2-3 所示。

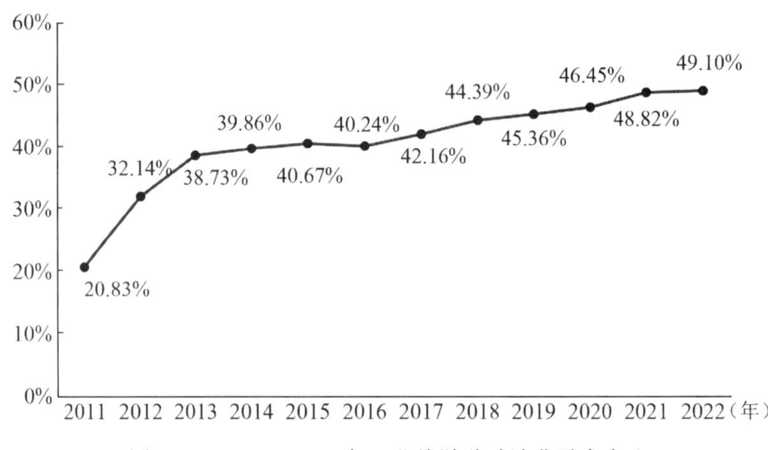

图 2-3　2011—2022 年工业旅游移动消费需求占比

互联网搜索呈现的消费需求主要源自移动端和 PC（personal computer，个人计算机）端，移动端需求在整体消费需求的占比能一定程度上显示公众信息来源与搜索偏好。由图可知，2011—2022 年移动端需求占比总体呈现稳步增长趋势，其中 2011—2014 年因基数较小而实现占比的高速增长，平均增幅接近 10%；2015 年逐渐平稳，随后四年增幅变化较小，除 2016 年稍有回落外，增幅变化小于 2%；2020—2022 年，尽管受疫情影响，居民出行需求减少，但 5G 时代的影响只增不减，移动端需求占比虽未实现大的突破，但仍稳步增长，即将突破 50%。这表明，随着搜索引擎日趋强大、5G

网络快速普及，移动搜索已成为人们获取资讯的重要渠道，将凭借其便捷、快速的优势，渗透到公众工作生活的方方面面。

第三节　2022 年工业旅游消费需求分析

一、消费群体分析

（一）性别分布

2022 年工业旅行消费群体性别分布如图 2－4 所示：男性占比 42.79%，TGI 指数为 85.27，表明男性对工业旅游的关注程度低于平均水平；女性占比 57.21%，TGI 指数为 114.84，可见女性对工业的关注程度高于平均水平。这一偏差可能是由于我国大部分家庭中，女性是家庭消费的主要管理者，在休闲旅游方面有更高参与度，更愿意花时间了解旅游资讯，从而做出消费决策。同时，随着女性消费边界持续拓宽，女性的生活消费与工作娱乐均衡发展，对于工业旅游有更好的接受程度与体验意愿。

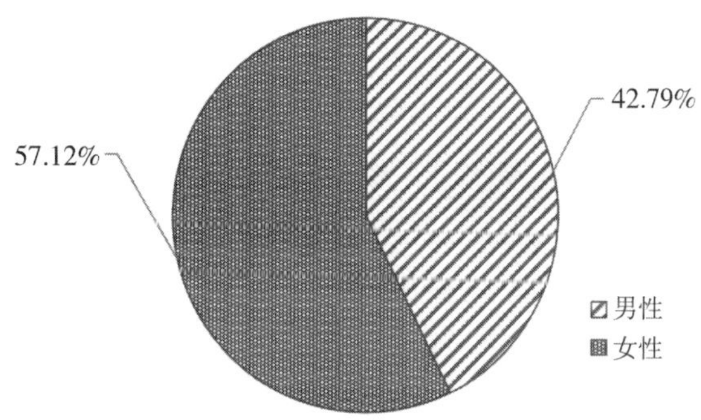

图 2－4　2022 年工业旅游消费群体性别分布

（二）年龄分布

2022 年工业旅游消费群体年龄分布如图 2－5 所示。19 岁及以下占比 9.91%，TGI 指数为 130.88，尽管该年龄段人群占比低于另外三个年龄段，但其对工业旅游的关注程度显著高于平均水平，中小学生对工业旅游的关注程度，很可能受素质教育活动的影响。TGI 指数足以证明中小学生与工业旅游关联度大且拥有旺盛的消费需求，此外，这类群体的互联网使用时间受限，消费群体占比很可能低于实际消费需求。另外，20—29 岁占比 40.70%，是比重最大的消费群体，TGI 指数为 155.04，同样表现出显著高于平均水平的关注程度，这个年龄段的人群处于对生活品质有更高追求，经济支配更自由的时期，且由于该年龄段人群喜欢尝试新鲜事物，对于工业旅游有较大的兴趣，接受程度与关注度自然高于其他人群。30—39 岁占比 31.13%，TGI 指数为 90.14，该年龄段人群对工业的关注程度趋近于平均水平。40—49 岁占比 13.64%，TGI 指数为 70.37，该年龄段人群对工业旅游的关注程度低于平均水平。50 岁及以上占比 4.62%，TGI 指数为 38.22，该年龄段人群对工业旅游的关注程度远低于平均水平，一方面可能是因为该年龄段人群对工业旅游这一旅游业态了解较少，或者参与过工业制造，对工业旅游未能感到新奇；另一方面，可能是该年龄段人群较少利用互联网搜寻旅游资讯。

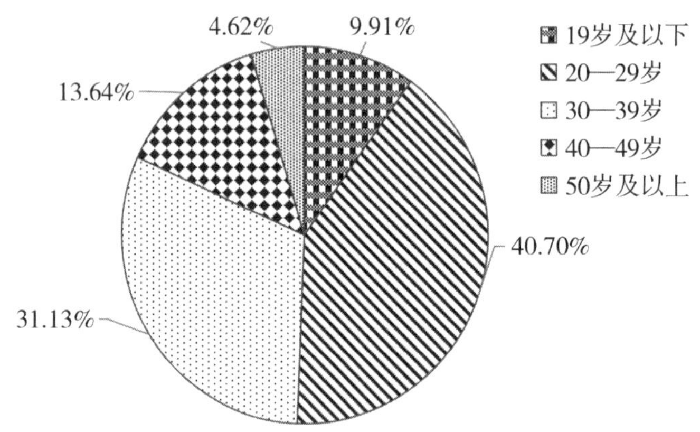

图 2－5　2022 年工业旅游消费群体年龄分布

二、消费需求分析

（一）时间分布

2022 年工业旅游消费需求量的月度分布如表 2－2 所示。最小日均值出现在 1 月（143），最大值出现于 3 月（191），相差幅度 33.57%，相应月总值分别为 4588、5921，变化幅度 29.05%。

表 2－2　2022 年工业旅游消费需求时间特征

月度	日均值	月总值	月总值占比
1	148	4588	7.53%
2	161	4508	7.40%

续表

月度	日均值	月总值	月总值占比
3	191	5921	9.72%
4	178	5340	8.76%
5	178	5518	9.05%
6	160	4800	7.88%
7	156	4836	7.93%
8	156	4836	7.93%
9	161	4830	7.92%
10	167	5177	8.49%
11	188	5640	9.25%
12	160	4960	8.14%

各月消费需求日均值跨度显示：1月、7月、8月消费需求日均值介于145—160之间，2月、6月、9月、10月、12月消费需求日均值介于160—170之间，4月、5月消费需求日均值介于170—180之间，3月、11月消费需求日均值超过180。

各月消费需求总值跨度显示：1月、2月消费需求月总值低于4600，6月、7月、8月、9月、12月消费需求月总值介于4600—5000之间，4月、10月消费需求月总值介于5000—5500之间，3月、5月、11月消费需求月总值高于5500。

2022年1—12月工业旅游消费需求每月总值占比如表2-2所示，结合分布图2-6，不难发现，12个月的消费需求月总值占比呈现上下波动，但没有占比高于10%的月份，最低占比超过7%，整体相差幅度在3%以内，月度差异不大。

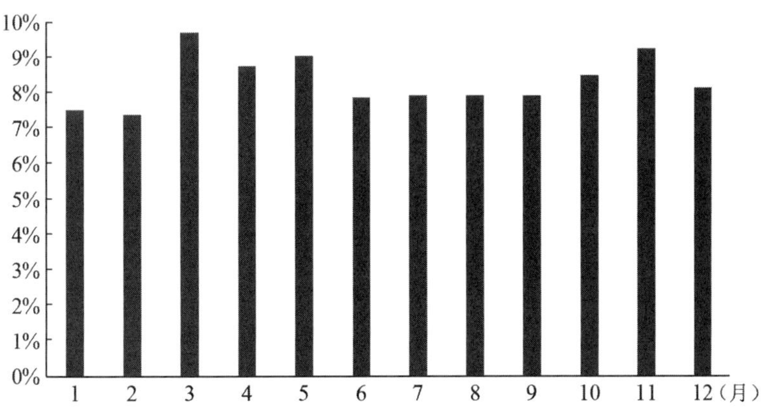

图2-6 2022年1—12月工业旅游消费需求月总值占比

从季节分布来看（如图 2 －7），春季（3—5 月）消费需求季总值合计 16779，在本年度占比 27. 53%，夏季（6—8 月）消费需求季总值为 14472，占比 23. 74%，秋季（9—11 月）消费需求季总值为 15647，占比 25. 67%，冬季（1—2 月，12 月）消费需求季总值合计 14056，在本年度占比 23. 06%。显然，工业旅游消费需求季节占比由高到低分别为春季、秋季、夏季、冬季，消费需求规模的最大季节差达到 2723，春、秋两季消费需求值都高于 15000，占比均超过四分之一，合计 53. 20%，夏、冬季占比略小于 25%，春夏秋冬四季占比差值较小，冬季表现最为平淡。

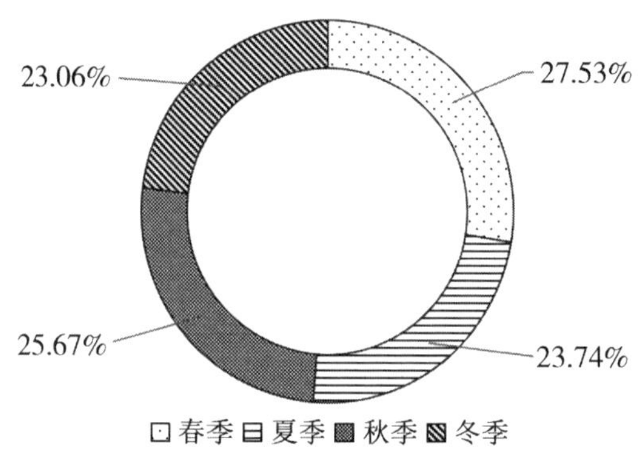

图 2 －7　2022 年工业旅游消费需求季节占比

2022 年工业旅游消费需求的月度变化如图 2 －8 所示。年内月度呈现“双峰”型特征分布：3 月为最高峰，消费需求月总值达到 5921，11 月为次高峰，消费需求月总值为 5640，峰值间的差距并不大。3 月踏青时节、万物复苏，11 月落英缤纷、寒冬未至，这两个时段与传统旅游旺季基本错开，工业旅游自然属性相对较弱，较少受气候、季节变化的影响，旅游者可以选择在其他旅游项目平淡季时出行，因此这两个月消费需求达到峰值。此外，这两个时段与研学旅行的时段类似，可能源于研学旅游目的地与工业旅游基地有交集。2022 年 1—2 月为消费需求低谷，消费需求月总值分别是 4588、4508。一方面正值新春佳节，家庭团聚；另一方面受冬奥会开幕式影响，公众对冰雪旅游的关注程度极大，对工业旅游关注程度较低。随着寒假结束，工业旅游在 3 月达到峰值，4 月回落至 5340，随后消费需求再次攀升，在 5 月份达到 5518，6—9 月消费需求月均值趋于平稳，稳定在 4800 左右，从 10 月开始，消费需求月总值进一步攀升，直至 11 月小高峰，到了 12 月，新冠病毒出现感染高峰，相关出行需求受到抑制，工业旅游消费需求月总值再次下滑。

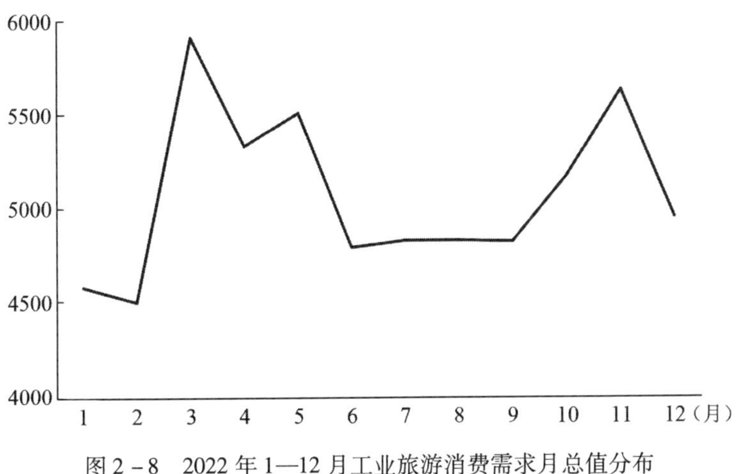

图 2－8　2022 年 1—12 月工业旅游消费需求月总值分布

（二）空间分布

2022 年工业旅游消费需求空间分布如表 2－3 所示，分别呈现 34 个省级行政区的年度日均值及其占比。其中，消费需求日均值最高的是广东省，达到 67，最低的是澳门特别行政区、重庆市、台湾省和西藏自治区，日均值均为 0，空间分布十分不均衡。

表 2－3　2022 年工业旅游消费需求空间分布

省级行政区	日均值	占比	省级行政区	日均值	占比
安徽	22	2.91%	江西	23	3.04%
澳门特别行政区	0	0.00%	辽宁	18	2.39%
北京	43	5.69%	内蒙古自治区	12	1.59%
重庆	0	0.00%	宁夏回族自治区	3	0.40%
福建	35	4.63%	青海	2	0.26%
广东	67	8.86%	上海	50	6.61%
广西壮族自治区	15	1.98%	四川	46	6.08%
甘肃	4	0.53%	山东	63	8.33%
贵州	10	1.32%	山西	12	1.59%
河北	28	3.70%	陕西	22	2.91%
黑龙江	12	1.59%	天津	12	1.59%
河南	28	3.70%	台湾	0	0.00%
湖南	36	4.76%	西藏自治区	0	0.00%

续表

省级行政区	日均值	占比	省级行政区	日均值	占比
湖北	26	3.44%	香港特别行政区	1	0.13%
海南	5	0.66%	新疆维吾尔自治区	11	1.46%
吉林	12	1.59%	云南	16	2.12%
江苏	64	8.46%	浙江	58	7.68%

各省级行政区域工业旅游消费需求2022年度日均值跨度显示：广东、江苏、山东、浙江、上海日均值高于50，这5个省级行政区的日均值占比合计39.94%，将近五分之二，表明这是工业旅游消费需求最为集中的省域；四川、北京、湖南、福建日均值介于30—50之间，这4个省级行政区的日均值占比合计21.16%，超过五分之一，可见工业旅游的主要消费市场集中在以上9个省级行政区；河南、河北、湖北、江西、安徽、陕西、辽宁、云南、广西壮族自治区、山西、内蒙古自治区、黑龙江、吉林、天津、新疆维吾尔自治区日均值介于10—30之间，这15个省级行政区的日均值占比合计35.60%；余下10个省级行政区的日均值占比合计3.30%，贵州、海南、甘肃、宁夏回族自治区、青海、香港特别行政区的日均值介于0—10之间，澳门特别行政区、重庆、台湾、西藏自治区的日均值为0。

第四节　工业旅游消费需求特征及影响因素

一、消费需求特征分析

（一）消费群体特征

消费群体在年龄上呈现出年轻化的特征。20岁以下的学生受监护人或者学校的管理，虽然其对工业旅游的关注程度高于同龄整体水平，但消费需求占比不突出；20岁到30岁的群体，闲暇时间和经济条件均较为宽裕，且对工业旅游这类专项旅游有着更多的好奇心，其关注程度与消费需求均高于平均水平；其他年龄阶段的群体，有的因为家庭占用较多时间、有的对工业旅游这一旅游业态存在较低的好奇度，诸如此类的原因，导致工业旅游消费群体存在年轻化的趋势。

消费群体在性别上呈现出分异特征。工业旅游的性别差异化从两方面出发，一方面以家庭为单位，受当前经济条件与社会习俗的影响，我国大部分家庭中，女性主要进行家庭消费的管理，这也意味着，女性对于家庭进行工业旅游有更高的参与度与决策力；另一方面以个体为单位，随着女性消费边界持续拓宽，女性的生活消费与工作娱乐均衡发展，女性对于工业旅游这类学习型的旅游方式，有着更好的接受程度与体验意愿。

消费群体需求呈现出多样化的特征。工业旅游市场辽阔，受可自由支配收入、工作性质和兴趣爱好等影响，工业旅游消费群体的消费需求呈多样化趋势。根据旅游方式和旅游地的不同选择，工业旅游消费群体可以分为学习参与型、商务调查型和观光游览型。世研指数发布的《中国工业旅游发展报告（一）》表明由中小学生为主的工业旅游者大都是以学校或家庭为单位的团队，更注重工业旅游基地能否进行专项科普教育，在旅游产品消费方面并不突出；由企业或者政府单位为主的团队，更注重通过工业旅游基地了解技艺流程，消费能力较高；以工艺发烧友为主的工业旅游者更多选择自驾游，工业旅游基地丰富的知识性和工业旅游产品的差异性深深地吸引着这些旅游者的目光，旅游者对 DIY 纪念品有较高需求。

（二）时间分布特征

工业旅游消费需求存在较强的时间指向性，其月度高峰出现在 3、11 月，也就是春秋两季，虽然工业旅游受自身发展轨迹影响，其自然属性相对较弱，较少受气候、季节变化的影响，季节性特征不明显，但是对于工业旅游主要旅游群体之一的学生而言，这两个月份避开一些公共假期，且天气、温度更为适宜，方便学校组织学生出行。

工业旅游年度需求易受环境变化的影响，这种环境变化既包括政治社会环境，也包括自然经济环境。政治社会环境方面：工业旅游受政策影响颇深，“十四五”规划的要求、国家工业旅游示范基地名单公布等对工业旅游的需求都有较大冲击，能有效提供政策拉力。自然经济环境方面：《关于深化“互联网＋旅游”推动旅游业高质量发展的意见》（文旅资源发〔2020〕81 号）表明互联网为代表的现代信息技术持续更新迭代，为旅游业高质量发展提供了强大动力。旅游者在工业旅游品牌方科普宣传、网红直播推广等因素的推动下，对工业旅游产生求知、求新和求奇的心理。

（三）空间分布特征

工业旅游消费需求存在区域分布不均衡的特征。受经济和工业发展程度影响，工业旅游消费需求呈条带状分布，如沿海地区占据着消费需求的第一梯队，而第五梯队较多分布在西北—东北线。总体而言，工业旅游在空间上具有较强的冷热性，其消费需求主要分布在中东部经济发展水平较高、人口较多的省区，基本呈现出由东往西，由南往北，逐级递减的态势。

工业旅游消费需求存在集聚性。受消费群体需求多样化和地形分布的影响，工业旅游消费需求的集聚性较强。一方面，为方便团队出行与管理，学习参与型、商务调查型游客的旅游地更偏向近程化、本地化，省级行政区之间联动性较差，呈现出受众集聚的特征；另一方面，观光游览型游客对于旅游地的选择更自由，对工业旅游地的特色化展示有更高要求，一些省级行政区拥有较好的经济发展水平和工业发展程度，以其高品质、特色化的旅游产品吸引观光游览型旅游者，从而集中呈现出较高的消费需求。

二、消费需求影响因素

旅游业的发展取决于居民消费需求，存在多种影响因素，而工业旅游的消费需求主要受消费群体、时间分布、空间分布的影响，具体分析如下：

（一）消费群体影响因素

1. 人口特征

旅游者的性别结构、年龄结构、文化程度等都对工业旅游的消费需求有一定影响。工业旅游消费需求的群体特征表明：女性消费需求高于男性、29 岁以下年龄段的工业旅游者占比超 50%，这得益于我国经济增长速度与文化水平提升的共同作用。工业旅游作为一项“学习型”旅游，广受新一代主流消费群体——女性的青睐，同时，随着国内素质教育的不断完善，工业旅游者常为青少年，由校方组织，集体参与学习，工业旅游消费群体正呈现出年轻化、集体化的特征。

2. 居民闲暇时间

居民的闲暇时间决定其旅行可花费时间，对其工业旅游的消费需求具有促进作用。工业旅游消费需求的时间特征表明：消费需求高峰分别为 3 月、11 月，这缘于工业旅游受众的特殊性。一方面工业旅游群体常由校方组织的大中小学生组成，活动时间为在校闲暇时间；另一方面，工业旅游较少受季节限制且当地居民常占有较大比重，其旅游周期与寒暑旺季、黄金周等较长假期错开，常为周末等短期闲暇时间。

3. 人均可支配收入

随着中国经济的高速发展，居民人均可支配收入呈增长趋势，我国旅游业消费需求也随之增加。工业旅游因其丰富的知识底蕴，深受对科技、制造知识有浓厚兴趣的年轻旅游者喜爱。随着年轻旅游者的可支配收入上涨、其“小众爱好”——工业旅游的消费需求也有所增长，这种需求在居民精神追求不断丰富的未来还将得到更大程度的发展。

（二）时间分布年度影响因素

1. 政策引导与支持

工业旅游的消费需求与国家政策的支持力度呈正相关。从工业旅游示范点的公布到“十四五”旅游业发展规划发布，国家对继续推动工业旅游发展存在积极态度，工业旅游消费需求在政策的引导下持续正向增长。今后，旅游业面临的高质量发展新要求也将继续推动工业旅游的消费需求稳步增长。

2. 互联网技术演进

自2019年步入5G时代以来，我国网络覆盖广度与深度持续提升，工业旅游移动搜索在整体搜索的占比随之稳步增长，是工业旅游消费需求影响因素之一。新媒体以5G网络为基础，多维度助力工业旅游消费需求发展，如：引导旅游舆论导向、拓宽旅游信息传播渠道、加速品牌塑造与推广。新媒体以其极强的聚合受众、交互体验能力，影响工业旅游爱好者的消费需求。

3. 突发公共事件冲击

突发事件通常具有不可抗性和不确定性，居民出游意愿与突发事件呈负相关。自新型冠状病毒感染暴发以来，工业旅游的消费需求随着防控政策的变化而变化。企业无法阻挡不确定的公共卫生事件所带来的影响，因此很难稳步提升工业旅游者的消费需求，这也让企业重新认识到工业旅游的脆弱性。

（三）空间分布影响因素

1. 资源禀赋

工业分布本身受当地资源禀赋的影响，往往由地形、自然资源、政策等多方面因素共同造就，存在地域性差异，如沿海开放地区拥有更多高新技术产业，中西部地区以资源型工业、重工业为主①。以工业为基础的工业旅游资源分布同样受当地资源禀赋

① 姚宏．发展中国工业旅游的思考［J］．资源开发与市场，1999（2）：53－54.

影响，形成了不同行业的工业旅游基地，以其独特的科技或技艺影响着工业旅游的消费需求，比如旅游者想要参观高新技术园区，会选择前往沿海地区。

2. 经济发展水平

经济发达地区，一方面交通便利、服务设施齐全、可进入性较好，以其特色化、高品质的工业旅游产品，吸引着观光游览型游客；另一方面这些地区人均可支配收入较高，相应的对旅游有较高的消费需求，中国旅游研究院发布的《中国国内旅游发展年度报告》显示近期居民更多地选择近程旅游和本地休闲，因此易对当地高质量的工业旅游产生消费需求。最终工业旅游呈现出沿海等经济发达地区消费需求较高，而西北等欠发达地区消费需求较弱的分布状况。

3. 教育发展与学生规模

工业旅游项目作为一种集科普教育、游玩于一体的旅游方式，对比其他休闲旅游活动，工业旅游具有知识性、参与性强的特点，在学生群体具有较强吸引力，加之各大学校每年都在迎新送往，工业旅游的学生市场需求往往旺盛且稳定。教育发展水平高、学生规模大的地区通常拥有更高的工业旅游消费需求，出于地理便利性和安全的考虑，校方更愿意选择本市或附近城市的工业旅游地，而不是地理距离较远、交通不便的其他工业旅游地。

第五节　工业旅游消费需求提升建议

一、政策支持

（一）加大政策支持力度

加大政府支持力度是发展工业旅游的重要推力。第一，进一步建立和完善财政奖补政策。支持企业申请“工业旅游示范点”，对于成功获评的企业予以一定的扶持资金，鼓励其做大做强，产生示范引领效应，营造起支持和鼓励发展工业旅游的外部环境。第二，建立各企业之间联动的平台。有组织有步骤地整合工业旅游资源，使工业旅游资源得到有效串联，形成城市工业旅游的联动效应。第三，积极健全工业旅游资源评价和开发标准，为工业旅游的发展提供制度保障，促进工业旅游健康有序地开展，避免仓促上马、粗放开发而造成千篇一律、资源浪费、质量低下等弊端。

（二）推动政策落地落实

首先，在工业旅游资源开发初期，应从资源特色、价值大小、改造利用方式等维度，建立省、市、县三级工业旅游资源评价标准，并据此对全省工业旅游资源进行评价、分类，实施不同的保护和开发机制。其次，在工业旅游成长期，政府要切实做好营销宣传工作。一是各级政府应重视发展工业旅游，编制工业旅游发展规划，尤其是营销宣传计划。二是各级政府应以地方工业文化为核心和灵魂，进行深度价值挖掘，推动传统工业文化资源创造性转化和创新性发展，打造一批具有地域特色的工业旅游品牌。三是积极探索新媒体传播。比如基于旅游大数据，利用旅游目的地官方网站，去哪儿、携程等推广平台，以及抖音、小红书等自媒体，面向主要客源进行有针对性的营销宣传，使营销宣传工作落到实处。

二、产业升级

（一）发挥工业旅游资源的特色优势

工业旅游有其自身的发展条件和规律，不是所有的工业企业都适合开展工业旅游。工业旅游的发展不在于多而在于精，应突出精品意识，优先考虑那些在行业中具有较高知名度或极具特色的工业资源，树立标杆。例如依托当地工业遗产和老旧厂房、工业博物馆、现代工厂和研学科普基地等工业文化特色资源，打造多元化工业旅游项目，集中培育创建一批工业旅游集中区和精品线路。

（二）促进工业多产业融合发展

一方面，要注重企业文化的挖掘，推进工业文化与工业旅游深度融合发展。以独特的“工业语言”展示“工业美”，以工业味道加文化内涵，提高对游客的吸引力，让游客在游览时对企业产生强烈的认同感；另一方面，要积极推动工业旅游与工业博物馆、思政教育等其他领域的深度融合。利用和共享馆藏资源，开发教育、文创、娱乐、科普产品，举办各类工业文化主题展览、科普教育、文创体验和研学实践活动，加快工业展览馆游、生态康养游、亲子研学游、团队拓展游等新业态发展，使游客文化体验得以丰富，文旅产业链得到延伸。再一方面，5G、互联网＋、虚拟现实（AR）、人工智能（AI）等新技术手段的兴起和推广，多维度助力着工业旅游消费需求发展。

应依托科技赋能、数据赋能推动工业旅游企业转型和升级，并借助信息技术手段和旅游业数字化转型的契机，融入创新理念和高科技等元素。

（三）完善景区配套设施建设

重视周边配套设施建设，重视工业旅游的体验度与完整性。首先，应加强综合旅游服务配套，如开发集吃、住、娱、游、购于一体的综合性景区，或者配合所在城市的自然或人文旅游资源，开展区域性综合旅游。其次，配备专供游客通行的参观通道、厂区内的各种指示标牌、专门的交通运输工具等。最后，加强景区的网络建设，升级网络设备，增加无线访问接入点等措施，以此为游客提供体贴、人性化的智慧旅游服务，为游客带来更好的消费体验。

三、产品营销

（一）加强工业旅游产品开发

在核心层次上，除了对企业文化的深度挖掘，工业旅游区也要注重与游客的互动效果，注重趣味性与教育性结合，提升游客的体验感、沉浸感和参与度。一方面可根据不同的旅游资源形态，为消费者打造景区场景、消费场景、观光场景等多样化的体验场景，带来身临其境的“沉浸式”体验，增强消费者的黏性和忠诚度。另一方面，通过线上和线下结合，利用互联网、虚拟现实（VR）和增强现实（AR）等技术，增加“时尚素材”，创新推出“云参观”“云看展”“云购物”等工业旅游产品，基于在线数据挖掘，开发工业旅游专线产品和“工业旅游＋”复合型旅游产品，满足不同旅游群体的需要。

在形式层次上，加强开展各类文化活动，激发游客兴趣。除了增强工业旅游体验中心建设，进行工业旅游消费品、纪念品、衍生品的制作、展览和售卖，还可以定期举办特色活动，例如美食文化节、各类赛事活动、节庆活动、会展等，通过各类活动让工业旅游资源的得以“活化”、拓展延伸，吸引更多的目标群体。

在延伸层次上，工业旅游区的建设要注重人性化和服务性。首先要加强基础设施建设，提供休息区、观赏区、休闲娱乐区、购物区等，提升游客的舒适度和体验感。同时，做好各场馆内的智能服务，如智能导览服务、智能语音讲解服务，用智能化的手段为游客提供人性化和个性化的旅游方案定制，从而展现企业对游客的尊重和关怀。

（二）工业旅游产品优化升级

在产品形式创新上，将创意融入产品。互联网时代催生个性化消费，传统的工业旅游产品越来越难满足消费者的需求，因此在产品开发过程中，可借助互联网技术，结合工业旅游不同消费人群的偏好分析，在工业企业特有的土壤下，开发一系列满足消费者的创新产品，形成具有竞争力的工业旅游产品。

在产品内容扩充上，丰富产品文化内涵。企业文化是吸引游客关注游览的核心之一，可将企业独有的工业文化元素凝聚在外显的“承载物”上，将其变成赋予故事与情怀的工业旅游产品，树立工业旅游文化品牌。

在产品功能提升上，拓展工业旅游产业链。推进工业旅游由单纯的提供场馆、厂房参观到提供购物游、科普游、企业文化游、工业遗产游等功能延伸，推动游客活动内容由单纯的观光转向沉浸式体验，由传统的提供政务、商务接待转向提供研学游、亲子游和专题游等。

（三）强化工业旅游宣传推介

首先，加强新媒体营销人力资源。鼓励工业企业与旅游服务机构等联合，通过组建旅游运营团队、委托第三方专业服务等方式，引进当前业内先进营销理念与经验方法，持续提升工业旅游运营水平。其次，打造工业旅游品牌形象，增强品牌“表达力”。工业旅游区应深度挖掘自身特色，通过多种方式建立起统一的品牌形象。例如通过设计宣传口号、极具个性的品牌 LOGO 与卡通标识等吸引游客，引发游客联想。最后，加强营销渠道集成。增强与人民网、新华网等重点新闻网站，凤凰、网易等商业网站，百度等搜索引擎，携程、途牛、去哪儿等行业网站的合作互动，利用“两微一端”、影视植入等新技术、新媒体，策划主题多元的网络营销活动。通过不同渠道分工合作，共同推进工业旅游品牌的发展。

第三章　冰雪旅游消费需求报告

第一节　冰雪旅游发展概述

一、概念界定

冰雪旅游最早源于全球寒地民族的生存发展，后来逐渐成为一项广受欢迎的旅游活动；欧洲和北美地区冰雪旅游起步早、发展历史悠久，占据世界冰雪旅游市场半壁江山[①]。英文中通常将冰雪旅游表述为“Ice - Snow Tourism”，在《中国冰雪旅游发展报告（2023）》中也将其称为冰雪休闲旅游，译为“Ice and Snow Leisure Tourism”。

冰雪旅游在国内的概念内涵丰富，学界尚未对其形成统一界定。在国内冰雪旅游相关研究中，学者们从不同视角出发对冰雪旅游进行了解读，提出了“冰雪旅游”“滑雪旅游”“冰雪体育旅游”“冬季旅游”“冰川旅游”等一系列概念，相关视角主要可归为旅游资源视角、旅游动机视角、旅游季候视角和大资源观，其中大资源观兼容并包了各种新兴冰雪旅游发展形式及业态。

从旅游资源视角出发，学者们认为冰雪旅游是以冰雪及冰雪组合景观、冰雪气候资源等作为旅游吸引物开发出来的所有旅游活动形式的总称，以冰川或冰川遗址为吸引物开展的冰川旅游也属于冰雪旅游的范畴。

从旅游动机视角出发，学者强调了冰雪旅游的运动属性，将冰雪旅游定义为以滑

① 王玲．国内外冰雪旅游开发与研究述评［J］．生态经济，2010，（3）：66 - 69.

雪运动为主的休闲体育旅游①，即滑雪旅游的一般概念。也有研究提出“冰雪体育旅游”这一概念，即旅游者把参加冰雪运动、观赏冰雪体育活动作为行动目的的旅游活动。

从旅游季候视角出发，则认为冰雪旅游从属于冬季旅游范畴②，具有时间属性，是旅游者在冬季这一特定季候前往冰雪资源丰富的地区展开的旅游活动。

从大资源观出发，认为冰雪旅游是依托天然或人造冰雪景观、冰雪设施、冰雪体育、冰雪节事、冰雪文化等资源开展的各种旅游活动③。

二、政策背景

2013 年 1 月，全国假日旅游部际协调会议办公室印发《关于做好 2013 年春节假日旅游工作的通知》（假日办发〔2013〕1 号）指出“要针对春节旅游市场特点，积极组织推出传统文化内涵丰富、群众参与性强的旅游节庆活动以及民俗旅游、乡村旅游、冰雪旅游、文化旅游、康体健身等假日旅游产品，满足多层次的大众旅游消费需求”。

2013 年 2 月，国务院办公厅也发布了《关于印发国民旅游休闲纲要（2013—2020 年）的通知》（国办发〔2013〕10 号）的通知，“鼓励开展城市周边乡村度假，积极发展自行车旅游、自驾车旅游、体育健身旅游、医疗养生旅游、温泉冰雪旅游、邮轮游艇旅游等旅游休闲产品”。

2014 年 10 月，国务院发布《关于加快发展体育产业 促进体育消费的若干意见》（国发〔2014〕46 号），指出“以冰雪运动等特色项目为突破口，促进健身休闲项目的普及和提高。制定冰雪运动规划，引导社会力量积极参与建设一批冰雪运动场地，促进冰雪运动繁荣发展，形成新的体育消费热点”。

2016 年 6 月，国务院印发《关于加快发展健身休闲产业的指导意见》（国办发〔2016〕77 号）明确指出：“以举办 2022 年冬奥会为契机，围绕‘三亿人参与冰雪运动’的发展目标，以东北、华北、西北为带动，以大众滑雪、滑冰、冰球等为重点，深入实施‘南展西扩’，推动冰雪运动设施建设，全面提升冰雪运动普及程度和产业发展水平。”

2016 年 8 月，国家体育总局印发《竞技体育“十三五”规划》（体竞字〔2016〕79 号）要求以举办 2022 年北京第二十四届冬奥会为契机，大力推动冰雪运动开展并扩

---

① 石长波，徐硕．对黑龙江省冰雪旅游发展的分析及策略研究［J］．商业研究，2007，(1)：170－172.

② 车亮亮．延吉冬季旅游开发对策研究［J］．国土与自然资源研究，2009，(2)：81－82.

③ 唐承财，肖小月，秦珊．中国冰雪旅游研究：内涵辨析、脉络梳理与体系构建［J］．地理研究，2023，42(2)：332－351.

大我国冬季项目发展规模与布局。推进“冰雪运动南展西扩”战略，鼓励有条件的南方和西部省市积极开展冰雪运动。

2016 年 11 月，国家发展改革委、教育部等五部门和国家体育总局相继推出《冰雪运动发展规划（2016—2025 年）》（体经字〔2016〕645 号）和《群众冬季运动推广普及计划（2016—2020 年）》（体群字〔2016〕146 号）旨在大力发展冰雪旅游业提高冰雪运动竞技水平，加快冰雪产业发展，推动冬季群众体育运动开展。

2017 年 7 月，国家发展改革委会同有关部门共同研究制定了《促进乡村旅游发展提质升级行动方案（2017 年）》（发改社会〔2017〕1292 号）要求东北地区利用气候环境优势，打造一批融滑雪、登山、徒步、露营等为一体的冰雪旅游度假区，统筹周边乡村旅游推出冬季复合型冰雪旅游基地和夏季避暑休闲度假胜地，强化“景区带村”辐射作用。

2018 年 1 月，原国家旅游局发布《关于落实旅游市场监管主体责任和加强冬季热点旅游线路综合整治的通知》（旅办发〔2018〕16 号）指出“要切实加大对旅游新业态和冬季热点旅游线路的整治力度，尤其要加强对冰雪旅游、森林旅游、温泉旅游、滨海旅游等特色旅游产品的有效监管”。

2018 年 12 月，国务院发布《关于加快发展体育竞赛表演产业的指导意见》（国办发〔2018〕121 号）要求积极培育冰雪体育赛事，并指出“以筹办北京冬奥会、冬残奥会为契机，大力发展高山滑雪、跳台滑雪、冬季两项、速度滑冰、短道速滑、花样滑冰、冰球、冰壶、雪车雪橇等各类冰雪体育赛事，推动专业冰雪体育赛事升级发展。积极运用信息通信技术，打造智慧冬奥，提升办赛水平，带动相关产业发展。加强与国际组织合作，有计划地引进高水平的冰雪赛事”。

2019 年 6 月，工信部等九部门发布《冰雪装备器材产业发展行动计划（2019—2022 年）》（工信部联装〔2019〕106 号）提出紧扣“三亿人参与冰雪运动”需求，开发物美质优的冰场、雪场专用装备和设施，有效降低冰场、雪场运营成本；研制安全性高、功能性强的冰刀、滑雪板、滑雪服等大众普及型个人运动器材，丰富细化品种，带动新材料创新应用，提升大众冰雪装备器材供给能力，促进大众冰雪消费市场有效释放。

2021 年 2 月，文化和旅游部、国家发展改革委、国家体育总局联合发布《冰雪旅游发展行动计划（2021—2023 年）》（文旅资源发〔2021〕12 号），该计划的主要目标是到 2023 年，推动冰雪旅游形成较为合理的空间布局和较为均衡的产业结构，助力 2022 北京冬奥会和实现“带动三亿人参与冰雪运动”目标。冰雪旅游市场健康快速发展，打造一批高品质的冰雪主题旅游度假区，推出一批滑雪旅游度假地，冰雪旅游参与人数大幅增加，消费规模明显扩大，对扩内需贡献不断提升。促进冰雪旅游发展同自然景观和谐相融。

2021 年 12 月，国务院印发《“十四五”旅游业发展规划》（国发〔2021〕32 号），指出“大力推进冰雪旅游发展，完善冰雪旅游服务设施体系，加快冰雪旅游与冰雪运动、冰雪文化、冰雪装备制造等融合发展，打造一批国家级滑雪旅游度假地和冰雪旅游基地”。

三、发展现状

根据《中国冰雪旅游消费大数据报告（2023）》，目前我国已经形成以东北地区为首，以内蒙古自治区、新疆维吾尔自治区、北京、河北、四川、湖南等地为主的全国冰雪旅游发展态势。我国的冰雪旅游发展已经辐射到全国各地域，有三十多个省市和城市开展了冰雪旅游项目，包括北京的龙庆峡、四川海螺沟、云南玉龙雪山、新疆维吾尔自治区的阿勒泰、辽宁的棋盘山、吉林长白山等，表明冰雪旅游已经进入到蓬勃发展的成长期。开展冰雪旅游较早的省级行政区已经取得了一定的成绩，例如黑龙江、吉林、辽宁、新疆维吾尔自治区；开展冰雪旅游较晚的省级行政区，其冰雪旅游产业发展也在不断增速，例如北京、内蒙古自治区、四川。从全国的角度来看，我国的冰雪旅游开发与欧美国家相比仍然有着较大的差距，而且在市场完善、产业化和软硬件设施建设等诸多方面依旧有发展的弊端，而在冰雪旅游高速发展时期，冰雪旅游大众化市场的开发仍处于起步阶段。

在北京冬奥会、冰雪出境旅游回流、旅游消费升级以及冰雪设施全国布局等供需两方面刺激下，全国人民的冰雪旅游热情持续高涨，《中国冰雪旅游消费大数据报告（2023）》显示，64% 参与调查的消费者有计划进行冰雪休闲旅游活动，60. 3% 的被调查者会增加今年参与冰雪休闲旅游的次数，其中，40. 7% 的消费者有意愿进行长距离的冰雪旅游，55. 6% 的游客有意愿进行短距离的冰雪休闲旅游活动。全国冰雪休闲旅游人数从 2016—2017 年冰雪季的 1. 7 亿人次增加到 2020—2021 年冰雪季的 2. 54 亿人次，2021—2022 年冰雪季我国冰雪休闲旅游人数达到 3. 44 亿人次，北京、上海、广东、江苏、浙江、山东、河北、四川、辽宁和湖北成为十大冰雪客源省级行政区，西安、成都、武汉、杭州、南京、沈阳、广州、深圳、青岛和苏州成为十大冰雪游客源城市。整体来看，除去新型冠状病毒感染这个“黑天鹅”事件影响，冰雪旅游市场消费呈现不断扩张态势，不断向大众化普及。我国冰雪运动参与者正在不断增加，极大地推动冰雪旅游产业发展，2020—2021 年中国冰雪旅游收入为 3900 亿元，2022—2023 年中国冰雪旅游收入达 4740 亿元，实现 121. 54% 的增长。

第二节　冰雪旅游消费需求年际变化趋势

一、消费需求数值年际变化

冰雪旅游消费需求数值的年际变化如表3－1所示，最小整体日均值（35）出现在2011年和2012年，最大整体日均值（128）出现在2022年，两数值相差近4倍，相应的消费需求年总值为最小值12775，最大值46720。最小移动日均值（3）出现在2011年，最大移动日均值（64）出现在2022年，二者相差超21倍，相应消费需求年总值为最小值1095，最大值23360。显然，12年时间里，冰雪旅游所受关注大幅增长，互联网大数据所展现的整体消费需求年总值累计近30万，移动消费需求年总值突破10万。

表3－1　2011—2022年冰雪旅游消费需求日均值与年总值

年度	整体日均值	整体年总值	移动日均值	移动年总值
2011	35	12775	3	1095
2012	35	12775	6	2190
2013	42	15330	16	5840
2014	27	9855	8	2920
2015	51	18615	20	7300
2016	57	20805	15	5475
2017	72	26280	18	6570
2018	81	29565	28	10220
2019	86	31390	32	11680
2020	94	34310	32	11680
2021	104	37960	47	17155
2022	128	46720	64	23360
合计	812	296380	289	105485

注：冰雪旅游消费需求日均值由百度指数所收录“冰雪旅游”关键词的用户关注度表征，此单一关键词将造成对冰雪旅游消费需求的低估，但同一标准下的数值仍具有研究价值，年际变化趋势分析能有效反映冰雪旅游发展动态。

图3－1更为形象地展示了冰雪旅游消费需求规模的年际变化：整体来看，中国冰雪旅游消费需求呈缓慢上升态势。2013—2014年，受全球经济影响和金融危机波及，

冰雪旅游消费需求年总值下降。2014—2015 年冰雪旅游消费需求年总值增速明显，北京和张家口联合申办 2022 年冬奥会获得成功，冰雪旅游消费需求增长迅速，涨幅达 88.9%。在 2015—2021 年期间，随着中国经济水平不断发展和居民收入增加，冰雪旅游消费需求年总值呈现稳步上涨趋势，6 年间涨幅达 103.92%。2021—2022 年，冰雪旅游消费需求年总值增长显著，可见 2021 年初颁布的《冰雪旅游发展行动计划（2021—2023 年）》具有突出的政策影响。

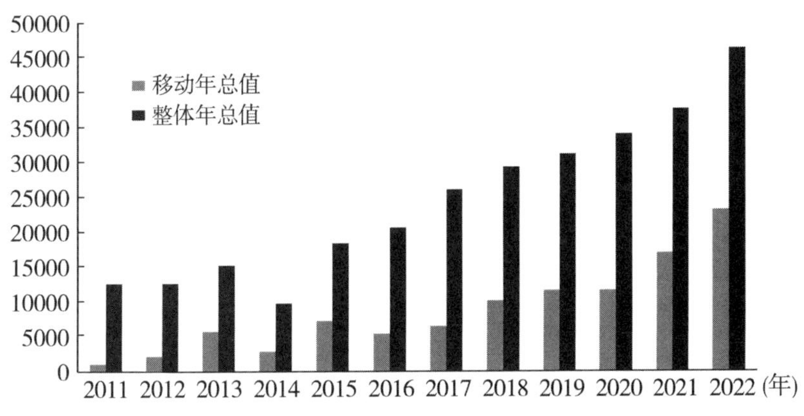

图 3－1　2011—2022 年冰雪旅游消费需求年总值

二、消费需求增长年际变化

冰雪旅游消费需求增长的年际变化如图 3－2 所示。2012—2022 年整体与移动消费需求均存在正、负双向增长，幅度 0%—166.67% 不等，移动消费需求变化率普遍高于整体变化率，可见移动端发展速度十分突出。

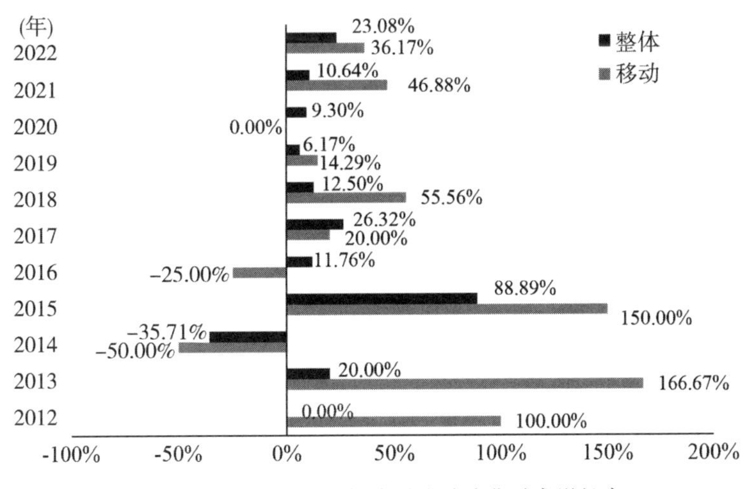

图 3－2　2012—2022 年冰雪旅游消费需求增长率

整体消费需求增长显示：除受全球经济影响和金融危机波及的 2014 年出现了冰雪旅游消费需求负向增长，需求量减少超过三分之一；其余年份冰雪旅游消费需求均为正向增长，最大值出现在 2015 年，增长率达 88.89%，消费需求年总值约 2 万。2013 年以及 2016—2022 年增长率都稳定在 30% 以内，冰雪旅游消费需求呈缓慢增长的趋势，截止 2022 年冰雪旅游消费需求年总值已超 4.6 万。

移动消费需求增长显示：移动搜索引致的消费需求在第一年即呈现正向增长，且 2012、2013、2015 年的增长率都不低于 100%，规模不断翻番，这与我国长期以来的信息化发展政策有关，且《第 30 次中国互联网络发展状况统计报告》显示，截至 2012 年 6 月底，我国手机网民规模首次超越台式电脑用户，达到 3.88 亿；2014 年的移动消费需求同样受到全球经济影响和金融危机的波及出现了负向增长，2017—2019 年移动消费需求增长率均高于 10%，说明冰雪旅游的消费需求在这三年内是稳定增加的，2020 年受新型冠状病毒感染的影响，移动消费需求增长率变为到 0%，2021—2022 年新型冠状病毒感染得到控制，移动端消费需求回归正向增长。

三、移动端需求占比年际变化

冰雪旅游移动搜索引致的消费需求占比年际变化如图 3 - 3 所示。

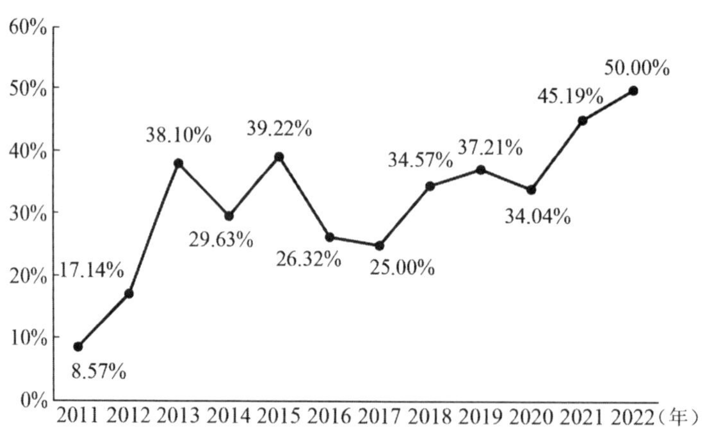

图 3 - 3　2011—2022 年冰雪旅游移动消费需求占比

互联网搜索呈现的消费需求主要源自移动端和 PC（personal computer，个人计算机）端，移动端需求在整体消费需求的占比能一定程度上显示公众信息来源与搜索偏好。由图可知，2011—2022 年移动端需求占比总体呈增长趋势，其中 2011—2013 年因基数较小而实现占比的高速增长，2012—2013 年增幅高达 20.96%；2014 年明显回落，2015 年再度增长且增幅明显，随后两年均在回落，但回落速度有所放缓；2017—2022

年总体呈稳步增长的趋势，五年间占比增幅达 25%，2022 年达到最大值，占比达五成，2020 年受新型冠状病毒感染的影响，出现了小幅度（3.17%）的回落。总的来说，随着网络日趋完善、移动终端性能不断提升，移动搜索已成为人们获取资讯的重要渠道和流量入口。

第三节　2022 年冰雪旅游消费需求分析

一、消费群体分析

（一）性别分布

2022 年冰雪旅游消费群体性别分布如图 3－4 所示：男性占比 31.20%，TGI 指数为 62.16，表明男性对冰雪旅游的关注程度低于平均水平；女性占比 68.80%，TGI 指数为 138.12，可见女性对冰雪旅游的关注程度高于平均水平。这一偏差可能是由于冰雪旅游更能满足女性消费者进行旅游活动的各项需求，特别是对放松自身、使自己心情愉悦和获得优越感也就是分享生活的需求，而且与男性相比，女性更愿意分享生活、体验生活①。

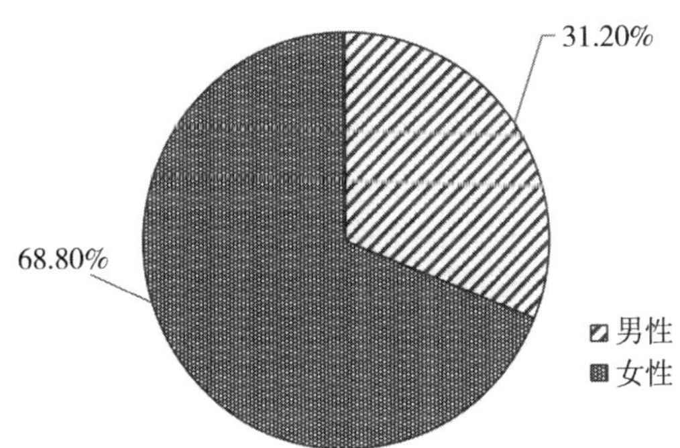

图 3－4　2022 年冰雪旅游消费群体性别分布

（二）年龄分布

2022 年冰雪旅游消费群体年龄分布如图 3－5 所示。19 岁及以下占比 21.79%，

① 张文丽．女性在冰雪体育旅游中的参与［C］//中国体育科学学会体育史分会．2021．

TGI 指数为 288. 11，尽管该年龄段人群占比不是最大的，但其对冰雪旅游的关注程度显著高于平均水平，该年龄段对冰雪旅游的消费需求旺盛。20—29 岁占比 53. 42%，是比重最大的消费群体，TGI 指数为 203. 47，该年龄段人群对冰雪旅游的关注程度也显著高于平均水平，考虑到大学生等青少年群体集中于该年龄阶段，此类群体有一定的接纳新事物的能力和广泛的好奇心，且有较好的体力基础，所以对冰雪旅游的关注度高。30—39 岁占比 12. 82%，TGI 指数为 37. 12，40—49 岁占比 8. 98%，TGI 指数为 46. 30，50 岁及以上占比 2. 99%，TGI 指数为 24. 74，这三个年龄段人群对冰雪旅游的关注程度远低于平均水平，表明 30 岁以上的人群对冰雪旅游的需求较低。

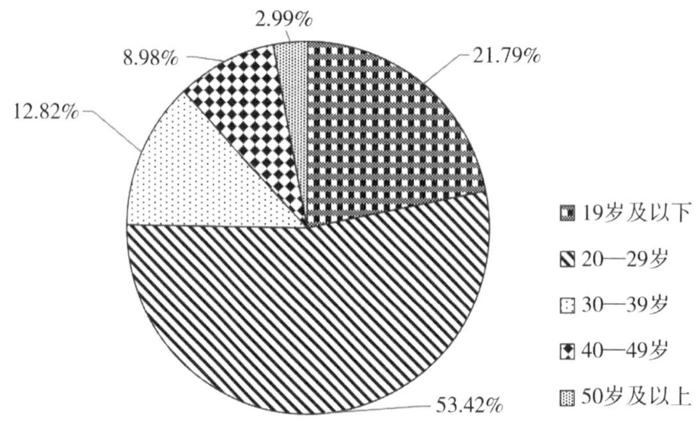

图 3－5　2022 年冰雪旅游消费群体年龄分布

二、消费需求分析

（一）时间分布

2022 年冰雪旅游消费需求量的月度分布如表 3－2 所示。最小日均值出现在 8 月（57），最大值出现在 3 月（168），相差幅度 194. 74%，相应月总值分别为 1767、5208。

表 3－2　2022 年冰雪旅游消费需求时间特征

月度	日均值	月总值	月总值占比
1	144	4464	9. 58%
2	165	4620	9. 91%
3	168	5208	11. 17%
4	150	4500	9. 66%

续表

月度	日均值	月总值	月总值占比
5	146	4526	9.71%
6	119	3570	7.66%
7	67	2077	4.46%
8	57	1767	3.79%
9	108	3240	6.95%
10	124	3844	8.25%
11	138	4140	8.88%
12	150	4650	9.98%

各月消费需求日均值跨度显示：7 月、8 月日均值低于 100，6 月、9 月日均值介于 100—120 之间，10 月、11 月日均值介于 120—140 之间，1 月、4 月、5 月、12 月日均值介于 140—160 之间，2 月、3 月日均值超过 160。

各月消费需求总值跨度显示：7 月、8 月消费需求总值低于 3000，6 月、9 月、10 月消费需求总值介于 3000—4000 之间，1 月、2 月、4 月、5 月、11 月、12 月消费需求总值介于 4000—5000 之间，3 月消费需求总值高于 5000。

2022 年 1—12 月冰雪旅游消费需求每月总值占比如表 3－2 所示。结合分布图 3－6，不难发现，12 个月的消费需求月总值占比呈现上下波动，其中最高的月份 3 月占比 11.17%，最低的月份 8 月占比仅为 3.79%，差值为 7.38%，说明整体相差幅度较大，月度差异明显。

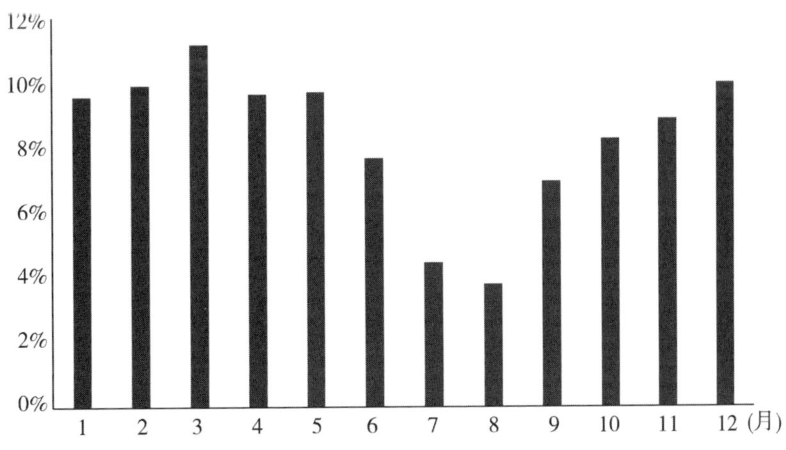

图 3－6　2022 年 1—12 月冰雪旅游消费需求月总值占比

从季节分布来看（如图 3－7），春季（3—5 月）消费需求总值合计 14234，在本年度占比 30.54%，夏季（6—8 月）消费需求总值为 7414，占比 15.91%，秋季（9—11）消费需求总值为 11224，占比 24.08%，冬季（1—2 月，12 月）消费需求总值合计 13734，在本年度占比 29.47%。显然，冰雪旅游消费需求季节占比由高到低分别为春季、冬季、秋季、夏季，消费需求规模的最大季节差达到 6820，春、冬两季需求值都高于 13000，占比均超过四分之一，合计 60.01%，秋季占比略小于 25%，春秋冬三季占比将近九成，夏季表现最为平淡，显然夏季气温高，不宜开展冰雪旅游活动。

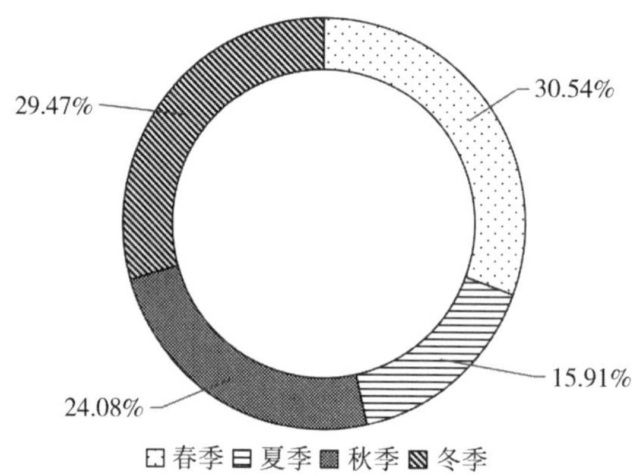

图 3－7　2022 年冰雪旅游消费需求季节占比

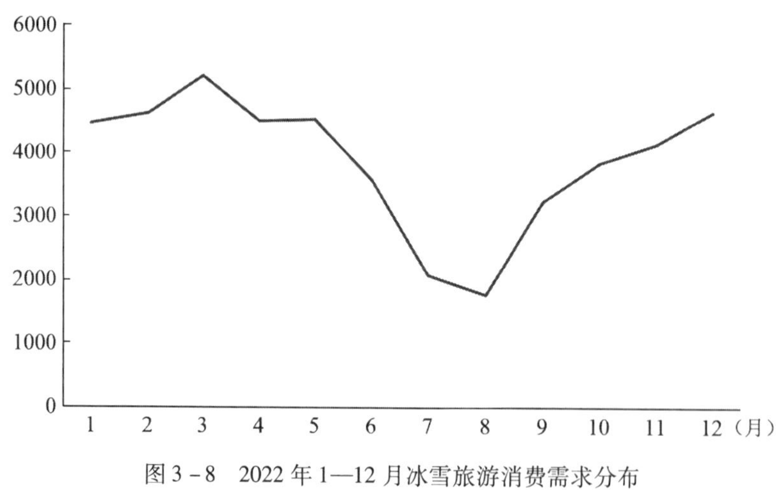

图 3－8　2022 年 1—12 月冰雪旅游消费需求分布

2022 年冰雪旅游消费需求的月度变化如图 3－8 所示。总体来看呈现出两端高中间低的“U”型分布规律，具有明显的月度分异特性。高消费需求月份主要集中在 1 月、2 月、3 月、4 月、5 月和 12 月（消费需求月总值占比在 10% 左右），最高峰出现在 3

月份，消费需求月总值达到5208；7月与8月受限于高温天气，只能开展部分室内冰雪旅游活动，是冰雪旅游消费需求最低的月份（消费需求月总值占比低于5%）。2022年2月北京冬奥会成功举办，越来越多的人接触到冰雪旅游活动，表现在1—3月份冰雪旅游消费需求平稳上升，4、5月依旧维持在较高水平。9月份开始，气温逐渐降低，冰雪旅游消费需求再次攀升，由3240逐渐增加至4650，增幅明显。

（二）空间特征

2022年冰雪旅游消费需求空间分布如表3－3所示，分别呈现34个省级行政区的年度日均值及其占比。其中，消费需求日均值最高的是北京市，达到41，最低的是台湾省、西藏自治区、澳门特别行政区、香港特别行政区，仅为0，空间分布十分不均衡。

表3－3　2022年冰雪旅游消费需求空间分布

省级行政区	日均值	占比	省级行政区	日均值	占比
安徽	10	2.29%	江西	5	1.15%
澳门特别行政区	0	0%	辽宁	18	4.13%
北京	41	9.40%	内蒙古自治区	11	2.52%
重庆	9	2.07%	宁夏回族自治区	4	0.92%
福建	7	1.60%	青海	2	0.46%
广东	30	6.88%	上海	14	3.21%
广西壮族自治区	5	1.15%	四川	25	5.73%
甘肃	4	0.92%	山东	21	4.82%
贵州	4	0.92%	山西	7	1.60%
河北	22	5.05%	陕西	7	1.60%
黑龙江	37	8.49%	天津	7	1.60%
河南	16	3.67%	台湾	0	0%
湖南	12	2.75%	西藏自治区	0	0%
湖北	12	2.75%	香港特别行政区	0	0%
海南	4	0.92%	新疆维吾尔自治区	22	5.05%
吉林	33	7.57%	云南	7	1.60%
江苏	21	4.82%	浙江	19	4.36%

各省级行政区冰雪旅游消费需求2022年度日均值跨度显示：吉林、黑龙江、北京日均值高于30，这3个省级行政区的日均值占比合计25.46%，超过四分之一，表明这

是冰雪旅游消费需求最为集中的省域；江苏、山东、河北、新疆维吾尔自治区、四川、广东日均值介于20—30之间，这6个省级行政区的日均值占比合计32.35%，接近三分之一，可见这是冰雪旅游的主要消费市场；内蒙古自治区、湖北、湖南、上海、河南、辽宁、浙江日均值介于10—20之间，这7个省级行政区的日均值占比合计23.39%；广西壮族自治区、江西、福建、山西、陕西、天津、云南、重庆、安徽日均值介于5—10之间，这9个省级行政区的日均值占比合计14.66%；余下9个省级行政区的日均值占比合计4.14%，其中青海、甘肃、贵州、海南、宁夏回族自治区日均值介于0—5之间，澳门特别行政区、台湾、西藏自治区、香港特别行政区的日均值为0。

第四节　冰雪旅游消费需求特征及影响因素

一、消费需求特征分析

（一）消费群体特征

女性在冰雪旅游方面的兴趣和关注度要明显高于男性。这一点可以从2022年冰雪旅游消费群体性别分布数据中得知。相较于男性，女性更倾向于参与放松自身、使自己身心愉悦并满足自己分享欲和体验欲的冰雪旅游活动。《2022年女性旅行报告》中也指出，滑雪场等旅游活动场所越来越受到女性群体的关注。

青少年群体对冰雪旅游的关注程度较高。这一特征反映于2022年冰雪旅游消费群体年龄分布数据。在冰雪旅游年龄分布上，20—29岁是占比最多的年龄段，占比达53.42%，处于此年龄段的群体拥有充足的闲暇时间和旺盛的好奇心，体力基础也好，而且善于运用网络等手段获取旅游信息，因此其对冰雪旅游的关注程度远超其他群体。中小学生（19岁及以下）对冰雪旅游也有较高的关注度，虽然这个年龄群体的占比只有21.79%，但是他们对冰雪旅游的关注程度远远高于网络平均水平，TGI指数高达288.11。这也说明在冰雪旅游市场中，儿童和少年仍然是一个活跃的参与主体。

（二）时间分布特征

总体来看，冰雪旅游消费需求呈稳步增长态势，随着中国经济水平不断发展和居民收入增加，以及通信技术不断迭代，为冰雪旅游的发展提供了新的助力，消费者获取旅游信息的渠道愈加丰富，对冰雪旅游的关注也日渐提高，冰雪旅游消费需求年总值基本维持在5%以上，最高增幅达88.89%。

从年内分布来看，冰雪旅游具有明显的季节性特征，2022年冰雪旅游集中在上半年冰雪季，3月到达最高峰，8月到达最低谷，呈现出两端高中间低的"U"型分布规律。春冬两季明显高于夏季（8月份消费需求总值不足2000，1月、2月、3月、4月、5月、12月消费需求总值高于40000）。

（三）空间分布特征

高纬度地区冰雪旅游需求高于低纬度地区，高纬度地区年平均气温较低，有开展冰雪旅游活动的天然优势。特别是东北地区，冰雪覆盖时间长，消费者参与冰雪旅游活动多，对冰雪旅游的消费需求较高。

经济发展水平较高，人口较多，开放程度较高，旅游产业发展较好的地区消费需求高于其余地区，东部沿海地区，特别是广东省需求明显较高。

政府支持力度大，有一定冰雪旅游产业基础地区冰雪旅游消费需求明显偏高。例如，吉林省印发《吉林省冰雪运动高质量发展规划（2021—2035年）》（吉政办发〔2021〕66号）；新疆维吾尔自治区印发《关于进一步破解瓶颈制约推动自治区冰雪运动和冰雪旅游高质量发展行动方案（2022—2025年）》（新政办发〔2022〕50号），这些地区在政府政策的支持下，冰雪旅游产业发展迅速，冰雪旅游消费需求也高。

二、消费需求影响因素

（一）消费群体影响因素

1. 人口特征

冰雪旅游市场越来越年轻化。《中国冰雪旅游消费大数据报告（2023）》显示，2022年滑雪场中20岁至30岁的消费者最多，滑雪成为"90后"、"00后"的运动"新宠"，冰雪旅游市场将进一步呈现年轻化的趋势。很多地方都在积极培养学生参与冰雪运动的兴趣和能力，使青少年成为冰雪文化传播和冰雪旅游体验的重要主体。

2. 人均消费水平

人均消费水平对冰雪旅游需求有着显著的影响。人均消费水平是指一个地区或国家居民每人每年的消费金额。较高的人均消费水平意味着人们有更多的可支配收入，可以用于旅游和娱乐活动。因此，人均消费水平的提高通常会导致对冰雪旅游的需求增加。例如，较高的人均消费水平使得更多的人能够承担得起冰雪旅游的费用。冰雪旅游通常需要支付雪具租赁、滑雪场门票、住宿和交通等费用。如果人们的经济状况良好，他们更有可能选择参与这些活动，从而推动冰雪旅游需求的增长。

3. 喜爱程度

滑雪是最受冰雪运动爱好者喜爱的运动，其次，滑冰也是深受欢迎的冰雪运动之一，在冬奥会的影响之下，中国冰雪运动多样化趋势明显，尤其是国内对滑雪的热度提升较快，这也助推了中国冰雪产业的向阳发展。同时在消费者行为上，单纯为滑雪而去滑雪的人仍是少数群体，除滑雪运动本身外，滑雪爱好者还关注温泉、美食、酒店品质及休闲消费娱乐设施，验证了基于滑雪旅游和其他业态相融合的想法。快速发展滑雪产业，需要将滑雪与度假、旅游更紧密地结合，以适应更多中国旅游消费者。应加快配套设施建设，增加更多消费业态，打造“滑雪＋休闲度假”的综合配套模式。

（二）时间分布影响因素

1. 季节变化

季节性变化是影响冰雪旅游的重要因素之一。冰雪旅游通常发生在寒冷的季节，因此气温是决定冰雪形成与消融的关键因素。当气温低于冰点时，水会结冰形成雪和冰，提供了开展冰雪活动的基础条件。不同季节的气候条件和自然环境会直接影响到冰雪的存在和可用性。例如，夏季气温偏高，不具备开展户外冰雪旅游的条件。

2. 突发公共事件

突发公共事件会影响游客的需求和信心，使得他们对冰雪旅游活动持有犹豫或担忧态度。例如，新型冠状病毒感染、自然灾害等事件会影响人们对安全和健康的关注，可能减少人们前往冰雪旅游地区的意愿。这会对冰雪旅游的时间分布产生直接影响。因此在突发事件发生时，必须根据实际情况进行风险评估和安全考虑，遵循相关部门的指导和规定，以确保游客的安全和健康，提高游客对冰雪旅游的安全感和信心。

3. 政策引导

政府对于冰雪旅游的支持和鼓励政策也是影响因素之一。政府在冰雪旅游领域出台的政策措施将直接影响到该领域的发展。例如，政府可以出台鼓励冰雪旅游的政策，提供相应的补贴和优惠，吸引更多的游客参与冰雪活动。政府还可以加大对冰雪旅游基础设施的投资，提高旅游服务水平，从而提升冰雪旅游的吸引力和竞争力。

（三）空间分布影响因素

1. 地形分布与差异

南方地区室内滑雪场、冰场、冰雪乐园不断涌现，突破了气候季节和自然空间的限制，更贴近消费市场。冰雪运动、冰雪旅游不再仅限于北方，也逐渐成为南方人民喜爱的活动。北方的雪村雪乡、南方的室内冰雪世界等冰雪旅游场地已经成为城乡居民本地游、周边游的重要选择，冰雪旅游消费群体呈现大众化态势。然而北方地区的经济基础、旅游业态和文化环境等方面的发展水平参差不齐，这些因素阻碍了省区间冰雪旅游的协同化发展。

2. 基础设施发展

基础设施发展对冰雪旅游的消费需求同样有重要的影响。基础设施的发展，尤其是交通网络的完善，可以使得冰雪旅游更加便捷和高效。例如，修建新的高速公路、铁路和机场，可以缩短旅行时间和距离，吸引更多的游客前往冰雪旅游目的地。基础设施的发展也包括酒店、度假村和民宿等住宿设施的建设。这些设施的提供可以满足游客的住宿需求，增加冰雪旅游的吸引力和竞争力。

3. 安全管理

安全管理也是影响冰雪旅游消费需求的因素之一。冰雪旅游是一种特殊的户外活动，涉及到极端天气和地形条件，因此安全管理至关重要。首先，安全管理会影响冰雪旅游活动的选择和规划。在选择旅行目的地时，安全管理将考虑该地区的天气条件、地形状况以及可能存在的风险因素。例如，如果某个地区经常发生雪崩或冰川裂隙较多，安全管理部门可能会限制或禁止旅行者前往这些地方。其次，安全管理还会影响冰雪旅游活动的时间和季节安排。不同季节的冰雪条件和天气情况不同，安全管理会根据这些因素来制定最佳的旅行时间。例如，在雪崩高发期或者天气极端恶劣的时候，安全管理部门可能会建议暂停或延迟旅行活动。

第五节 冰雪旅游消费需求提升建议

一、政策支持

（一）健全指导体系

一方面，完善政策体系。政府应承担起政策引领责任，针对当前政策的薄弱之处来进行完善和补充，创建冰雪旅游的政策体系。利用好“后冬奥时代”的机遇，从冰雪旅游市场的培育、冰雪人才的培养、滑雪旅游度假区的建设等方面入手，并把握好各项政策间的协同联动。另一方面，确保政策的有效实施。政策的有效执行需要各地方政府和企事业单位对政策的贯彻落实，明确各个主体的责任与分工，营造良好的投融资环境。如适当放宽民营滑雪场的用地审批和水电等资源限制，加大政策支持力度。

（二）加强财政扶持

第一，将冰雪运动场地消费纳入政府服务购买指导性目录。建立产品供给与消费并重的政府扶持方式，适度竞争与择优扶持的新机制。推进冰雪运动产业在场地使用、场馆建设、市场管理、从业规范和消费人员安全保障等方面章程及实施细则的制定。第二，开展多种金融方式合作，促进冰雪旅游业的融资渠道拓宽，在宏观调控与监管部门的推动下，商业银行联合财政以及其他金融机构，推出例如“信贷快车”、“信用保险及贸易融资试点”等多项资金支持项目，确保更多冰雪旅游企业获得贷款、提高信贷资金利用率。第三，设立冰雪旅游业发展专项引导资金，针对各地建设冰雪主题公园、开展冰雪文化活动、冰雪场地升级改造等提供专项资金支持。

（三）深化部门联动

国家及各地政府要提高政策出台的针对性和有效性，着重解决制约冰雪旅游业成长的关键问题，破除制度障碍，促进各关联产业释放动能，推动冰雪旅游业整体转型升级。第一，做好冰雪场馆设施的规划和空间布局，注重发挥政府政策引导和多部门协作机制。第二，打破垄断经营与行业壁垒，制定专项激励政策，引导企业按照消费升级的方向提升冰雪旅游服务供给质量。第三，大力支持国家级研究机构与冰雪品牌的战略合作，引导“全民冰雪健身计划”与冰雪旅游业发展实现完美对接。

（四）构建保障机制

国家层面必须出台相关法律法规，规范冰雪旅游业发展。加强风险防控和安全监管，保障冰雪旅游业有序、安全发展。同时，保护广大冰雪消费者的合法权益，科学探索建立涵盖体育意外伤害的综合保险机制，积极完善冰雪运动事故责任险，鼓励各级地方政府试点推行冰雪安全事故第三方调解办法等。

二、产业升级

（一）丰富冰雪场景供给

第一，未来在生态环境保护的前提下，投资建设融合运动、度假休闲、商业于一体的冰雪小镇，带动贫困落后地区的经济发展，撬动冰雪旅游消费新需求。第二，借鉴欧美冰雪产地四季经营模式，突破季节限制形成冰雪产品体系。春夏季提供一系列庆典和户外活动吸引游客，扩展与市场的契合度，固定消费群体；秋、冬季重点投资开发例如雪雕艺术园、冰雪走廊、冰雪温泉养生度假区等特色冰雪主题产品，推进冰雪观光与休闲度假融合发展。第三，丰富冰雪内容供给，优先投资开发户外娱雪乐园、高山极限滑雪挑战胜地、雪域森林观光小火车、直升机滑雪等高端冰雪体验类产品。第四，投资引进国内外高水平冰雪演艺与娱乐项目，进一步塑造精品化、品牌化冰雪旅游目的地，延长冰雪消费链条。

（二）投资冰雪文创产品

抓住文娱发展新契机，与影视娱乐、文创产业跨界合作，制作冰雪文化背景的各类出版物、游戏、动漫等；拍摄冰雪题材的电影，举办冰雪影视艺术节、音乐节等，促进冰雪文化传播，打造大众喜闻乐见的冰雪艺术作品，培育更多的冰雪运动爱好者和冰雪文化粉丝；促进冰雪旅游业与乡村振兴协同发展，依托美丽乡村建设，融合休闲农业，开发冰雪游艺、民间冰灯等传统冰雪文化产品，打造最美冰雪民俗乡村，实现冰雪民俗文化与冰雪旅游深度融合，以冰雪元素为产业成长赋能。

（三）扩大冰雪旅游设施研发

加大冰雪旅游设施建设、升级领域的投资力度，与国家体育用品工程技术研究中心等科研机构合作，利用优秀的研发人才和高端技术，创新培育冰雪旅游场地设备、器材、个人装备及关联产品生产，提升我国冰雪旅游业相关设施规模。借鉴国外冰雪旅游发展经验，面对高端冰雪装备制造水平的落后，国内公司可采取收购国际知名冰雪装备制造公司的策略，引进核心技术和专业人才，实现高端冰雪装备的个性化研发和定制，为冰雪旅游业发展提供坚实场地设施和装备保障。

（四）培养冰雪相关人才

人才战略要坚持“外引内培”的原则。一方面要注重人才的内部培养。各大高等学校、职业院校要根据院校特色和产业发展需要，动态调整学科专业设置，将院校专业与冰雪旅游结合。在聘请专业人才加强师资队伍的建设的同时，派出人员到外国学习冰雪产业的发展经验。持续培养冰雪运动员、教练和冰雪救护人员、冰雪设施维护人员、冰雪赛事主持人等专业人才。另一方面，实施外部人才引进策略。目前我国高端冰雪人才较少，要争取我国出入境发放工作签证对外国滑雪运动专业技术人员学历要求的政策放开，以便于外国专业人才的引进。

三、产品营销

（一）建立全域冰雪旅游营销体系

第一，建立全域旅游营销体系。结合传统营销方式和互联网营销模式，以加强市场宣传力度和丰富营销手段两种方式来增加冰雪旅游的关注度，并整合冰雪旅游地的营销资源，实现多渠道和多主体间的相互配合，对区域进行整体营销。第二，搭建冰雪旅游营销平台。通过微博、抖音、小红书等自媒体的日常科普，或是制作以冰雪旅游为主题的纪录片和电影等方式来引领公众，尤其是青年人群和南方人民对于冰雪的关注，有效宣传和普及冰雪旅游文化。同时也要利用北京冬奥会的全球关注度，进行跨文化的国际传播，输出中华冰雪故事。第三，塑造冰雪旅游品牌。我国幅员辽阔，要充分利用地区特色来打造独特冰雪旅游品牌，如“南国冰雪——西岭雪山”、“神州北极——漠河”等冰雪品牌，进行跨界营销，比如开展冰雪音乐节、冰雪动漫展等活动。

（二）打造“冰雪＋”模式

目前冰雪产业和其他产业的融合深度不够，主要的模式为“冰雪＋体育”。要利用好冬奥会带来的各项政策红利，推动冰雪旅游产业与相关产业深度融合，打造“冰雪+”全域旅游模式。打造“冰雪+温泉”“冰雪+体育”“冰雪+康养”“冰雪+文化”“冰雪+工业”等多产业融合发展模式，推动产业结构升级，延长冰雪旅游产业链，发挥多产业融合的外溢效应。例如，融合全域旅游发展理念，从单个产品转向冰雪文旅体商综合体和冰雪特色小镇，建设产品多样化、业态多元化、四季运营化的冰雪旅游地全域旅游产品。引导全社会积极参与冰雪活动，实现冰雪旅游和冰雪运动大众化，以突破其季节性和区域性的制约。

（三）推动冰雪旅游数字化转型

5G时代，使用先进科技手段去拥抱新信息技术革命能创造更多商机，也是冰雪旅游业未来的终极追求。第一，利用大数据作为冰雪旅游业内外部的“连接器”。对内来看，大数据可以使产业进步，更加精细化铸造冰雪旅游品牌。对外输出方面，未来利用大数据进行冰雪营销、商机发掘、产业深度研究、新业态创造等将成为不可阻挡的趋势。第二，利用仿真冰雪、VR等先进技术解决目前冰雪旅游主要集中在冬季运营的痛点，真正实现冰雪旅游在四季推广，敲响5G时代之门，尝试拥抱冰雪大数据，带动冰雪旅游业飞速成长。

（四）重视冰雪旅游宣传

以市场为驱动，充分利用各类宣传资源，形成富有活力的冰雪传媒体系。第一，推动主流媒体突破机制体制束缚，精准策划营销冰雪旅游产品，增强市场传播力。鼓励省市电视台摄制高水平的冰雪宣传片，展现冬季冰雪的独特自然风光、人文气息，吸引观众对冰雪旅游的关注度。第二，新老媒体互补，组织媒体直接参与采访报道，通过大型采风宣传造势预热冰雪旅游市场；以微信、微博等新媒体平台为依托，集中联动宣传冰雪旅游业时下热点，借助互联网平台优势，开展冰雪景区门票年度大促、双十一热卖等活动，让冰雪旅游产品真正走向市场、面向客户，努力营造冰雪旅游业蓬勃发展的浓厚氛围。

第四章　邮轮旅游消费需求报告

第一节　邮轮旅游发展概述

一、概念界定

邮轮的原意是海洋上的指定路线、指定时期航行的大型客运轮船。在早期运输行业并不发达，航空还未兴起的时候，很多通信邮件都是靠这种大型船舶进行跨洋运输。一战以后至20世纪60年代初，随着民航业的迅猛发展，交通运输格局发生了重大变化，邮轮业在交通运输界的地位正逐渐被航空业所取代。由于海上客运量的巨大下滑，邮轮运营商迫于经营的压力不得不开始探索新的经营方式，尝试着由向旅客提供单纯的运输服务转变为向游客提供休闲舒适的新型海上度假服务。邮轮业经过一系列业务功能转型，运营模式创新，从原来单纯的海上客运业务，向规模庞大的现代专业旅游业务转变，娱乐设施和服务项目不断完善，逐渐成为现在为生活富裕及闲暇时间充裕的游客提供舒适海上旅行服务的游轮。根据上海市旅游局、上海市交通委员会联合制定的《上海市邮轮旅游经营规范》内容，邮轮旅游可定义为以海上船舶为旅游目的地和交通工具，为旅游者提供海上游览、住宿、交通、餐饮、娱乐或到岸观光等多种服务的出境旅游方式。

二、政策背景

历经近半个世纪的成长，邮轮业已然发展成为旅游与接待业中经济效益最显著、发展速度最迅猛的产业之一。中国邮轮产业的发展离不开各级政府和不同部门的大力支持，2008 年，国家发展改革委发布了《关于印发促进我国邮轮业发展的指导意见的通知》（发改交运〔2008〕1675 号）；2009 年，在《国务院关于推进上海加快发展现代服务业和先进制造业建设国际金融中心和国际航运中心的意见》（国发〔2009〕19 号）文件中提出“促进和规范邮轮产业发展”。2015 年 8 月，国务院办公厅发布了《国务院办公厅关于进一步促进旅游投资和消费的若干意见》（国办发〔2015〕62 号）指出要“推进邮轮旅游产业发展”和“培育发展游艇旅游大众消费市场”。

2015 年 3 月，国家发展改革委、外交部、商务部联合发布了《推动共建丝绸之路经济带和 21 世纪海上丝绸之路的愿景与行动》，明确指出要“推动 21 世纪海上丝绸之路邮轮旅游合作”，为我国邮轮航线布局与旅游合作提供了更大的发展空间。邮轮旅游成为践行“一带一路”倡议的重要内容。2012 年到 2017 年，上海、天津、深圳、青岛、大连、福州先后被批复为“中国邮轮旅游发展实验区”，以促进我国邮轮政策创新与产业变革。

2022 年工业和信息化部、发展改革委、财政部、交通运输部、文化和旅游部联合印发的《关于加快邮轮游艇装备及产业发展的实施意见》（工信部联重装〔2022〕101 号）提出，到 2025 年，邮轮游艇装备产业体系初步建成，国产大型邮轮建成交付，中型邮轮加快推进，小型邮轮实现批量建造，游艇产品系列多样规模化生产，旅游客船提档升级特色化发展。装备技术水平和供给能力大幅提升，品种品质品牌全面提升，能较好满足国内海洋及滨水旅游发展和部分国际市场需求。建立邮轮游艇本土配套及国际协作体系，形成专业化的配套供应链。法规标准体系更加健全，公共基础设施更加完善，形成良好的产业发展生态。

三、发展现状

经过十年发展，我国已经实现了从小众旅游向大众旅游的转变，从跟随国际规则向积极主动的旅游国际合作和旅游外交转变，中国正式成为影响国际邮轮旅游格局的重要力量。自 2006 年邮轮母港市场开始，我国邮轮旅游业开始呈现井喷式增长，至 2016 年已经成为全球第二大邮轮市场。据前瞻产业研究院《中国邮轮旅游行业发展前景预测与投资战略规划分析报告》中数据显示，2013 年中国港口游客接待总量 120. 15 万人次，2014 年中国港口游客接待总量 172. 37 万人次；2015 年中国港口游客接待总量 248 万人次；2016 年中国港口游客接待总量 456. 66 万人次；2017 年中国港口游客接待总量 495. 5 万人次；2018 年中国港口游客接待总量 488. 69 万人次；2019 年中国港口游客接待总量416.46万人次；邮轮港口作为邮轮旅游产业发展重要的基础设施，在区域邮轮经济的发展中起着举足轻重的作用。2018年由中国船舶工业集团有限公司与美国嘉年华集团、意大利芬坎蒂尼集团在中国首届国际进口博览会上，正式签订了2+4艘vista级13.55万总吨大型邮轮建造合同，并举行了邮轮建造项目启动仪式，标志着中国船舶工业正式开启了大型邮轮建造新时代。

根据中国邮轮车船协会邮轮游船游艇分会和上海国际邮轮经济研究中心联合发布的《中国邮轮游船游艇行业发展报告》可知，中国邮轮港口在2022—2023年间呈现增速发展，稳健地恢复运营，不断调整业务，在服务能级上创新突破，促进邮轮港口自身升级。据《2023年上半年中国出境旅游市场景气报告》和《2023年上半年中国入境旅游市场景气报告》显示，2023年上半年中国出境游市场的景气指数超过2019年上半年水平，游客有更强的出行意愿，在交通运输部、国家发展改革委等十部门联合印发的《关于促进我国邮轮经济发展的若干意见》（交水发〔2018〕122号）中也提到，到2035年中国邮轮市场将达到每年1400万人次的规模，遵循高质量发展路径，届时国际邮轮对中国的产业经济贡献可望达到5500亿元。中国作为全球最大邮轮业的新兴市场和全球第二大邮轮客源国，是全球最大、最有潜力的消费市场，蕴含着巨大的增长空间。自2023年中国国际邮轮运输实质性赴复航以来，实现船供物资消费超1亿元，实现95%以上为国内采购；带动邮轮港口出入境免税店消费约370万元，人均消费约为疫情前的2.5倍；邮轮公司新增就业岗位约4000名，推动400余家代理旅行社恢复国际邮轮业务，带动相关代理企业约100家，预计到2024年将继续新拉就业岗位约2万名。

第二节　邮轮消费需求年际变化趋势

一、消费需求数值年际变化

邮轮旅游消费需求数值的年际变化如表4－1所示，，最小整体消费需求日均值（195）出现在2021年，最大整体消费需求日均值（1671）出现在2017年，两数值相差近9倍，相应消费需求年总值为最小值71175，最大值609915。最小移动日均值（67）出现在2011年，最大移动日均值（1144）出现在2017年，二者相差17倍，相应消费需求年总值为最小值24455，最大值417560。显然，12年时间里，邮轮旅游所受关注大幅增长，互联网大数据所展现的整体消费需求年总值累计突破 290 万，移动消费需求年总值近 160 万。

表 4－1　2011—2022 年邮轮旅游消费需求日均值与年总值

年度	整体日均值	整体年总值	移动日均值	移动年总值
2011	336	122640	67	24455
2012	448	163520	98	35770
2013	530	193450	166	60590
2014	632	230680	225	82125
2015	903	329595	395	144175
2016	1240	452600	614	224110
2017	1671	609915	1144	417560
2018	902	329230	615	224475
2019	651	237615	511	186515
2020	335	122275	245	89425
2021	195	71175	118	43070
2022	249	90885	166	60590
合计	8092	2953580	4364	1592860

注：邮轮旅游消费需求日均值由百度指数所收录“邮轮旅游”关键词的用户关注度表征，此单一关键词将造成对邮轮旅游消费需求的低估，但同一标准下的数值仍具有研究价值，年际变化趋势分析能有效反映邮轮旅游发展动态。

图 4－1 更为形象地展示了邮轮旅游消费需求规模的年际变化：2011—2014 年公众对于邮轮旅游的关注及相应产生的需求变化幅度较小；但从 2015 年开始，随着《推动共建丝绸之路经济带和 21 世纪海上丝绸之路的愿景与行动》的提出，我国邮轮航线布局与旅游合作拥有了更大的发展空间，群众对于邮轮旅游的消费需求整体与移动年总值均呈现显著增长。随后 2016 年、2017 年政策拉力更为强劲，消费需求规模大幅上升；在 2017 年时，邮轮旅游消费需求整体年总值和移动年总值都达到了最高峰，整体年总值突破 60 万，移动年总值突破 41 万；参考前瞻产业研究院发布的《2018—2023 年中国旅行社行业发展前景预测与投资战略规划分析报告》，两家邮轮巨头皇家加勒比和嘉年华公司 2018 年均下调了分配给中国市场的船舶比例。2017 年 4 月，公主邮轮旗下的蓝宝石公主号宣告离开中国市场；2017 年 10 月，皇家加勒比旗下海洋神话号因被收购而推出告别航次；2017 年 8 月，海洋水手号暂别中国母港，因此 2018、2019 年的中国邮轮市场受到了一定的冲击，邮轮旅游消费需求大幅度降低，2020 年出现新型冠

病毒感染，旅游行业受到了冲击，邮轮活动的展开也受到了影响，使得邮轮旅游消费需求减弱，直至2022年消费需求整体减弱趋势才停止。

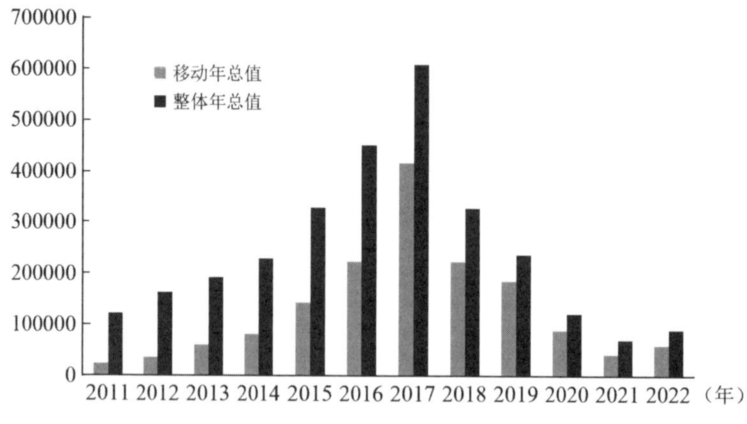

图4－1　2011—2022年邮轮旅游消费需求年总值

二、消费需求增长年际变化

邮轮旅游消费需求增长的年际变化如图4－2所示。2012—2022年整体与移动消费需求均存在正、负双向增长，幅度16.9%—86.3%不等，除了2019年整体消费需求变化率高于移动消费需求变化率外，其他年的移动消费需求变化率都高于整体变化率，可见移动端发展速度十分突出。

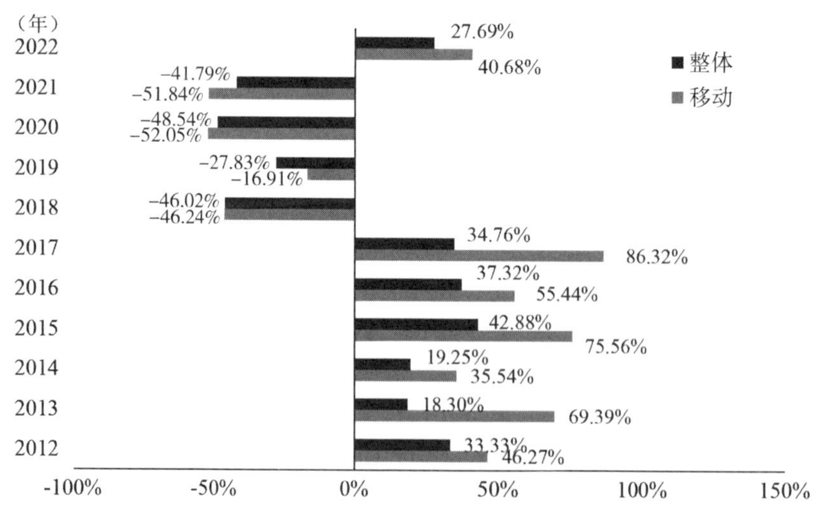

图4－2　2012—2022年邮轮旅游消费需求增长率

整体消费需求增长显示：2012—2017年的邮轮旅游整体消费需求呈现出正向增长，

由于国家政策效应和邮轮港的新建，2015—2017 年邮轮旅游整体消费需求增长均高于 33%，体现了国内邮轮旅游行业的快速成长，日益成为中国游客接受的新兴出游方式。但是从 2018 年开始，由于外资邮轮公司逐步削减了分配给中国市场的船舶比例，邮轮旅游整体需求开始减少，2018—2021 年的邮轮旅游整体消费需求呈现出负向增长，新型冠状病毒感染的出现更是进一步抑制了邮轮旅游消费需求，直到 2022 年我国邮轮旅游需求才重新恢复正向增长。

移动消费需求增长显示：随着信息化的发展和邮轮旅游发展政策的推动，2012—2017 年的邮轮旅游移动消费需求呈现出正向增长，2017 年邮轮旅游移动消费需求达到了最高峰。随着部分国际邮轮公司进行全球战略布局调整，中国邮轮旅游市场在 2018 年进入由“高速度增长”转向“高质量、高品位发展”的战略调整期，2018 年邮轮旅游移动消费需求呈现出负向增长，新型冠状病毒感染的出现使得邮轮旅游消费需求进一步降低，2022 年邮轮旅游消费需求才有所增加。

三、移动端需求占比年际变化

邮轮旅游移动搜索引致的消费需求占比年际变化如图 4－3 所示。

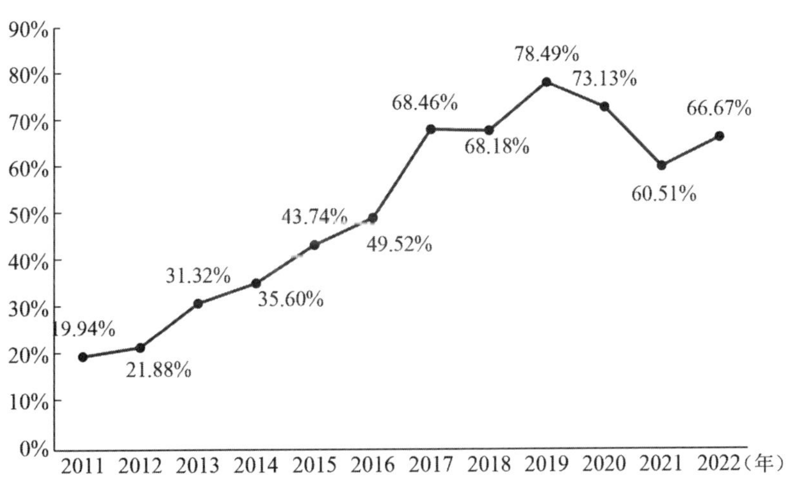

图 4－3　2011—2022 年邮轮旅游移动消费需求占比

互联网搜索呈现的邮轮旅游消费需求主要源自移动端和 PC（personal computer，个人计算机）端，移动端需求在整体消费需求中的占比能一定程度上显示公众信息来源与搜索偏好。由图可知，2011—2022 年移动端需求占比总体呈现稳步增长趋势，其中 2011—2017 年因基数较小而实现占比的高速增长，2018 年稍有回落，2019 年移动端占比再次实现约 10% 的增幅，邮轮旅游移动消费需求占比达到了 78. 49%，2020—2022

年尽管移动端需求占比未实现更大的突破，但仍维持高于60%的比重，说明移动搜索已经成为人们获取信息的重要来源。

第三节　2022 年邮轮旅游消费需求分析

一、消费群体分析

（一）性别分析

2022 年邮轮旅游消费群体性别分布如图 4－4 所示：男性占比 66. 68%，TGI 指数为 133，表明男性对邮轮的关注程度高于平均水平；女性占比 33. 32%，TGI 指数为 66. 82，可见女性对邮轮的关注程度低于平均水平，可知邮轮旅游的消费群体中男性多于女性，这可能是由于男性相对于女性具有更强的探索欲，更愿意选择邮轮旅游探索海上世界。

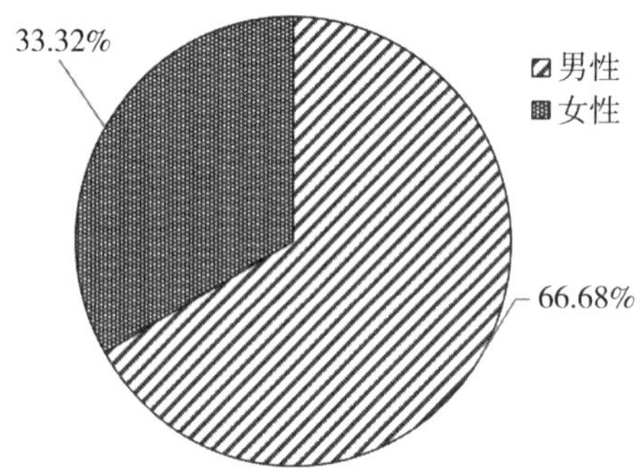

图4－4　2022 年邮轮旅游消费群体性别分布

（二）年龄分析

2022 年邮轮旅游消费群体年龄分布如图 4－5 所示。19 岁及以下占比 2. 34%，TGI 指数 26. 38，该年龄段人群占比远低于另外三个年龄段，其关注程度也很低，因此中小学生并不是邮轮旅游消费的主要群体；20—29 岁占比 12. 84%，TGI 指数为 52. 37；30—39 岁占比 20. 53%，TGI 指数为 59. 53，两个年龄段人群对于邮轮旅游的关注程度均低于平均水平；40—49 岁占比 20. 64%，TGI 指数为 101. 5；50 岁及以上群体占比 43. 65%，TGI 指数为 368. 43，该年龄段人群对邮轮的关注程度远高于平均水平，因此中老年人成为邮轮旅游的主力军。

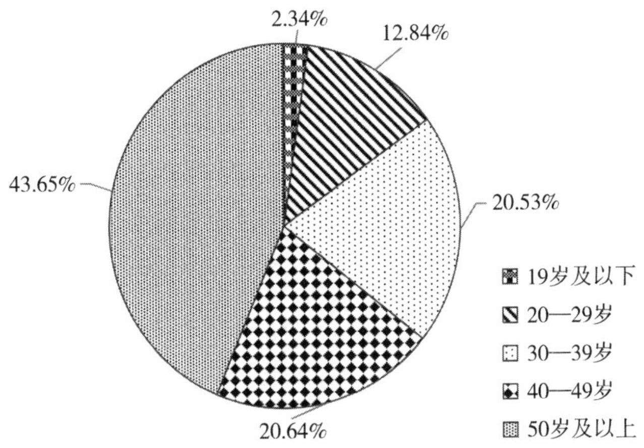

图 4－5　2022 年邮轮旅游消费群体年龄分布

二、消费需求分析

（一）时间分布

2022 年邮轮消费需求量的月度分布如表 4－2 所示。最小日均值出现在 1 月（174），最大值出现在 6 月（370），相差幅度 112.64%，相应消费需求月总值分别为 5394、11100，变化幅度 105.78%。

表 4－2　2022 年邮轮旅游消费需求时间特征

月度	日均值	月总值	月总值占比
1	174	5394	5.94%
2	205	5740	6.32%
3	212	6572	7.24%
4	216	6480	7.14%
5	260	8060	8.89%
6	370	11100	12.23%
7	263	8153	8.98%
8	277	8587	9.46%
9	258	7740	8.53%
10	299	9269	10.21%
11	222	6660	7.34%
12	226	7006	7.72%

各月消费需求日均值跨度显示：1 月消费需求日均值低于 200，6 月消费需求日均值高于 300，其他月份消费需求日均值都介于 200—300 之间。

各月消费需求总值跨度显示：1 月、2 月消费需求总值低于 6000，3 月、4 月、11 月消费需求总值介于 6000—7000 之间，9 月、12 月消费需求总值，5 月、7 月、8 月、10 月消费需求总值介于 8000—10000 之间，6 月消费需求总值高于 10000。

2022 年 1—12 月邮轮旅游消费需求每月总值占比如表 4 - 2 所示。结合分布图 4 - 6，可以看到 12 个月的月总值占比呈现上下波动，6 月、10 月的消费需求占比高于 10%，最高为 6 月占比 12.23%，最低为 1 月份占比为 5.94%，两者相差 6.29%，因此邮轮旅游存在一定的月度差异。

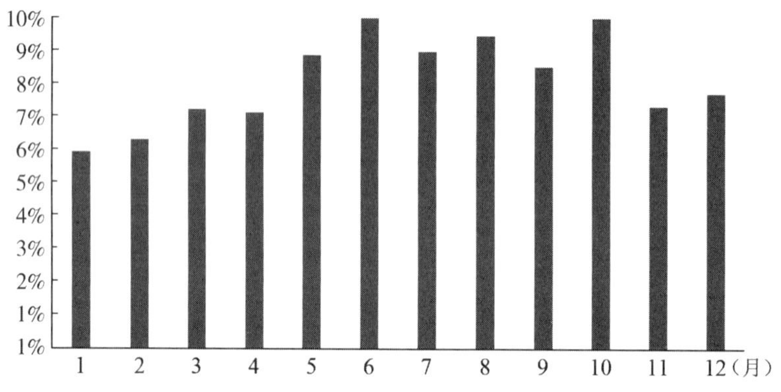

图 4 - 6　2022 年 1—12 月邮轮旅游消费需求月总值占比

从季节分布来看（如图 4 - 7），春季（3—5 月）消费需求总值合计 21112，在本年度占比 23.26%，夏季（6—8 月）消费需求总值为 27840，占比 30.67%，秋季（9—11 月）消费需求总值为 23669，占比 26.08%，冬季（1—2 月，12 月）消费需求总值合计 18140，在本年度占比 19.99%。显然，邮轮旅游消费需求季节占比由高到低分别为夏季、秋季、春季、冬季。

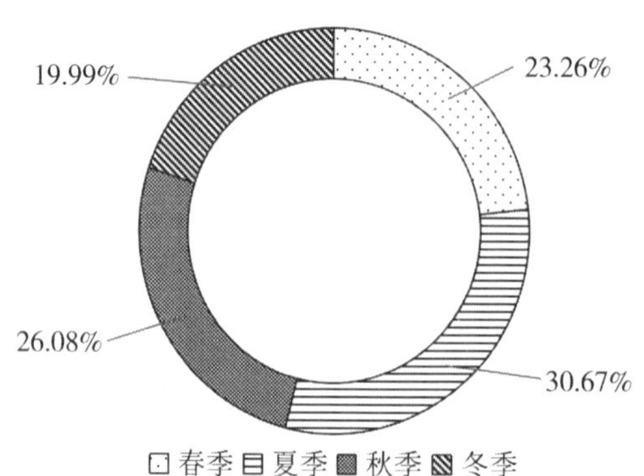

图 4 - 7　2022 年邮轮旅游消费需求季节占比

2022年邮轮旅游消费需求的月度变化如图4-8所示。由图可知6月最高峰，消费需求月总值达到11100，因为6月温度适宜，是进行外出游玩、海上探索的最佳时期，10月为次高峰，消费需求月总值为9269，2022年1月邮轮旅游消费需求月总值为全年度最低，可能是因为春节团聚习俗和天气较为寒冷的原因，公众对邮轮的关注程度较低。除四月邮轮旅游需求值稍有下降外，1—6月消费需求月总值不断上升，6月达到峰值，7月、8月、9月邮轮旅游消费需求逐渐回落，10月再次攀升，11月、12月逐渐回落。

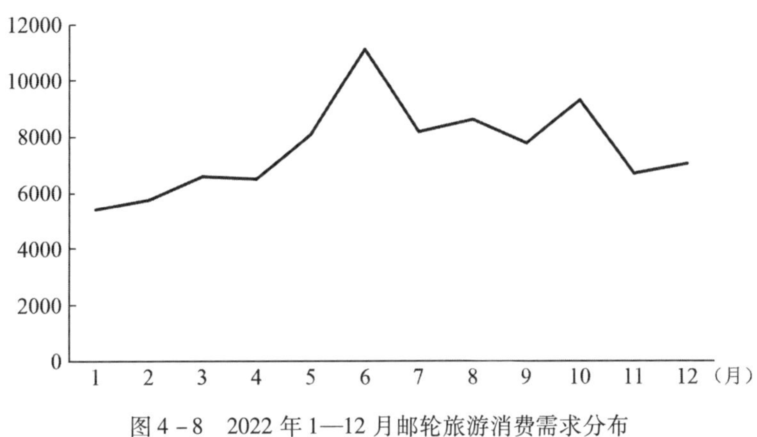

图4-8 2022年1—12月邮轮旅游消费需求分布

（二）空间分布

2022年邮轮旅行消费需求空间分布如表4-3所示，分别呈现34个省级行政区的年度消费需求日均值及其占比。其中，消费需求日均值最高的是广东省，达到115，最低的是澳门特别行政区和西藏自治区，年总值为0，空间分布十分不均衡。

表4-3 2022年邮轮旅行消费需求空间分布

省级行政区	日均值	占比	省级行政区	日均值	占比
安徽	53	3.64%	江西	41	2.82%
澳门特别行政区	0	0.00%	辽宁	57	3.92%
北京	82	5.64%	内蒙古自治区	18	1.24%
重庆	44	3.02%	宁夏回族自治区	5	0.34%
福建	63	4.33%	青海	2	0.14%
广东	115	7.90%	上海	95	6.53%
广西壮族自治区	41	2.82%	四川	70	4.81%
甘肃	10	0.69%	山东	88	6.05%

续表

省级行政区	日均值	占比	省级行政区	日均值	占比
贵州	24	1.64%	山西	37	2.54%
河北	62	4.26%	陕西	37	2.54%
黑龙江	32	2.20%	天津	32	2.20%
河南	72	4.95%	台湾	1	0.07%
湖南	49	3.37%	西藏自治区	0	0.00%
湖北	58	3.99%	香港特别行政区	2	0.14%
海南	18	1.24%	新疆维吾尔自治区	14	0.96%
吉林	26	1.79%	云南	29	1.99%
江苏	92	6.32%	浙江	86	5.91%

各省级行政区域邮轮旅游消费需求日均值跨度显示：广东、上海、江苏、山东、浙江、北京日均值高于80，这6个省级行政区的日均值占比合计38.35%；河南、四川、福建、河北、湖北、辽宁、安徽、湖南、重庆、江西、广西壮族自治区日均值介于40—80之间，这11个省级行政区的日均值占比合计41.93%；陕西、山西、黑龙江、天津、云南、吉林、贵州日均值介于20—40之间，这7个省级行政区的日均值占比合计14.91%；余下10个省级行政区的日均值占比合计4.81%，内蒙古自治区、海南、新疆维吾尔自治区、甘肃的消费需求日均值介于10—20之间，宁夏回族自治区、青海、香港特别行政区、台湾、西藏自治区、澳门特别行政区的消费需求日均值低于10。

第四节　邮轮旅游消费需求特征及影响因素

一、消费需求特征分析

（一）消费群体特征

中老年人群体占据邮轮出游人群的主体地位。中年人旅游者普遍具有既“闲”又有钱的特点，是整个旅游市场的中坚力量，旅游消费频次较高，对于豪华邮轮这种高端产品的需求也比较旺盛；对于老年人旅游者来说，邮轮旅游推崇的是个性化服务，尤其是邮轮上的项目安排，游客可随意选择自己喜欢的娱乐项目。与传统的团队游相比，邮轮旅游自主性强，不需要为旅途奔波，旅游满意度及舒适度更高，更适合行动缓慢的老年人。

家庭“亲子游”市场发展迅速。众所周知，小朋友出游是否安全及是否开心是家长最关心的问题。邮轮旅游既能增长小朋友的见识，丰富其阅历，又能一并解决住宿、餐饮、娱乐等琐碎事务，自然成为越来越多家长出游的首选。如今，多数大型邮轮都设有专门的儿童俱乐部，家长也可以通过各种娱乐健身活动放松身心，享受休闲的度假时光。

邮轮旅游的消费群体中男性多于女性。这可能是由于男性相对于女性具有更强的探索欲，更为大胆，更愿意去选择邮轮旅游探索海上世界。

（二）时间分布特征

邮轮旅游本身具有明显的季节性特征。明媚的阳光、合适的气温、美丽的自然风光和丰富的船上服务是邮轮旅游的魅力所在。作为对于气候和自然条件依赖性很强的产业，邮轮旅游季节性成因一般归结为自然因素和体制因素[1]。自然因素包括温度、湿度、光照、风速、降水等气候因素，邮轮旅游需要适宜的天气才能感受到大海的美丽风光，过于恶劣的天气会影响到邮轮旅游游客的安全，可能会影响到游客的游览体验，甚至是可能会威胁到生命安全。因此 6 月至 10 月是进行外出游玩、海上探索的最佳时期。体制因素通常是宗教、社会和文化因素的综合，其中公共假期是体制季节性最一般性的表现。亲子家庭选择邮轮旅游的时间主要集中在暑期和国庆节，其中尤以暑期 7 月下旬和 8 月上旬出游最为密集。亲子家庭更青睐阳台房和套房，希望给孩子和家人带来更舒适的旅程，因此在邮轮产品选择上，亲子家庭人均单价要高于其他类型客户群体；中老年人时间充裕，他们出游时会潜意识地避开节假日高峰期。

（三）空间分布特征

由消费需求年总值数据可知广东、上海、江苏、山东、浙江、北京的邮轮旅游消费需求最高，这些省级行政区的经济都较为发达，且除北京外都拥有沿海开放城市。中国主要邮轮港口群为长三角邮轮圈、渤海湾邮轮圈和南部邮轮圈。上海作为国际贸

① 孙晓东，武晓荣，冯学钢．邮轮旅游季节性特征：基于北美市场的实证分析［J］．旅游学刊，2015，30（5）：117－126.

易中心、国际经济中心、国际航运中心，承担长三角邮轮圈近全部运量，其经济条件、地理位置、旅游资源和支持政策等方面在全国邮轮港口城市均名列第一，因此以上海港为核心的长三角邮轮圈稳居市场“龙头”地位。渤海湾邮轮圈主要包括天津国际邮轮港、青岛邮轮港和大连港国际邮轮中心。南部邮轮圈在我国邮轮旅游产业发展初期的发展势头并不明显，随着广州南沙邮轮港和深圳蛇口邮轮港的规划、建设和运营，南部邮轮圈得到了快速发展[①]。

二、消费需求影响因素

（一）消费群体影响因素

1. 旅游者心理特征

参与邮轮旅游，首先，需要有一定的动机，也是旅游者参与旅游的内在因素。不同的初始动机会直接影响旅游者的偏好，从而促使他们选择不同类型的旅游活动。其次，旅游者的邮轮旅游感知也是重要的影响因素，当前，我国旅游者对邮轮认知存在一定偏差，邮轮旅游无法靠岸成为旅游者满意度不高的主要原因。最后，邮轮旅游态度也会影响旅游消费行为，邮轮旅游态度属于心理反应的一种，会受到知识、欲望以及环境等多种因素影响，旅游者的选择偏好、消费习惯等会对消费行为产生影响。

2. 个人特征

个人特征，例如旅游者的年龄、性别、受教育程度和职业，都会在一定程度上影响旅游者对邮轮旅游的消费行为。首先，在年龄上，旅游者年龄差异会导致其心理需求、消费习惯、购买经验等存在差异，青年期的旅游者会更倾向于选择时尚、新鲜的产品；而中年期的旅游者多会选择新奇浪漫的产品；老年旅游者因其消费观念以及思想较为陈旧，多会选择价格较低的产品。其次，在生理上，男性和女性的旅游消费行为存在一定差别。女性较为细腻，多会选择浪漫海景以及免税店进行购物，而男性旅游者则会更倾向于品牌、运动类的产品。再次，在受教育程度上，不同人群对事物的理解以及接受能力有一定差别，一般来说，受教育程度越高，接受新鲜事物的能力越强，而低教育水平的人群从众心理较强；最后，对消费者行为有一定影响的主体因素还包括职业，一般情况下，国际化公司从业人员的接受能力更高。

---

① 朱园园，程爵浩．中国沿海邮轮港口的空间聚集与竞争格局分析［J］．海洋开发与管理，2020，37（8）：58－63.

3. 旅游消费者经济收入

邮轮旅游主体经济条件会对邮轮旅游消费行为产生一定影响。也可以说，国社会经济发展迅速，人民生活水平不断提升，单纯的物质生活已经不能满足人民对高品质生活的追求。邮轮旅游作为一种高品质旅游应运而生，可以在短时间内去不同的地方进行游览，获得全新的体验. 但是邮轮旅游是高消费，需要具备一定的经济能力，所以可支配收入多少会直接影响邮轮旅游消费者的消费偏好以及水平。经济收入高低会直接决定消费者选择什么级别的服务以及产品，直接影响旅游者的消费行为。

（二）时间分布影响因素

1. 旅游者闲暇时间

旅游属于休闲活动，但会耗费相当大的体力以及较长的时间，因此，旅游时间多少会直接限制旅游者的消费行为。一般情况下，人们的休息时间多为 3 ~4 天，但是邮轮旅游时间多与上班族的时间相冲突。这就导致我国邮轮旅游最大的消费群体为老年人，因其退休后有退休金支持旅游，同时也有闲暇时间，所以是邮轮旅游的最大消费群体。

2. 季节变化

季节变化会影响邮轮航线规划。邮轮旅游是旅游行业中发展最为迅速的旅游项目之一。邮轮旅游在发展过程中，为旅游产业带来大量的经济效益。但是其发展过程中，也会受到季节性的影响，从而出现季节性的经营低迷期。邮轮产业与其他旅游产业的发展模式不同，其在发展过程中，以邮轮为载体，游客在邮轮上接受良好的服务，并按照自身选定的航线，对邮轮航线中的风景与城市进行欣赏。但由于邮轮旅游的地区是变化的，季节也不尽相同。邮轮旅游的开展也会受到季节中寒冷或者炎热变化的影响，原本规划好的航线很可能不能使用，从而导致偏离了游客在旅途中的预期。

3. 突发事件影响

突发公共事件的不可抗性与不确定性也影响了邮轮旅游的出行需求和满意度。因此要针对突发事件以及常见事件进行法律约束，保证各方的权益。突发事件可能导致某些港口或景点无法正常运营或闭关，进而影响到邮轮旅游的行程安排。例如，如果某个目的地发生自然灾害导致港口关闭或道路交通中断，邮轮运营商可能需要寻找替代目的地或调整行程，以确保旅客可以安全地停靠或继续行程。

（三）空间分布影响因素

1. 城市化率和地区 GDP

城市化率是社会发展进程的重要表征。随着城市化建设进程的加快，城乡差距逐步缩小，居民的旅游消费观念逐渐发生改变，出游方式日益多样化。于是，城市化率的提高为培育潜在的邮轮旅游消费群体提供了良好的社会基础。地区 GDP 是衡量地区经济发展的核心指标。一方面，稳定的经济发展为邮轮旅游需求的产生奠定了良好的现实基础。在地区经济的带动作用下，公众的生活水平和物质标准不断提升，有助于激发公众对邮轮旅游的关注。另一方面，稳定的经济发展为推进邮轮旅游产业链配套设施的建设提供了前提条件。在地区经济的带动作用下，政府加大公共资源投入，完善公共服务体系，有助于优化公众接触邮轮旅游的信息渠道等。

2. 对外开放程度

对外开放是邮轮旅游发展的有利助推器。对外开放包括经济开放和文化开放。中国邮轮旅游产业最早兴起和发展于开放程度较高的港口城市和地区，这些城市和地区通过经济贸易活动和文化交流活动与国际社会保持密切联系，从而有效提升了地区的国际化水平，促使公众更好地吸收和接纳与时俱进的思想观念，逐步形成超前的旅游消费观念，并更为关注新兴的旅游方式，由此开放程度成为邮轮旅游网络关注度的重要影响因素。

3. 邮轮母港建设

邮轮旅游作为一个新业态，多兴起和发展于沿海地区。沿海地区依托邮轮母港建设吸引国际邮轮挂靠，开展频繁的国际化邮轮业务，由此增进公众对邮轮旅游的了解，从而使公众在潜移默化中形成对邮轮旅游的关注。邮轮母港需要相应的国内、国际旅客集散条件。在进行母港布局时，宜以沿海中心城市为重点研究对象，尤其是我国沿海主要港口所在城市，这类城市一般具有“门户”城市与“枢纽”功能。对于国际性邮轮母港，国际空港是其必备的支撑性设施条件。

第五节　邮轮旅行消费需求提升建议

一、政策支持

（一）健全指导体系

深化政策解读，优化邮轮旅游发展路径。为了实现新时期邮轮旅游发展的新目标，各省应牢牢抓住国家层面邮轮旅游发展的有利政策，以《关于进一步促进旅游投资和消费的若干意见》和《“十三五”旅游业发展规划》等相关政策为指引，以消费者需求为导向，逐步探索适合中国邮轮旅游市场发展的实践路径。

（二）加强政策落实

地方先行先试，推进邮轮旅游优质发展。依托国家邮轮旅游发展的总体框架，各省应自上而下地审视自身邮轮旅游发展的实力和前景，全力优化邮轮旅游要素和邮轮旅游产品结构；同时，积极对接国际旅游发展，打造国际邮轮旅游品牌，推进邮轮旅游的优质发展。

（三）深化部门联动

正视区域发展差异，优化配置旅游资源。基于中国全局版图邮轮旅游网络关注度的差异性，深入探究邮轮旅游发展的资源和要素规划方向，制定与之匹配的科学发展战略。同时，针对邮轮旅游发展处于优势的沿海地区，在稳步推进邮轮旅游发展进程的同时，注重配套旅游设施的优化与提升；针对邮轮旅游发展相对受限的中部地区，依托长江流域加快基础设施建设，推进旅游服务体系升级。

（四）构建协同机制

推进邮轮信息建设，搭建营销智慧平台。基于互联网资讯获取便捷、高效的优势，推进邮轮旅游信息化建设，创新互联网宣传、营销平台，进一步提升邮轮旅游的网络关注度和吸引力，从而形成现实的邮轮旅游需求。加快基础设施建设，优化邮轮旅游发展基础。各省应立足地域资源优势，客观评估邮轮发展前景，分区制定发展战略，匹配配套设施，推进邮轮旅游全方位创新发展。

二、产业升级

（一）提升邮轮研发设计建造能力

以国际主流大中型邮轮为重点，兼顾极地邮轮等专业化小型邮轮，加大总体设计和总装建造关键技术攻关，提升先进制造和工程管理能力，打造新一代研发制造一体化协同平台。加强邮轮系统集成和核心装备研发，突破海上邮轮救援关键技术和装备，加快大数据、云计算、5G移动通信、人工智能、北斗导航、卫星通信等技术应用研究和试验验证。推进邮轮安全消防、卫生防疫、新能源清洁能源、环保材料、减震降噪等技术应用研究，全面提高邮轮安全绿色水平和质量可靠性。

（二）加强沿海内河旅游客船品质

以国内水路旅游客运精品航线发展需求为导向，大力发展适宜沿海沿江游、城市景观游、自然景观游、特色文化游等不同类型的旅游客船。全面提高船舶安全环保水平，推进新能源清洁能源动力示范应用，加强工业设计，采取减震降噪措施，增加休闲娱乐设施，提升外观和内部装饰美学水平，增强舒适性和娱乐性。

（三）大力发展大众化消费游艇

以满足游艇大众消费需求为重点，大力发展中小型游艇，鼓励发展新能源、清洁能源新型游艇，推动国内游艇细分消费市场发展。加强游艇研发设计能力，提升技术水平和建造品质。鼓励游艇骨干企业与高校所在游艇领域合作创立高水平创新载体，争取在大众化游艇、新能源游艇等研发设计上实现重大突破。推动三亚国际邮轮母港建设，推进上海、天津、深圳、青岛、大连、厦门、福州、广州等地邮轮旅游发展，打造一批国际一流的邮轮旅游特色目的地。鼓励按照国家有关规定开展邮轮旅游创建示范工作。丰富邮轮旅游航线和产品，稳慎推进邮轮海上游航线试点，研究探索环岛游航线。推广实施邮轮船票管理制度，落实邮轮港服务规范，提升邮轮旅游服务体验。打造邮轮企业总部基地，吸引更多全球邮轮企业地区总部和全球运营中心落户，支持本土邮轮企业建设发展。

（四）打造旅游客船精品航线

支持在沿海地区、长江流域、西江流域等有条件的江河湖泊发展国内水路旅游精品航线，重点推进环渤海、粤港澳大湾区、粤闽浙沿海城市群、海南自由贸易港、长江经济带、珠江－西江经济带、大运河文化带等区域水上旅游资源开发，突出当地历史文化、红色传承、自然景观、现代都市、乡村振兴等特色，在完善定点定线船舶旅游产品基础上，推出主题航次、定制化服务的升级旅游产品。

三、产品营销

（一）开拓邮轮旅游新兴市场

稳定现有成熟市场，积极开拓新兴市场。结合中国邮轮旅游网络关注度的空间分布差异，应注重北京、江苏、上海、浙江、广东及周边目标市场的营销推广活动，促进邮轮旅游网络关注度热点地区间的合作交流和联动发展；积极开拓新兴市场，加强对内陆地区经济较发达省级行政区的邮轮旅游推介，尤其是邮轮母港城市应积极依托港口优势，拓展宣传范围，开辟中远程客源市场；重点关注西部地区邮轮旅游网络关注度活跃的省级行政区，及时了解和对接其邮轮旅游需求，培养和拓宽邮轮旅游客源新兴市场。

（二）创新邮轮旅游营销模式

正视区域发展差异，创新宣传营销模式。各省应正视邮轮旅游区域发展不均衡和需求差异显著的问题，在宣传与营销时除了注重整体区域外，还应适当关注冷点地区；除了兼顾线上线下推广外，还应结合新媒体发展趋势有效创新传统营销方式。

（三）提高邮轮旅游营销策略

结合实际影响因素，强化营销的针对性。各省应积极审视自身的邮轮旅游发展条件，结合受众市场潜力选取合适的目标市场，逐步调整邮轮旅游的营销方式，促进邮轮旅游与经济形势协同发展；紧扣各地的消费水平和受教育程度等合理划分邮轮旅游的客源市场，针对不同的目标受众制定差异化的营销策略，尤其是要紧扣客源市场的邮轮旅游需求合理预估客源市场规模，精心设计邮轮旅游产品，有效保证邮轮旅游市场的供需平衡，提升邮轮旅游者的满意度。

（四）提升邮轮旅游吸引力

推进邮轮要素创新，提升邮轮旅游吸引力。基于游客综合性体验的视角，深度探索邮轮与“吃、住、行、游、购、娱”等旅游要素的融合，以拓展邮轮旅游新业态、延伸邮轮旅游产业链，从而增强邮轮旅游的吸引力。

第五章　研学旅行消费需求报告

第一节　研学旅行发展概述

一、概念界定

国际上，研学旅行普遍被认为起源于日本明治维新时期枥木县第一初级中学的参观旅游活动，目前已发展相对成熟，拥有完整的制度体系与实施保障，尤其在日本、英国、美国、韩国等国家，研学旅行课程十分规范。相关学术研究也伴随研学实践的开展不断深入，英文中通常将研学旅行表述为“Educational tourism”，是以学习为目的的旅行活动①，使得普通休闲度假演变为有意义的学习和旅行②。

在我国，各个时期的研学旅行都有一定程度的研究和开展。早在春秋战国时期，孔子携弟子周游列国，即开启了游学活动，“君子之于学也，藏焉，修焉，息焉，游焉”（《礼记》），汉代至唐代继续发展，宋代至清代前期为兴盛期。20 世纪 30 年代，著名教育家陶行知积极倡导“知行合一”，曾组成“新安旅行团”开展长途修学旅行。新中国成立以后，明确提出教育必须与生产劳动相结合的教育方针，类似研学旅行的课程在中小学教育活动中开展。20 世纪 80 年代以后，研学旅行逐步成为我国基础教育改革中引人注目的课题，相关研究也逐渐丰富起来。

---

① McGladdery, C A, Lubbe, B A. Rethinking educational tourism: Proposing a new model and future directions [J]. Tourism Review, 2017, 72 (3): 319 - 329.

② Ritchie, B W. Managing educational tourism [M]. 2010, Channel View Publication.

2014 年 4 月 19 日，时任教育部基础教育一司司长的王定华在第十二届全国基础教育学校论坛上发表题为《我国基础教育新形势与蒲公英行动计划》的主题演讲。当时，他提出研学旅行的定义：学生集体参加的有组织、有计划、有目的的校外参观体验实践活动。

2016 年 12 月 19 日，旅游行业标准《研学旅行服务规范》（LB/T 054—2016）发布，对研学旅行（study travel）做出如下界定：以中小学生为主体对象，以集体旅行生活为载体，以提升学生素质为教学目的，依托旅游吸引物等社会资源，进行体验式教育和研究性学习的一种教育旅游活动。同时，文件将研学旅行产品按照资源类型分为知识科普型、自然观赏型、体验考察型、励志拓展型、文化康乐型 5 类。

二、政策背景

2013 年 2 月，国务院首次印发关于研学旅行的政策——《国民旅游休闲纲要（2013—2020）》（国办发〔2013〕10 号），文件明确要求“逐步推行中小学生研学旅行”，自此“研学旅行”被作为一个正式概念在教育领域进行推广。

2014 年 8 月 21 日，国务院印发《关于促进旅游业改革发展的若干意见》（国发〔2014〕31 号），首次明确了“研学旅行”要纳入中小学生日常教育范畴，提出“按照教育为本、安全第一的原则，建立小学阶段以乡土乡情研学为主、初中阶段以县情市情研学为主、高中阶段以省情国情研学为主的研学旅行体系”。

2016 年 12 月 19 日，教育部等 11 部门联合发布《关于推进中小学生研学旅行的意见》（教基一〔2016〕8 号），对中小学生研学旅行做出规范，指出要“开发一批育人效果突出的研学旅行活动课程，建设一批具有良好示范带动作用的研学旅行基地，打造一批具有影响力的研学旅行精品线路，建立一套规范管理、责任清晰、多元筹资、保障安全的研学旅行工作机制”。

2017 年 9 月 25 日，教育部发布《中小学综合实践活动课程指导纲要》（教材〔2017〕4 号），包括研学旅行在内的综合实践活动是国家义务教育和普通高中课程方案规定的必修课程，与学科课程并列设置，是基础教育课程体系的重要组成部分，自小学一年级至高中三年级全面实施。

2017 年 12 月 6 日，教育部公布第一批全国中小学生研学实践教育基地、营地名单（教基厅函〔2017〕50 号），命名中国人民革命军事博物馆等 204 个单位为“全国中小学生研学实践教育基地”，河北省石家庄市青少年社会综合实践学校等 14 个单位为“全国中小学生研学实践教育营地”。

2019 年 2 月 26 日，中国旅行社协会与高校毕业生就业协会联合发布《研学旅行指导师（中小学）专业标准》（T/CATS 001—2019），对研学旅行指导师专业素养提出了基本要求，使研学旅行指导师实施研学旅行教育活动有了基本规范，是引领研学旅行指导师专业发展的基本准则。

2021 年 4 月，文化和旅游部所印发《“十四五”文化和旅游发展规划》（文旅政法发〔2021〕40 号）提出：“推出一批具有鲜明非物质文化遗产特色的主题旅游线路、研学旅游产品”，“开展国家级研学旅行示范基地创建工作，推出一批主题鲜明、课程精良、运行规范的研学旅行示范基地”。

2022 年 1 月，国务院所印发《“十四五”旅游业发展规划》（国发〔2021〕32 号）提到：推动研学实践活动发展，创建一批研学资源丰富、课程体系健全、活动特色鲜明、安全措施完善的研学实践活动基地，为中小学生有组织研学实践活动提供必要保障及支持。

研学旅行相关的政策红利仍在持续释放。从国家层面看，更多部门关注并支持研学旅行，更高层次的政策不断出台，在研学旅行的时间、空间和资源方面都有更多支持，总体上前瞻性和指导性更强。从省级层面看，研学旅行、劳动实践等成为各地文旅、教育等领域推进“十四五”规划的重要内容，相关职能部门在基地营地评定、研学课程建设、指导师培养等方面的融合、联动、协同正在加强。

三、发展现状

2016 年 11 月，《教育部等 11 部门关于推进中小学生研学旅行的意见》明确提出“各中小学要结合当地实际，把研学旅行纳入学校教育教学计划，与综合实践活动课程统筹考虑”，中小学生构成研学旅行的主要参与对象。《2022 年全国教育事业发展统计公报》显示，2022 年我国小学阶段在校生 1.07 亿人，初中阶段在校生 5120.60 万人，普通高中在校生 2713.87 万人，如此庞大的在校中小学生数量表明，研学旅行发展潜力巨大，市场规模将进一步攀升。《2023—2028 年中国研学旅行行业竞争分析及发展前景预测报告》分析，未来 5 年，我国研学旅行市场规模或将达到千亿元。

基于研学旅行自身“教育”与“旅行”兼具的特征，研学旅行的对象必定不只限于中小学生。《中国研学旅行发展报告 2022—2023》指出，研学旅行的参与者已从狭义的中小学生不断扩展到包括学龄前儿童、大学生以及成年人、老年人等全生命周期群体，呈现出更加广阔的发展空间。

作为研学旅行的核心承载空间，我国研学基地、营地的建设正处于高速扩张阶段。

全国中小学生研学实践教育基地主要指各地各行业现有的，适合中小学生前往开展研究性学习和实践活动的优质资源单位。全国中小学生研学实践教育营地主要指具有承担一定规模中小学生研学实践教育的活动组织、课程和线路研发、集中接待、协调服务等功能，能够为广大中小学生开展研学实践活动提供集中食宿和交通等服务的单位。目前，教育部已遴选出581个全国中小学生研学实践教育基地，40个全国中小学生研学实践教育营地，在以营地为枢纽，基地为站点的研学实践教育网络下，各地各校组织开展了丰富的研学实践教育活动，不仅能够使得中小学生坚定理想信念、厚植爱国主义情怀、加强品德修养、增长知识见识、培养奋斗精神、增强综合素质，还能够提高中小学生的社会责任感、创新精神和实践能力，促进学生德智体美劳全面发展。

各省在研学实践教育基地的建设上不仅专业规范，而且成果显著。2023年6月，第六批陕西省中小学生研学实践教育基地评选工作启动，前五批评选工作中累计共212个单位入选，申报类别包括优秀传统文化板块、革命传统教育板块、国防科工板块、自然生态板块等。根据陕西省教育厅文件（陕教函〔2023〕522号），研学基地建设实行高标准、严要求：具备研学实践教育活动开展的专门接待场所，能够同时接待至少500名以上学生开展活动；实践活动项目不少于10项，必须具备知识性、趣味性、体验性；配有从事研学实践教育的专业人员，有系统的课程资源介绍，有符合中小学生需要、契合课程设置的专业讲解人员；安全管理制度健全，有完善的安全应急预案，配备数量充足的安全管理人员；研学实践教育活动不得开展以营利为目的的经营性创收；对已获得“陕西省中小学生研学实践教育基地”称号的单位实行动态管理机制。

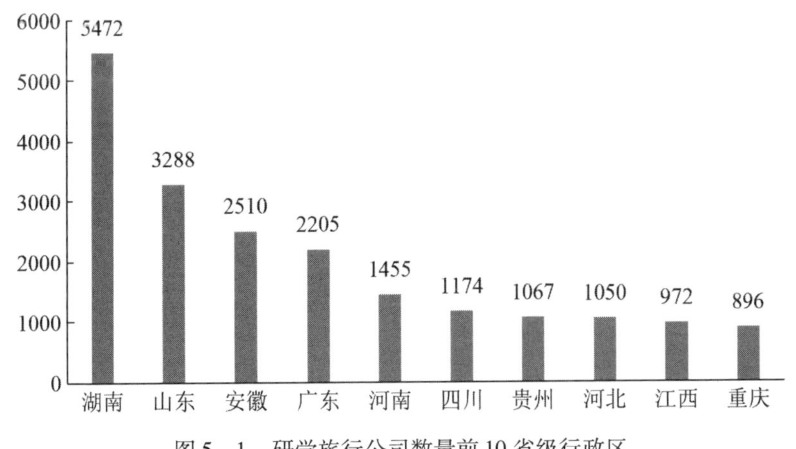

图5-1　研学旅行公司数量前10省级行政区

学生校外研学实践的策划和组织，离不开研学旅行公司提供服务。依托我国领先的商业查询平台——天眼查，以“研学”为关键词，检索发现截止到2023年7月20

日，我国有3.2万家开展研学业务的企业，集中分布在华中、华东地区，其中以湖南、山东、安徽3个省级行政区最为突出（如图5－1所示）。此外，《中国研学旅行发展报告2022—2023》显示，虽然受疫情影响，新增注册企业数量有所减少，但总体而言，2021—2022年开展研学业务企业的数量仍是不断增加的，开展研学业务的企业主体更加多元。

研学旅行数字化建设也有了新的推进，由陕旅集团旗下骏途网研发的“数字研学”，具有线下线上融合的特点，是陕西省首个面向研学基地，集“云上学、实地游、强交互”三位一体新体验为核心特色的研学教育数字化平台。成都市研学旅游协会成立大会发布了“成都市研学实践教育管理平台”，致力于聚合各方资源，打造“旅游＋教育”，家校社企联合的全域智慧研学的新局面。

第二节　研学旅行消费需求年际变化趋势

一、消费需求数值年际变化

研学旅行消费需求数值的年际变化如表5－1所示，年度间呈现不规则波动。最小整体日均值（62）出现在2013年，最大整体日均值（911）出现在2019年，两数值相差超13倍，相应消费需求年总值最小值为22630，最大值332515。最小移动日均值（17）出现在2011年，最大移动日均值（629）出现在2019年，二者相差36倍，相应消费需求年总值为最小值6205，最大值229585。显然，12年时间里，研学所受关注大幅增长，互联网大数据所展现的整体消费需求年总值累计突破150万，移动消费需求年总值近100万。

表5－1　2011—2022年研学旅行消费需求日均值与年总值

年度	整体日均值	整体年总值	移动日均值	移动年总值
2011	93	33945	17	6205
2012	79	28835	21	7665
2013	62	22630	22	8030
2014	64	23360	28	10220
2015	93	33945	40	14600
2016	124	45260	60	21900

续表

年度	整体日均值	整体年总值	移动日均值	移动年总值
2017	239	87235	125	45625
2018	524	191260	310	113150
2019	911	332515	629	229585
2020	605	220825	398	145270
2021	845	308425	587	214255
2022	728	265720	493	179945
合计	4367	1593955	2730	996450

注：研学旅行消费需求日均值由百度指数所收录“研学”关键词的用户关注度表征，此单一关键词将造成对研学旅行消费需求的低估，但同一标准下的数值仍具有研究价值，年际变化趋势分析能有效反映研学旅行发展动态。

图 5 - 2 更为形象地展示了研学旅行消费需求规模的年际变化：2011—2016 年公众对于研学的关注及相应产生的需求变化幅度较小；2017 年整体与移动年总值均呈现显著增长，可见 2016 年末颁布的《关于推进中小学生研学旅行的意见》具有突出的政策影响；随后 2018 年、2019 年政策拉力更为强劲，消费需求规模大幅上升；2020 年新型冠状病毒感染疫情发生，消费需求值大幅回落；2021 年有所回升，2022 年再次回落，这与两年间的疫情感染局面、国家防控政策尤其是出行限制措施密切相关。

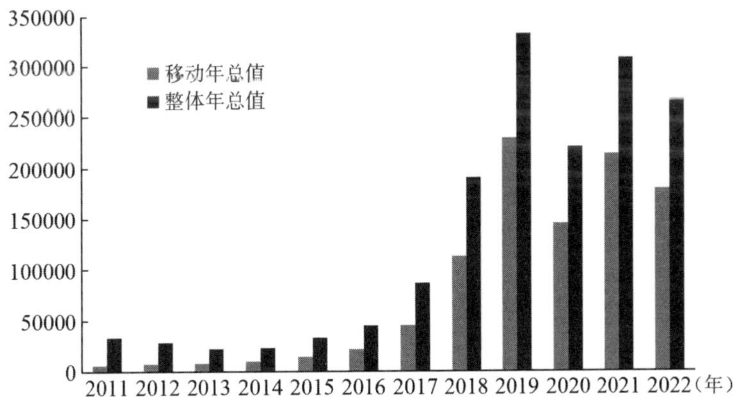

图 5 - 2　2011—2022 年研学旅行消费需求年总值

二、消费需求增长年际变化

研学旅行消费需求增长的年际变化如图 5 - 3 所示。2012—2022 年整体与移动消费需求均存在正、负双向增长，幅度4.76%—148%不等，移动消费需求变化率普遍高于整体变化率，可见移动端发展速度十分突出。

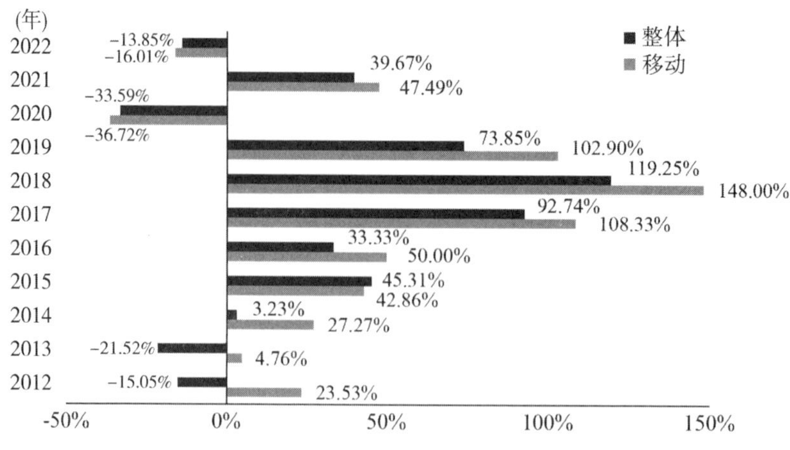

图5-3　2012—2022年研学旅行消费需求增长率

整体消费需求增长显示：2012—2016这5年的增长比例均小于50%，前两年甚至出现负增长；2017年消费需求在国家政策效应下实现92.74%增长，2018年进一步超100%幅度增长，消费需求年总值接近20万，2019年在这一高量级需求规模基础上仍有高于70%的增长；2020年因新冠疫情暴发，消费需求出现负增长，需求量减少约三分之一，2021年回升近40%，2022年小幅跌落，这体现了公共卫生事件的不可抗性与影响不确定性。

移动消费需求增长显示：移动搜索引致的消费需求在2012年呈现正向增长，《第30次中国互联网络发展状况统计报告》显示，截至2012年6月底，我国手机网民规模首次超越台式电脑用户，达到3.88亿；且前5年（2012—2016年）移动消费需求涨幅普遍高于整体消费需求，这与我国长期以来的信息化发展政策有关；2017—2019年，加上研学旅行发展政策的拉力，移动消费需求三年增幅均超100%，规模不断翻番，其中2018年增长最为显著，接近1.5倍；2020—2022年，新型冠状病毒感染局面的变化与防控措施的调整导致移动端消费需求呈正负双向波动，且幅度均超过整体表现。

三、移动端需求占比年际变化

研学旅行移动搜索引致的消费需求占比年际变化如图5-4所示。

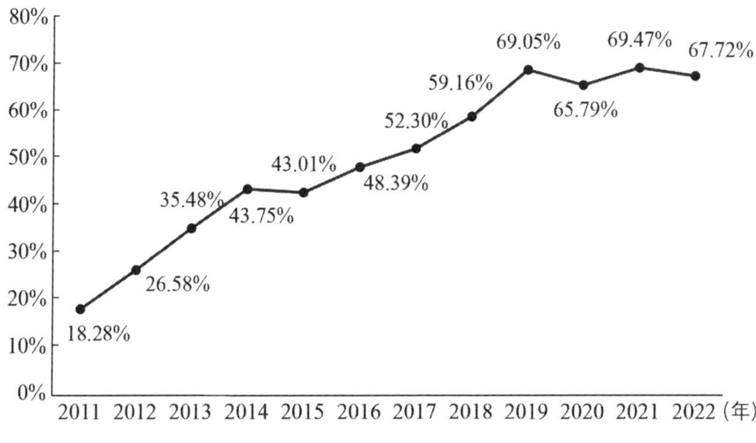

图 5－4 2011—2022 年研学旅行移动消费需求占比

互联网搜索呈现的消费需求主要源自移动端和 PC（personal computer，个人计算机）端，移动端需求在整体消费需求的占比能一定程度上显示公众信息来源与搜索偏好。由图可知，2011—2022 年移动端消费需求占比总体呈现稳步增长趋势，其中 2011—2014 年因基数较小而实现占比的高速增长，平均增幅接近 10%；2015 年稍有回落，随后三年增幅放缓（5%—7%）；2019 年，移动端占比再次实现约 10% 的增幅，接近七成，在这一年中国正式进入 5G 商用元年，开启万物互联的数字化新时代；2020—2022 年尽管移动端消费需求占比没有实现更大的突破，但仍维持高于 65% 的比重，表明随着网络日趋完善、移动终端性能不断提升，移动搜索已成为人们获取资讯的重要渠道和流量入口。

第三节 2022 年研学旅行消费需求分析

一、消费群体分析

（一）性别分布

2022 年研学旅行消费群体性别分布如图 5－5 所示：男性占比 43.08%，TGI 指数为 85.83，表明男性对研学的关注程度低于平均水平；女性占比 56.92%，TGI 指数为 114.27，可见女性对研学的关注程度高于平均水平。这一偏差可能是由于我国大部分家庭中母亲这一角色相较于父亲，在中小学生研学旅行的决策中参与度更高。

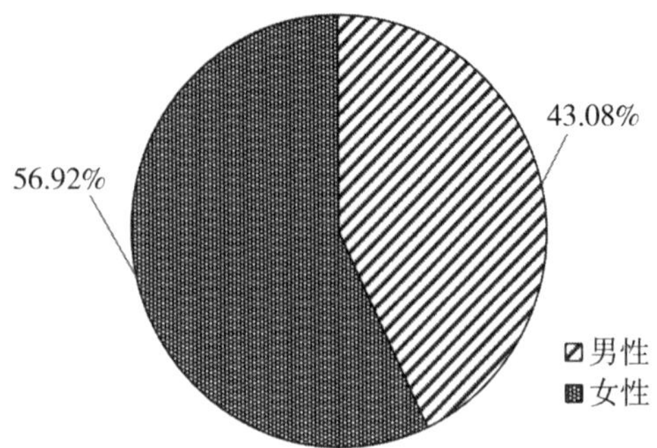

图 5－5　2022 年研学旅行消费群体性别分布

（二）年龄分布

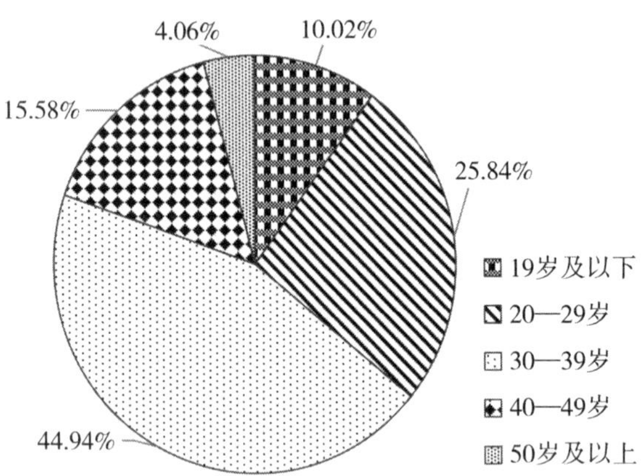

图 5－6　2022 年研学旅行消费群体年龄分布

2022 年研学旅行消费群体年龄分布如图 5－6 所示。19 岁及以下占比 10.02%，TGI 指数为 132.01，尽管该年龄段人群占比低于另外三个年龄段，但其对研学的关注程度显著高于网络平均水平，足以证明研学旅行参与主体——中小学生消费需求的旺盛，并且这类群体的互联网使用时间受限，该占比很可能低于实际消费需求。20—29 岁占比 25.84%，TGI 指数为 98.07，该年龄段人群对研学的关注程度趋近于平均水平。30—39 岁占比 44.49%，是比重最大的消费群体，TGI 指数为 128.37，同样表现出显著高于平均水平的关注程度，考虑小学生家长集中于该年龄段，此群体重视培养子女综合素养，十分重视和支持研学旅行，同时因子女年龄较小，对于研学目的地、活动行程、安全保障等具体内容关注度较高。40—49 岁占比 15.58%，TGI 指数为 80.1，该年龄段人群对研学的关注程度低于平均水平。50 岁及以上占比 4.06%，TGI 指数为

33.51，该年龄段人群对研学的关注程度远低于平均水平，表明其在家庭中很少参与中小学生的研学旅行消费决策。

二、消费需求分析

（一）时间分布

2022 年研学旅行消费需求量的月度分布如表 5－2 所示。最小日均值出现在 12 月（502），最大值出现于 6 月（885），相差幅度 76.29%，相应月总值分别为 15562、26550，变化幅度 70.61%。

表 5－2　2022 年研学旅行消费需求时间特征

月度	日均值	月总值	月总值占比
1	594	18414	6.93%
2	702	19656	7.40%
3	831	25761	9.69%
4	680	20400	7.68%
5	814	25234	9.49%
6	885	26550	9.99%
7	825	25575	9.62%
8	768	23808	8.96%
9	676	20280	7.63%
10	644	19964	7.51%
11	819	24570	9.24%
12	502	15562	5.86%

各月消费需求日均值跨度显示：1 月、12 月日均值介于 500—600 之间，4 月、9 月、10 月日均值介于 600—700 之间，2 月、8 月日均值介于 700—800 之间，3 月、5 月、6 月、7 月、11 月日均值超过 800。

各月消费需求总值跨度显示：12 月消费需求总值低于 1.5 万，1 月、2 月、3 月、10 月消费需求总值介于 1.5 万—2 万之间，4 月、8 月、9 月、11 月消费需求总值介于 2 万—2.5 万之间，3 月、5 月、6 月、7 月消费需求总值高于 2.5 万。

2022 年 1—12 月研学旅行消费需求每月总值占比如表 5－2 所示。结合分布图 5－7，不难发现，12 个月的月总值占比呈现上下波动，但没有占比高于 10% 的月份，最低占比超过5%，说明整体相差幅度在5%以内，各月消费需求占比差异不大。

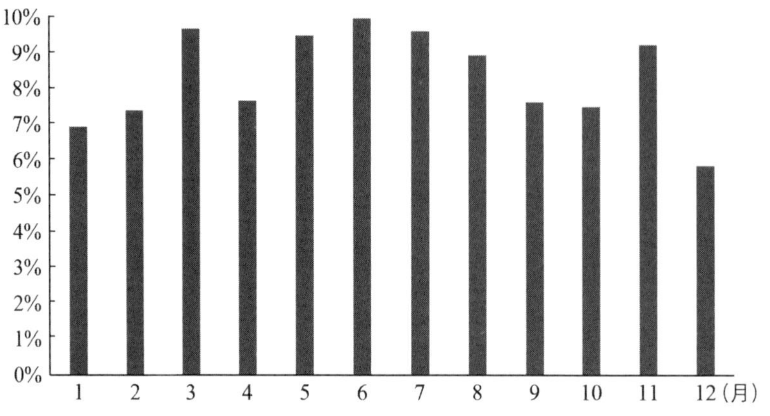

图5－7　2022年1—12月研学旅行消费需求月总值占比

从季节分布来看（如图5－8），春季（3—5月）消费需求总值合计71395，在本年度占比26.86%，夏季（6—8月）消费需求总值为75933，占比28.57%，秋季（9—11月）消费需求总值为64814，占比24.39%，冬季（1—2月，12月）消费需求总值合计53632，在本年度占比20.18%。显然，研学旅行消费需求季节占比由高到低分别为夏季、春季、秋季、冬季，消费需求规模的最大季节差达到22301，春、夏两季需求值都高于70000，占比均超过四分之一，合计55.43%，秋季占比略小于25%，春夏秋三季占比将近八成，冬季表现最为平淡。

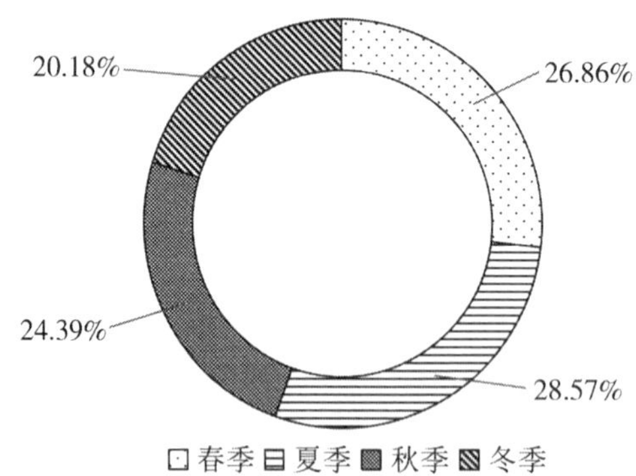

图5－8　2022年研学旅行消费需求季节占比

2022年研学旅行消费需求的月度变化如图5－9所示。年内月度呈现“三峰”型特征分布：6月为最高峰，消费需求月总值达到26550，3月、11月为次高峰，消费需求月总值分别为25761、24570，峰值间的差距并不大。3月春暖花开、踏青时节，6月气温适宜、花草繁盛，11月秋意正浓、寒意未深，成为我国中小学组织研学旅行的集中时段，因此这3个月消费需求达到峰值。2022年最低值出现在12月，这是由于12月出现新冠病毒感染高峰，相关出行需求受到抑制。1月份因春节团聚习俗和天气原因，公众对研学的关注程度同样较低，2月份需求值上升，3月达到峰值4月迅速回落，随后消费需求再次攀升，5—7月月总值全部超过2.5万，8月、9月、10月逐渐回落，11月进一步攀升至高峰。

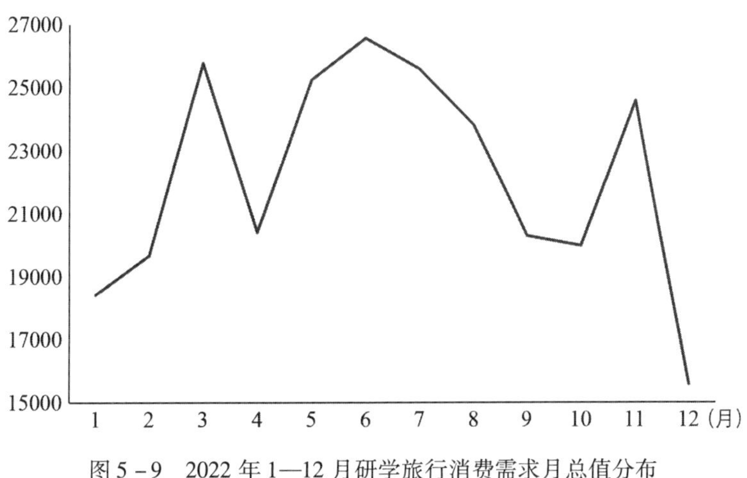

图5－9　2022年1—12月研学旅行消费需求月总值分布

（二）空间分布

2022年研学旅行消费需求空间分布如表5－3所示，分别呈现34个省级行政区的年度日均值及其占比。其中，消费需求日均值最高的是浙江省，达到190，最低的是澳门特别行政区，只有1，空间分布十分不均衡。

表5－3　2022年研学旅行消费需求空间分布

省级行政区	日均值	占比	省级行政区	日均值	占比
安徽	124	3.64%	江西	127	3.73%
澳门特别行政区	1	0.03%	辽宁	109	3.20%
北京	141	4.14%	内蒙古自治区	90	2.64%
重庆	111	3.26%	宁夏回族自治区	32	0.94%
福建	162	4.76%	青海	22	0.65%
广东	172	5.05%	上海	117	3.44%
广西壮族自治区	120	3.52%	四川	147	4.32%
甘肃	62	1.82%	山东	162	4.76%
贵州	102	2.99%	山西	106	3.11%

续表

河北	126	3.70%	陕西	120	3.52%
黑龙江	86	2.52%	天津	73	2.14%
河南	139	4.08%	台湾	2	0.06%
湖南	133	3.90%	西藏自治区	8	0.23%
湖北	131	3.85%	香港特别行政区	2	0.06%
海南	85	2.50%	新疆维吾尔自治区	76	2.23%
吉林	85	2.50%	云南	88	2.58%
江苏	155	4.55%	浙江	190	5.58%

各省级行政区研学旅行消费需求 2022 年度日均值跨度显示：浙江、广东、福建、山东、江苏日均值高于 150，这 5 个省级行政区的日均值占比合计 24.70%，将近四分之一，表明这是研学旅行消费需求最为集中的省域；四川、北京、河南、湖南、湖北、江西、河北、安徽、广西壮族自治区、山西、上海、重庆、辽宁、山西、贵州日均值介于 100—150 之间，这 15 个省级行政区的日均值占比合计 54.40%，超过一半，可见这是研学旅行的主要消费市场；内蒙古自治区、云南、黑龙江、吉林、海南、新疆维吾尔自治区、天津、甘肃日均值介于 50—100 之间，这 8 个省级行政区的日均值占比合计 18.93%；余下 6 个省级行政区的日均值占比合计 1.97%，其中宁夏回族自治区、青海日均值介于 10—50 之间，西藏自治区、台湾、香港特别行政区、澳门特别行政区的日均值低于 10。

第四节　研学旅行消费需求特征及影响因素

一、消费需求特征分析

（一）消费群体特征

女性在研学旅行方面的兴趣和关注程度明显高于男性。这一点可以从 2022 年研学旅行消费群体性别分布数据中得知。女性在家庭担任十分重要的母亲角色，研学旅行的主要参与者是未成年子女，由于帮助子女做研学旅行相关决策时母亲参与度普遍高于父亲，因而呈现更突出的女性网络关注度。

在研学旅行家庭决策中，小学家长发挥了重要的主导作用。根据2022年研学旅行消费群体年龄分布数据，小学家长（通常为30—39岁）是研学旅行消费群体中比重最大的群体，占据了整个研学旅行市场的44.49%。这也表明，研学旅行市场开拓与小学家长这一群体关联紧密，他们对于研学旅行的重视程度不言而喻，在相关家庭决策中发挥主导作用。

中小学生作为参与主体高度关注研学旅行。虽然19岁及以下年龄群体只占研学旅行消费群体的10.02%，但是他们对研学旅行的关注程度远高于网络平均水平，TGI指数高达132.01。这说明了在研学旅行市场中，青少年是一个活跃且关注度较高的参与主体。

（二）时间分布特征

从年际变化来看，研学旅行受国家政策影响深远，在2016年末《关于推进中小学生研学旅行的意见》颁布之后，2017—2019年消费需求即迎来节节高升，不断翻番的局面，只是新冠疫情暂时打破这一良好的增长态势，2020年消费需求骤然下跌，但年总值仍高于2018年，且较快实现回升。同时，得益于移动互联网的不断发展，移动消费需求增长幅度普遍高于整体消费需求，移动消费需求在整体占比来看呈上升趋势，即使受疫情冲击的2020—2022年仍保持高于65%的水平。

从2022年消费需求变化来看，最小值出现在12月，最大值则在6月，5—7月构成年度消费需求最高峰，日均值高于800，月总值超过2.5万，3月、11月为次高峰。12个月份的消费需求呈现上下波动，但各月消费需求占比差异不大（5%以内）。季节分布显示，夏季研学旅行消费需求最高，春季次之，两个季节占比均超过25%，秋季占比略低（24.39%），冬季最为平淡。

（三）空间分布特征

研学旅行消费需求空间分布不均衡。这一特征反映于2022年34个省级行政区的研学旅行消费需求。整体来看，研学旅行消费需求主要分布在经济发展水平较高、人口较多、开放程度较高的中东部地区，南方高于北方，东部高于西部，结合我国七大地理区域，华东地区、华中地区需求旺盛。具体而言，地势平坦、海拔较低的东南沿海地区，教育发展水平较高、学生规模较大的省级行政区（如浙江、山东、江苏），研学旅行地方政策利好、产业发展基础优的省级行政区（如四川、广东），研学人才培养体系成熟的地区，其研学旅行消费需求更为突出。

二、消费需求影响因素

（一）消费群体影响因素

1. 父母角色差异

作为母亲的女性，普遍承担更多的保育责任，因此在子女尤其是低龄儿童是否参与学校统一组织的研学旅行，以及提供哪些辅助性支持的问题方面，参与度显著高于作为父亲的男性。基于此，研学旅行营销信息传递需高度重视母亲这一主体，兼顾作为家长的父亲。

2. 家庭决策模式

因参与主体是未成年学生，研学旅行匹配的是典型家庭决策，不同家庭成员的关注重点有差异。总的来看，研学目的地条件（目的地的安全情况、自然环境、地域文化和语言的适应度、生活质量及开销等）的众多方面均可能被考虑，所有家庭成员都在不同程度地关注研学旅行，覆盖全年龄段。

3. 学生主体特征

学生是研学旅行的实际参与者，他们在充实自我动机（获得知识、提升能力、满足兴趣、放松身心、开拓视野）与社会认同动机（环境认可、分享欲望、沟通交际和休闲调剂等）的影响下，对研学旅行产生浓厚的兴趣，因而积极主动地搜集相关信息、表达参与意愿。

（二）时间分布影响因素

1. 政策引导与支持

作为旅游和教育的融合业态，研学旅行在中央及地方各种政策的助推下蓬勃发展。2016 年 12 月教育部等 11 部门联合发布《关于推进中小学生研学旅行的意见》（教基一〔2016〕8 号），直接拉动研学旅行消费需求进入高速增长阶段。随后几年时间各类相关政策、纲要、标准发布，研学旅行消费需求增长迅速。

2. 互联网技术演进

从需求端来看，伴随互联网渗透率的不断提升和移动互联网的逐步完善，公众拥有了更为多样、便捷的渠道获取研学旅行相关信息，整体消费需求因此不断增长，其中移动端所引致的消费需求规模及占比都十分突出。

从供给端来看，互联网技术迭代与成熟程度使得研学旅行的技术能力与服务水平得到长足发展，宣传与反馈渠道也得以开发和拓展，促进研学旅行产品不断完善与升级，推动行业发展呈现总体上升趋势。

3．学年与季节变化

作为学校统一组织的集体性出行活动，研学旅行消费需求与我国中小学学年安排密不可分。在学年期间一般选择气候适宜的时间安排出行，因而气温适宜的 6 月、春暖花开的 3 月、秋意正浓的 11 月成为集中时段。相应的季节分布以春、夏、秋三季为主，天气寒冷、正值寒假的冬季成为淡季。

4．突发公共事件冲击

突然发生、造成或可能造成严重社会危害，需要采取应急处置措施的突发公共事件对旅游行业的冲击不言而喻，研学旅行同样受到影响。其中典型代表自然是新冠病毒感染疫情这一突发公共卫生事件，直接导致 2017 年以来的研学旅行消费需求高速增长态势骤停，2020 年需求量同比减少三分之一，2020—2022 这三年时间需求波动明显，且未能恢复到 2019 年整体水平。

（三）空间分布影响因素

1．地形分布与气候特征

地形地势与气候条件直接影响研学旅行目的地的可进入性、适宜游览时长、对外交流程度，为本省及周边区域提供差异化的研学旅行基础条件。地势平坦、海拔较低的东南沿海地区，纬度较低、气候适宜的南方地区，表现出更为旺盛的研学旅行消费需求。

2．经济发展与基础设施

具有较高经济发展水平、通达度和开放度以及高人口密度的区域对研学旅行的需求更为旺盛。此外，研学旅行消费需求还与基础设施配套相关，如立体交通网络的构建、旅游交通系统的完善、住宿餐饮服务的提供、研学基地的建设等。

3．教育发展与学生规模

作为教育与旅游融合的新业态，研学旅行发展与教育发展也呈密切正相关。一方面，教育发展水平较高的地区，率先布局学生综合素质培养，重视研学旅行开展、关注研学旅行质量，另一方面，学生规模更大的地区，研学旅行参与主体规模较大，市场潜量突出。江苏、浙江、山东等教育大省表现出十分强烈的研学旅行消费意愿。

4．地方政策与文旅宣传

作为出行距离通常不会非常远的一项活动，研学旅行目的地集中于学校所在省（市、区），以及周边省级行政区。那么地方政策支持力度将直接影响各省研学旅行发展，地方政府重视推进研学旅行线路开发、课程设计、营地（基地）建设、服务标准制定，相应研学旅行产品十分丰富，可以拉动更多的消费需求。同时，文旅宣传水平将影响本省研学旅行产品的推介，激活本省以及其他更多省外地区的市场需求。

5．研学产业与人才培养

研学旅行产业发展基础较好、相关人才培养体系完善的地区，研学旅行消费需求更高。产业发展程度高意味着研学旅行监管体系健全、产品类型丰富、服务质量有保障。人才培养体系完善意味着省内各高等院校设置相关专业培养高素质专门人才，同时研学导师等专业人员的资质考核、从业准则、培训进修十分规范。由此，更好地将研究性学习与旅行结合起来，以高品质的研学旅行产品与服务激发强烈的消费需求。

第五节　研学旅行消费需求提升建议

一、政策支持

（一）健全指导体系

现阶段，研学旅行获得国家各部委多项政策支持，纳入相关“十四五”规划，已作为现代教育体系的重要组成部分被高度认可与关注。面对进一步推动其高质量发展的要求，国家应健全相关指导体系，重点完善研学旅行标准，如细化专项产品标准、课程设计与评价标准、研学导师评定与服务规范、研学旅行安全管理标准等。同时组织相关类型试点单位建设、国家级示范单位评定、国家级精品课程评选、全国研学旅行指导师技能大赛等，辅助各项标准的制定、实施和完善。通过“立标准、树标杆”，为研学旅行指明方向，让地方政府、景区、企业行有所依，明确其发展路径、奋斗目标和工作举措。

（二）加强政策落实

国家政策明方向，地方政府抓落实。各省对研学旅行的重视程度、工作执行直接关系各地研学旅行发展进程，也因此形成空间分异。在教育部全国中小学生研学实践教育基地、营地的评选工作推进下，各省积极遴选省级研学基地、营地。经全国标准信息公共服务平台检索发现，目前我国发布的研学旅行地方标准共计 47 项，归属于山西、河北、安徽、四川、江西、辽宁、吉林、重庆等多个省级行政区。由此可知，研学旅行已受到全国各省的普遍重视，但在工作部署方面存在差异，已有部分省级行政区表现突出。为推动研学旅行全面发展，在国家政策的指导下，各省应当一方面积极向标杆看齐，组织跨省交流、学习，另一方面结合省情，在研学旅行产业发展、产品打造的统筹过程中，充分融入地方特色。

（三）深化部门联动

我国研学旅行发展的重要指导文件——《关于推进中小学生研学旅行的意见》（教基一〔2016〕8 号）是由教育部、国家发展改革委、公安部、财政部、交通运输部、文化部、食品药品监管总局、国家旅游局、保监会、共青团中央、中国铁路总公司 11 个部门联合制定。可见，研学旅行涉及多个监管部门，目前国家和地方层面都实现了政策制定、工作部署的多部门统筹，为规范和保障研学旅行进一步发展，需要深化部门联动，开通专门的政务信息平台。研学旅行上报教育部门审批通过后，行程安排上传至信息平台，相关地区、部门登记备案，必要时开设绿色通道，为活动期间交通、餐饮、住宿、参观、体验提供安全保障，同时监督服务提供方的各项行为。

（四）构建协同机制

组织一场研学旅行，涉及学校、研学旅行目的地、提供研学旅行服务的企业三个维度，并可细分为学生、教师、家长，景区、研学基地、各类场馆、旅行社、餐饮企业、住宿单位等多个群体。为促进研学旅行高质量发展，政府部门应通过健全的市场准入机制筛选合格的研学旅行机构，积极引导构建协同机制。让作为研学体验者的学生、作为学生监护人的家长、作为活动策划的学校教师都能适度参与研学旅行安排，为串联研学旅行服务的旅行社提供良好沟通渠道，帮助其在考虑学校各群体诉求的基础上，便捷地获取目的地相关服务支持。同时，因研学旅行的公益性特点，高效协同机制还能有助于控制成本，降低费用。

二、产业升级

（一）打造研学平台

获得从上到下高度重视、归属多个监管部门、涉及多方参与群体，这是研学旅行不容忽视的复杂特征，其产业升级亟需解决各方的信息共享问题，这就需要打造权威、专业、智能的研学平台。目前互联网已有的研学平台以商业性质为主，直接导致重"游"轻"学"，公益性、教育性、创新性不足。因此，由政府主导，相关部门贯通，中小学进驻，研学机构主动加入的研学平台打造是十分必要的。平台一方面促进信息共享，让学校备案申请、相关部门审批监管更加高效便捷，让研学服务提供方的营销沟通更加精准，另一方面保障教育意义，政府主导的非营利性和权威性能帮助研学机构大大降低获客成本，专注于创新课程、完善服务，促进研学产品公益性定价。

（二）建设研学基地

作为面向社会专门开展和实施研学旅行的场所，研学旅行基地是研学目的地的核心接待机构，构成产业发展不可或缺的重要板块。伴随国家和地方对示范性基地的积极遴选，我国研学旅行基地数量正在高速增长，建设质量应当得到重视。研学旅行基地需要配备针对不同主题与各年龄段学生的实践活动场地、教育设施设备，突出观赏价值、历史价值、文化价值或科学价值。为避免简单的重复建设，研学旅行基地应当重视依托当地文化和旅游资源确定核心价值、挖掘研学主题、设计特色线路、开发创新课程，并培养跨学科、跨专业、综合素质强的专业人员队伍，以自己的知识与技能确保研学旅行活动顺利开展。

（三）培育研学企业

研学旅行市场前景一片大好，吸引了包括教培机构、文旅公司、传统旅行社、书店等各类企业转型入局，在线旅行服务商与传统互联网企业争相开展研学业务。一时间，研学服务提供方成分复杂，这直接导致市场上研学旅行产品良莠不齐。为培育优秀的研学企业，首先需要相关部门完善研学旅行市场准入制度，并严格市场准入管理，其次行业协会提供企业转型信息支持，开设咨询服务，同时设立研学企业孵化项目，扶持新创小微企业进入市场。重视企业家精神，激励优秀的研学旅行企业家投身中国教育事业、投身中华文化传承事业，将优秀文旅资源与立德树人相结合，促使个人志向、企业发展与国家富强、民族复兴紧密融合起来。

（四）培养研学人才

研学旅行引导学生走出课堂、学校，到实际的社会和自然环境中获得体验，促进书本知识与生活经验的深度融合。快乐旅行和研究性学习双重目标的达成，离不开专业人员对研学旅行的组织与实施，组长统筹协调各项工作，安全员随团开展安全教育和防控工作，研学导师提供研究性学习教育服务，这些综合型人才供应需要高等院校充分发挥其人才培养职能。早在 2019 年 10 月，教育部将“研学旅行管理与服务”列入《普通高等学校高等职业教育（专科）专业目录》增补专业，就表明了相关人才的紧缺和国家的重视。相关院校应把握行业发展机遇，培养研学旅行相关专业学生，指导其获取相关职业资格证书，为市场输送人才。

三、产品营销

（一）定制研学产品

为全面提升中小学生综合素质，培养青少年德智体美劳全面发展，研学旅行被纳入中小学教育教学计划，与综合实践活动课程统筹考虑。可见研学旅行产品需服务于学校所设定的教学目标，产品定制就成为高质量保障不可或缺的一环。学校、目的地、研学机构的协同机制为定制产品提供了条件，研学机构遴选安全适宜的研学旅行基地，搭配区域特色文旅吸引物，开发自然类、历史类、地理类、科技类、人文类、体验类等多种类型产品，辅以社会实践、生活常识、安全避险等教育。产品定制过程中，研学机构应充分调研学校安排研学旅行的学段目标、参加研学学生的课程进度与兴趣特长、学生家长的意见及建议，并通过灵活调整实现研学旅行产品与研学参与者学段、年龄、知识、能力、实践目标的匹配。

（二）创新研学课程

课程是研学的核心，课程是否科学、合理、规范，从根本上决定了研学旅行的体验效果，直接影响产品质量。研学旅行课程包括学生参加研学旅行活动所应该学习的内容、参与的互动及其进程与安排，是对研学旅行的教育目标、课程内容、课程活动方式和课程评价的规划和设计，是研学课程实施过程的总和①。为促进研学旅行产品定

---

① 江西省市场监督管理局．中小学研学旅行：第 2 部分 课程设置规范：DB36/T 1413.2—2021［S］．江西：江西省市场监督管理局，2021.

制化，研学课程应当不断创新：围绕立德树人的根本任务，契合基础教育课程教学改革要求，确定研学课程指导思想，分解课程目标，设置课程主题；结合教材内容、知识要求、学习进度，安排研学课程内容；顺应技术进步趋势，将信息化、数字化、网络化、智能化融入研学课程实施。

（三）塑造研学品牌

产品是品牌的载体，品牌助力产品营销。复杂的利益主体、多样化消费需求、持续性创新压力要求研学旅行机构着力塑造品牌，打造核心竞争力，才能在严峻的竞争格局和有限的盈利空间中获得生存与发展。使用品牌名称统筹旗下丰富的研学产品，以统一的品牌标签提升产品辨识度；积累研学产品好评，不断提升品牌美誉度；维护客户关系，寻求多次合作，培育品牌忠诚度；不断丰富品牌内涵，充实品牌联想，促进品牌资产增长。同时，研学旅行机构需要伴随行业发展调整品牌定位，逐步提炼本企业产品与服务特色，建立与目标市场相关的品牌形象，赋予品牌文化和个性，从而在众多企业中脱颖而出。

（四）重视研学宣传

互联网时代，宣传推广是产品营销的重要环节和挑战。首先，研学旅行企业应明确，产品沟通对象包括教师、家长、学生这三大群体，教师注重研学教育目标与课程设计，家长关心旅行安全与生活保障，学生在意目的地新鲜事物与活动安排。其次，针对三大群体的诉求，有区别地安排沟通内容，重点突出各群体所关注的信息，并以文字、图片、视频、互动链接等多样化形式呈现。同时，综合采用线上线下宣传渠道，一方面重视进驻研学平台，通过平台展示研学旅行品牌及产品，另一方面走进校园，与学校开展正式的业务洽谈、产品展示，此外还可以利用新媒体，如抖音、快手、哔哩哔哩、小红书等平台，与教师、家长、学生实现信息传递。

图书在版编目（CIP）数据

中国居民旅游消费需求研究报告. 2022 / 马丽君，陈喆芝，罗栋著. -- 湘潭 : 湘潭大学出版社，2023.10
ISBN 978-7-5687-0605-6

Ⅰ. ①中… Ⅱ. ①马… ②陈… ③罗… Ⅲ. ①居民消费—旅游消费—顾客需求—研究报告—中国—2022 Ⅳ. ①F592.6

中国国家版本馆 CIP 数据核字（2023）第 196573 号

中国居民旅游消费需求研究报告（2022）

ZHONGGUO JUMIN LÜYOU XIAOFEI XUQIU YANJIU BAOGAO（2022）

马丽君 陈喆芝 罗栋 著

责任编辑：张宝香
封面设计：文字舰
出版发行：湘潭大学出版社
社　　址：湖南省湘潭大学工程训练大楼
电　　话：0731-58298960 0731-58298966（传真）
邮　　编：411105
网　　址：http://press.xtu.edu.cn/
印　　刷：长沙超峰印刷有限公司
经　　销：湖南省新华书店
开　　本：787 mm×1092 mm 1/16
印　　张：16.25
字　　数：322 千字
版　　次：2023 年 10 月第 1 版
印　　次：2023 年 10 月第 1 次印刷
书　　号：ISBN 978-7-5687-0605-6
定　　价：88.00 元